本研究为教育部人文社会科学研究青年基金项目
（项目批准号：12YJC751115）资助

白族古代金石文献的文化阐释

朱安女／著

巴蜀书社

图书在版编目(CIP)数据

白族古代金石文献的文化阐释/朱安女著.—成都:巴蜀书社,2018.12

ISBN 978-7-5531-0753-0

Ⅰ.①白… Ⅱ.①朱… Ⅲ.①白族-金石-文献-研究-中国-古代 Ⅳ.①K877.24

中国版本图书馆 CIP 数据核字(2016)第 304123 号

白族古代金石文献的文化阐释

朱安女著

责任编辑	童际鹏
出　　版	巴蜀书社 成都市槐树街 2 号　邮编 610031 总编室电话:(028)86259397
网　　址	www.bsbook.com
发　　行	巴蜀书社 发行科电话:(028)86259422　86259423
经　　销	新华书店
印　　刷	广东虎彩云印刷有限公司
照　　排	成都完美科技有限责任公司
版　　次	2019 年 12 月第 1 版
印　　次	2019 年 12 月第 1 次印刷
成品尺寸	170mm×240mm
印　　张	19.5
字　　数	400 千
书　　号	ISBN 978-7-5531-0753-0
定　　价	99.00 元

目　录

自我超越　更上层楼

刘明华

朱安女潜心多年，深耕于白族历史文化研究领域，且均从文献入手，先是着力于碑刻文献，继而金石文献。每一课题，埋头数年，便有一部专著问世，其精神让人感动，其成就令人欣喜。

2012年，我在其《文化视野下的白族古代碑刻研究》序言里，有这样一段文字："我曾与安女讨论过关于此书的一个问题：在整个白族历史文化中，碑刻方面的材料，在遗存的各类文献中所占比例有多大；在反映白族历史和文化方面，碑刻材料的独特处有多少？安女说尚未系统清理。我知道这是一个大课题。作为学术研究，这或许是另一种幸运：这个领域的空间很大，这方面的材料很多，值得继续投入时间和精力。作者面临一座富矿，四望皆宝，初涉有得。而努力开垦，坚守寂寞，必有更大收获。安女得天独厚，岂能浅尝辄止，见好就收。我期待着。"有意思的是，安女果然努力开垦，由碑刻进入金石文献，其范围的扩展，带来的是视野的扩大和方法的新变，其结论亦有新意。

本书为教育部人文社会科学研究青年基金项目《白族古代金石文献的文化阐释》的结题成果。数年之后，再读安女新作，感觉其研究堪称更上层楼。较之第一本专著《文化视野下的白族古代碑刻研究》（下文简称为《白族碑刻研究》），新著的新意，有明显几点。要而言之，一是研究对象的范围扩大，从碑刻这一单一类型，扩大到金石文献，为论述积累了丰厚的资料。二是全书结构方式的变化和调整。新著虽沿用了《白族碑刻研究》一书的板块式结构，从制度、政治、族群、民间信仰、生命哲学和文学价值这几个方面展开研究，但在论述中更注重关照白族历史文化与汉文化之间的关系，将各个板块看似松散的结构串联成一个有机的整体。三是全书研究视野开阔，点面结合，对《白族碑刻研究》中已有涉及但尚未深入探讨的问题进行了深度解读。

具体而言，新著第一章不再局限于墓葬制度的研究，而是从文化制度的角度挖掘白族古代金石文献的文化信息，可以看出不同历史阶段白族金石文献对文化制度的折射。同时，在制度的探讨中，时时关注儒释道三教制度、教育制度等在金石文献中的体现，总领后面章节的研究。第二章从白族古代金石文献来审视历代帝王治边思想的变迁。对不同历史时期帝王治边思想的阐释突出阶段性的变化及不同阶段之间形成的承接性，系统而全面，清晰地勾勒出白族融入中华民族大家庭的历史样貌。作为民族历史文化的研究的项目，民族的族群意识研究自然是题中应有之义，故全书第三章不吝笔墨，对白族族群意识追本溯源，挖掘对孕诞根源的认识，又对不同历史时期族群意识的表现进行了讨论。同样，民间信仰也是民族历史文化研究的重点，第四章从民间信仰的角度对白族古代金石文献所包含的白族对儒释道文化认同进行了讨论，对白族民间文化生态建构和谐理念进行了研究。在多民族融合的中华民族中，其中的少数民族有部分在体现其独特民族特性时，其生存和死亡意识是其文化的标志性内容，这也是民族学研究中不可或缺的部分，第五章紧扣白族古代金石文献中体现生存意识和死亡仪式，研究了白族的生死观念及生存实践。而作者作为文献学和中国古代文学的硕士博士，在所受研究生教育中，文学性的研究是开设最多的课程，也是其学术思维的强项，在本书中，落实到民族文献研究，自然少不了文学的方方面面，第六章从体式、语言、审美三个方面研究了白族古代金石文献的文学性，凸显了白族古代金石文献的文学价值。作者从金石文献入手，再一次对白族历史文化进行了多方位的阐释。

安女十年间几个重要课题涉及的文献都不是纸本文献，前者是碑刻，后者是金石。从时间上考察，前者集中于中古，后者则延伸到上古。对白族历史文化而言，金石文献研究必然进入其原始文明的研究。朱安女十年间一以贯之，表明的是作者对自己民族的深厚感情。但这种感情和对家庭家族研究中体现的亲情为主的感性稍有不同，作者在民族情感的感召下，还深具理性，且体现出一位接受了良好学术训练的研究者的诸多基本素养。如对一个课题的学术价值判断，对课题方向“可持续发展”的培育及持久的学术准备，以及在学术研究中的时时刻刻要遵循学术规则，用材料说话，有理论支撑，有逻辑联系，有新意，不重复——不重复他人也不重复自己等等。尤其在相同的大前提下，如何超越自己，更是难得。而可喜的是，两书相较，作者确实做到了在对白族历史文化的研究上，实现了自我超越。这是一个学者在研究过程中呈现的相当理想的状态。

这种超越，在我看来，表现在这些方面：

《白族碑刻研究》研究对象单一，《白族古代金石文献的文化阐释》研究对象全面而丰富。《白族碑刻研究》一书中的文化阐释模式被《白族古代金石文献的文化阐释》推向深入。这是作者对自己打深井式研究的一次拓展。

全书以文化的多维视野对白族的金石文献进行阐释，则是在研究视角上的创新。新著对白族古代金石文献的研究在整体上产生了方法论方面的意义，这是有助于探寻白族古代金石文献研究方法的多样性的。学界对于白族古代金石文献研究，多注重其史料价值的运用，而对金石文献本身的丰富文化内涵，还关注不够。加之不少白族古代金石文献经考古发掘才得以呈现，造成学界对白族古代金石文献的研究欠缺，从文化的角度系统地阐释白族古代文献尚处于空白状态。也是因为这种状态被具有问题意识的作者感知，才有了课题的申请和课题的批准。感知在此时就是发现。问题还未得到更多关注，就无学术积累或少积累，无积累则无包袱，后入行者反而可站在同一起跑线，故能出新。

多维视野的阐释，呈现出思路的创新。全书从制度、政治、文化受容、社会民俗、美学、文学等多个专题对白族古代金石文献展开研究，各个专题自有偏重，但在多维的视野下，作者时时关注着各专题之间的文化关联并展开综合论证。

白族是聚居西南的少数民族之一，人口有一百九十多万，主要居住在云南、贵州、湖南、四川等地。白族历史悠久，文化璀璨，留存至今的金石文献资料十分丰富，这在西南众多的少数民族中独树一帜。特定的生存环境使得白族古代金石文献形成了相对独特的民族性、区域性的文化特征。从文化的视域出发，将白族古代的金石文献作为古代西南少数民族文化演化的个案进行研究，分析其文化特质，以此探索白族文化的生成建构和中国西南少数民族融入华夏文明的历程，其意义十分明显。

客观地讲，安女此书，并无什么让人眼睛一亮的新方法。在我看来，文化学阐释的方法在流行几十年后的当下也很难算作新方法。但是，全书的意义在于，文化学的阐释仍坚守着老老实实的研究态度和最基本的实证方法：以大量的金石文献作基础，立足于文献文本的细读、分析与归纳，将白族古代金石文献视为一种历史文化现象，在具体的历史文化环境中对白族古代文献作考察——这是真正解决问题的态度和方法。全书在论证中注重将历时性分析与共时性对比相结合，积极借鉴前人在文学、史学、科技学、宗教学、社会学、考古学、艺术学等领域的研究成果，并辅之以田野调查的方法。这些方法，不新鲜，但并不陈旧过时，而是研究的基础和原则。人人都可运用，亦算放之四海而皆准，不过，是不是能够解决问题却因人、因题、因问题的真伪而异了。可见学术研究固然与方法有关，但重要的还是在于问题是不是真问题，在并无新材料的时候，已有材料如何处理等等，才是成败的关键。白族古代金石文献数量可观，种类繁多。据不完全统计，仅今大理白族自治州所辖的大理、洱源、剑川、鹤庆、漾濞等十二个市县内遗存的金石铭文有千余通。这些金石文献从东汉到明清时期均有保留，跨时近一千八百多年，有碑刻、摩崖、器物铭文、梵文碑、神道碑、砖瓦铭文、官印多个种类。白族古代金石文献内容丰富，书写了古代白族的政治、经济、历史、生活、文化、民俗等内容，是研究白族文化不可或缺的原始资料，具有较高的文化研究价值。而目前学界对白族古代金石文献的研究十分薄弱，从文化的角度对白族古代金石文献进行探索更是阙如。所以，安女从文化的角度对白族古代文献进行多维的观照阐释，突破文献研究的传统视角，填补了白族古代金石文献研究的空白，而且在深入了解白族文化的丰富性、发掘白族文化的民族内涵，以及研究少数民族文献方法论方面都具有重要的学术价值。

说超越，当有比较。《白族碑刻研究》和《金石文献》二书相较，新著图文并茂是第一印象，这就是大量金石文献图片的展示。

在思想文化阐释方面，内容就更加丰富了。随手所记，如二书均对南诏国蒙氏的治世思想展开讨论，前者围绕《南诏德化碑》，聚焦于南诏开国之君阁罗凤的治国理念进行研究，后者则是综合南诏时期的金石文献，将阁罗凤、异牟寻等多位南诏君王的治世思想进行前后联系，全面而又不失深度地阐释了南诏治世理念的变迁。作者的论断不乏精当："从公元765年南诏立国至公元902年南诏国灭，蒙氏国之君阁罗凤以儒家德政为理想，将'德化'作为治世的理念，建立了南诏的政治体系。第二代国君异牟寻继承阁罗凤'德化'治世精神，恢复了与唐朝的正常邦交，完成了阁罗凤在天宝战争之后提出的'册汉帝而继好'的愿望，全面推进了南诏社会的发展。南诏后期，政权内部矛盾斗争激烈，对外战争频繁。从第六代国君劝丰佑开始，南诏君王前后相继，倾力建造妙香佛国，却未能挽救南诏的衰落。"透过白族古代金石文献解读历代帝王的治世思想，作者言"南诏、大理国这两个政权统治的时期是白族吸纳儒家正统思想、佛教思想并将两者运用到政权建构中的重要时期。""南诏、大理国儒释通融的治世理念推进了西南边疆民族凝聚力和向心力的生成，为元明清时期西南边疆融入大一统奠定了重要的政治基础。"

对白族心态的描述言简意赅："白族自古居住在以洱海为中心的湖泊群边。白族善于学习，以积极、开放的态度面对先进思想和外来文化，可以说白族的发展过程就是文化不断发展进步的过程。商周时期，白族建立了滇国，青铜文化发达。汉代，以武帝赐'滇王印'为标志，滇国归服汉朝，被纳入郡县制体系，汉文化对白族产生了重要影响。魏晋南北朝时期，白族爨氏独大，雄踞南中，爨氏积极吸纳汉文化并推进了汉文化在云南的传播。唐宋时期，白族作为主体民族建立了南诏、大理国，与唐、宋、吐蕃有着广泛的文化交流。元明清时期云南建立行省，白族融入中央政权大一统格局，进入系统而全面地吸纳中原文化的重要阶段。”

作者在金石文献中看到了白族与汉文化体系的交融：“综观两汉时期白族的金石文献，‘叶榆长印’‘叶榆右尉印’‘滇王之印’反映了西汉时期中央王朝在云南推进郡县制度的情况。东汉时期的石刻、墓砖和墓碑，为我们了解汉代的墓葬制度提供了重要的信息。《孟孝琚碑》作为两汉时期最重要的碑刻，反映出当时白族大姓氏族对汉文化的接受。可以说，汉代白族金石文献是白族接纳汉文化的产物，标志着白族开始融入汉代文化体系。”

在论及白族宗教信仰世界的建构时，作者认为“剑川石窟是南诏、大理国时期佛教文化的产物，在中国古代的石窟网络中处于南线的末端。剑川石窟中佛陀菩萨与世俗凡人 139 躯造像，形成了对南诏、大理国时期‘妙香佛国’的形象写照，体现了白族对南诏历史的自我体认，折射出白族宗教信仰菩萨世界与凡俗人生两级和谐共生的体系建构，成为认知白族佛教信仰世俗化的缩影和范本。”

论及明清时期白族金石文献的概况时，有这样的判断：“明清时期无疑是白族古代金石文献留存数量最多的阶段。明清时期尊经兴教，产生了不少宣扬儒家教化的金石文献；从中央到地方对文庙、寺院、桥梁、城池等建筑进行了修建复兴，产生了大量记录修复情况的碑记；墓葬文献兴盛，汉化色彩浓厚；白族与汉、蒙、满、回等多民族进一步融合，白族金石文献中出现多语种、多文体、多元文化交汇的新气象。”

还有探讨金石文献中对白族族源的记载，“在白族金石文献的记述中，我们看到人们对族源的记忆呈现出阶段性的变化。明代以前，‘阿姎白’崇拜体现了白族对民族起源的自我意识。明代以来，‘观音的子民’‘九隆（龙）裔’成为人们较为普遍的看法。清代族谱的书写成为白族对族源追述的重要形式。而在现实的生活中，白族和其他民族通婚的历史一直伴随着白族的发展，白族与其他民族血缘、文化的融合不断加强，形成了民族的真正交融。”

在论及民间儒释道文化受容时，作者指出了民间与官方的差异：“而当我们聚焦民间就会发现，白族民间对儒释道文化的接纳与官方有着很大的不同，其区别在于对文化接受的目的和方式上。官方对儒释道文化的受容出于统治需要，传达给普通民众的是‘政策’；而民间则把儒释道文化当作生活的一部分，一种大家共同参与和自觉遵循的‘方式’，中间没有对儒释道文化孰优先、孰有决定权的区别，个人的学习进取、家庭的教育发展都离不开对儒释道文化的关注，表现在平常的日子里，大家各自忙碌于生活，而每逢节庆、法会等重要的日子，人们则聚集在村中、庙前，人们之间的文化联系十分明显。”

明清时期白族文人掀起隐逸风尚并热衷于碑刻创作，作者分析“白族隐逸文人由于深受明代‘以宋儒为宗’的文化理念的影响，隐逸文学平淡清远的意蕴追求与宋代文学平淡清冷、朴实自然、幽远高雅的风格大有共通之处”。“明清时期云南政治文化转型，白族文人虽隐逸山林，但修身以儒，治心以释的调和理念深刻地影响着白族文人。他们以‘虽不仕与朝而未尝不有益于天下’作为人生的出发点，在追求平淡清远的文学意趣和造福乡里的道德人格中实现了对隐逸人生的诗意超越”。

在阐释白族古代金石文献的文化意义时，作者既有理性的分析，更充满着深沉的感情：“白族古代金石文献在人们的生活中充当了多种角色，或是记录历史，或是劝诫世人，或是标榜不朽，或是寻求永恒的美感等等。无论其角色有何不同，在人们立碑刻石的时候，就将这些原本在自然中无名的石头、金石转化成为文化图谱中可以清晰辨认的符号。虽然，书刻于金石之上的文字在时光的流逝中会逐渐剥蚀磨灭，甚至有时候也会被人为地削去，但其存在本身在一定意义上已经实现了肉体不能达到的永恒。随着时代的进步，人们找到了新的载体来记录历史、劝诫世人、标榜不朽，或是寻求永恒的美感，金石文献最终难免退出历史舞台的命运，但在金石文献与人们相伴的岁月中，人们关于历史、世界、美的思考却因金石实现了沉淀、凝结和固化，金石文献也成为人类历史上无法复制的一种文化存在。”

如此等等，不一而足。这样的鲜活文字和精彩议论贯穿全书始终，使得一部以金石文献为据的研究著作充满激情与灵动。这也可说是在才华方面的自我超越。

二书均是文献研究，说是超越，必有文献的比较。此书的文献处理难度亦是更进一层。在碑刻文献方面，虽有一定集成，但阅读的辅助性成果不多，对研究者的功力本是考验。我曾在《白族碑刻研究》一书的序言中讲到，“因为无人深入和系统讨论碑刻内容，故文献多呈“原生态”，解读无复依傍。众多阅读不易的碑文包括那些断碑残刻，对任何研究者的文献阅读和理解能力都是严峻挑战。作者不能回避也回避不了这一个最基础的问题。”而在金石文献方面，留下的挑战更多。作者在充分汲取现有成果的基础上，仍需自己的创新性理解和文献基础辨析。这对金石文献研究者来讲，也是重要的学习过程。对一个新的领域的系统学习和研究，对于作者何尝不是机会。这一课题的完成，作者也实现了一次自我超越。不仅仅在理论上，也在文献的处理上，可称是一次全面的超越。

这样的状态的持续，就是学无止境，就是永无满足，就是对更高的山峰攀登的开始，对更远目标的规划和起步。

今天白族的发展是建立在过去白族的基础之上，现今白族的发展往往受其既定历史条件的制约。因此，借助白族古代金石文献的研究，可以考察白族过去的生活、性情、思想方法以及内心世界、民风民俗、文化意识，探索白族古代文化的发展和由此形成的总的民族精神，为我们认识今天白族的生存和发展提供借鉴。白族在中华民族的多民族融合过程中颇具典型意义。安女的选题，于大处有阐释中华民族历史发展过程之重大意义，小处则是对生我养我的民族和家乡的一种感情回报。换句话说，能够深情研究本民族历史文化，继而为白族之整体发展进程做出解释，这也是学术工作中难得的一种契合。

祝愿安女在这样的工作状态中，不断确立新的目标，其乐融融！

刘明华于重庆国学院

2018. 2. 22 戊戌人日

导 论

白族是中华56个民族大家庭中的一员，主要聚居在以云南大理为中心的区域，在贵州、四川、湖南等地也有分布，人口有190多万。

白族历史悠久。汉武帝时期，白族作为主体民族建立的滇国降汉，揭开了与汉文化融合的序幕。唐宋时期，白族作为主体民族先后建立了南诏、大理国。元明清时期，云南归附中央政权大一统格局，白族与其他少数民族一起融入中华民族大家庭。

白族文化灿烂。1939-1941年，我国著名考古学家吴金鼎、曾昭燏等在大理苍洱区域进行考古调查，发现了新石器时代遗存。1957年，大理州文化科在剑川县海门口发现了青铜文化遗址。滇国时期，青铜文化发达。南诏、大理国时期是白族积极向中原学习先进文化并吸收外来文化的关键时期。元明清时期，白族文化融入大一统主流文化。

白族是一个善于书写历史的民族，这一点可以其存量丰富的古代金石文献得到证明。若以汉代元封二年（前109）的“滇王之印”为始，以光绪宣统三年（1911）的《向湖郈赵氏宗祠碑记》为止，白族古代金石文献的发展历时两千余年，贯穿了几乎整个白族古代历史文化的发展过程。目前存世的白族古代金石文献超过1000件，具有极高的文化价值。这些金石文献种类丰富，有碑刻、摩崖、铭文、官印等多种类型，形制也颇为多样。它们或是立于寺庙庭院，或是在村庄入口，有的由博物馆专门收存，被集中安放形成碑林。这些金石文献使用汉文、蒙古文、藏文、梵文等多种文字书写，生动地记录了白族古代的历史、经济、政治、宗教、语言、艺术、科技、文化等多方面的情况，展现了白族生活、社会与文化制度的变迁，透露出人们的社会身份、民族特征和文化心理，为研究白族古代文化提供了重要的历史线索和丰富的文化信息。

一、研究成果

白族古代金石文献的数量可观而且文化价值高，学界对白族古代金石文献的研究主要集中于以下三个方面：一是白族古代金石文献的收录；二是白族古代金石文献历史、考古、艺术等价值的研究；三是白族古代金石文献的类型研究。

（一）白族古代金石文献的收录

对白族古代金石文献的收录主要在方志中。明清时期云南地方志书中收载了一些重要碑刻。如明代李元阳纂《云南通志·艺文志》，记录了《禹碑》《南诏德化碑》《平云南碑》《平章碑》《玉手碑》《黄华诗碑》《玉磬碑》《蒙国大诏碑》《高量成碑》《兴宝寺碑》等碑址，并对《平云南碑》《赛平章德政碑》《大理八蜡庙碑》《云南平诸夷碑》《南诏德化碑》等碑进行录文。刘文征《滇志》“艺文志第十一之七”收录了《南诏德化碑》《大理八蜡庙碑》等10余通碑刻。

20世纪40至70年代，多位学者对白族古代金石文献进行收录，成果丰富。向达、邓天挺、陶云逵、方国瑜、马曜、石钟健等都十分重视白族古代碑刻的收集。如石钟健曾于1942、1943年两次到大理喜洲、邓川进行田野调查，抄录并拓印了很多古碑资料，撰写了《大理喜洲访碑记》。1979年方龄贵、王云对1972年拆毁的明代“五华楼”出土的大理国及元代的70余通碑刻进行整理、抄录，撰写了《大理五华楼新出元碑选录并考释》一书。

20世纪90年代以来产生了多部收录白族古代金石文献的专著。如1993年中国社会科学出版社出版《大理丛书·金石篇》（全10册），对大理地区白族古代金石文献进行全面的汇编。该书由季羡林、费孝通、任继愈、林耀华、宋蜀华等担任顾问，对大理州所属十二个县市现存的古代碑刻进行了较为全面的调查，收录了从东汉到清代大理地区及与大理有关的金石资料 1100 多份，全书按照金石资料的类型进行编排，依次为碑刻、摩崖、器物铭文；梵文碑、神道碑；砖瓦铭文；官印。书中对金石文献的每种类型以朝代的时间来排序，对每一份金石资料的呈现由录文、原件照片和相关的说明文字组成。

1996 年大理市文化丛书编辑委员会编《大理古碑存文录》，对大理市境内现存的古碑刻或古碑拓片，有文字记述人事者，不择残全，均予以文字收录。该书对原碑或拓片不存者而在方志、族谱、文人专辑中收录的碑文，以碑文目录附录于卷末。对灵位碑、神道碑、梵文经咒碑不予收录。古代碑文收录起于唐代，终于清代，分朝代编排，各朝碑文以年代的先后顺序排列，共计 440 通。每篇碑文分碑题、说明、录文三个部分。编者依照碑文或拓片，除了保留少量异体字之外，进行了文字的简化，并加注标点。

以上著作收录的白族古代金石文献的数量、类型及涵盖的范围不尽相同，但对金石文献进行了原文抄录、拓片保存及图片拍摄，为进一步研究奠定了重要的资料基础。

（二）白族古代金石文献历史、考古、文化、宗教、艺术等价值的研究

不少专著对白族古代金石文献的史料价值进行了研究。张旭《大理白族史探索》、徐嘉瑞《大理古代文化史稿》、李霖灿《南诏大理国新资料的综合研究》、尤中《西南民族史论集》、杨延福《南诏大理白族史论集》、段玉明《大理国史》、张锡禄《元代大理段氏总管史》等书有数处引用白族古代金石文献为历史佐证。如《大理白族史探索》中“论南诏王室父子连名制”一文引证《王仁求碑》，论述南诏子孙的下落时引用《南诏德化碑》作为史料①。《南诏大理国新资料的综合研究》“圣第安哥艺术馆中的云南观音像”中引证阿嵯耶观音像的铭文②。《西南民族史论集》“‘南诏社会性质’质疑”“大理国史略”部分引证了《南诏德化碑》。《南诏大理白族史论集》中有多篇论文对《南诏德化碑》中的“大虫”“赏锦袍金带”等词义进行论证，讨论了

① 张旭：《大理白族史探索》，云南人民出版社，1990 年，第 104 页。

② 李霖灿：《南诏大理国新资料的综合研究》，台湾“国立”故宫博物院印行，1982 年。

《王仁求碑》《渊公碑》《故宝瓶长老墓碑铭》诸碑笺释等问题①。《大理国史》“大理国的科学技术与文化”部分专列《三十七部会盟碑》等7通碑作文学简介②。《元代大理段氏总管史》中亦有数处引用白族古代碑刻。

对白族古代金石文献的考古价值进行研究的论著如刘光曙《大理文物考古》、田怀清《大理考古与白族研究——田怀清文集》；文化方面的论著如张锡禄《南诏与白族文化》；宗教方面的论著如李东红《白族佛教密宗阿吒力教派研究》、张锡禄《大理白族佛教密宗》；艺术方面的论著如李昆声《云南艺术史》、刘长久《中国西南石窟艺术》等。

对白族古代金石文献进行文学研究的如张文勋的《白族文学史》。该书“第二编南诏及大理国时代的文学”之“第八章书面文学”一节对《南诏德化碑》《护法明公德运碑赞摩崖》《兴宝寺德化铭》《嵇肃灵峰明帝记》《渊公塔之碑铭》《大理国故高姬墓铭并序》6通碑作简介，并结合碑刻原文对其语言、文体特点进行评述。第三编“元明清及国民党统治时期的白族文学”之“第六章书面文学”的第二节对杨黼“山花碑”及其他4通白文碑做介绍。又如《白族曲词格律通论》第八章对白族碑刻中的“山花体”进行了格律的研究③。

《对明清白族本主庙碑文的历史人类学解读》一文从人类学的角度解读了明清时期白族的本主庙碑④。侯冲《白族心史——〈白古通记〉研究》、连瑞枝《隐藏的祖先——妙香国的传说与社会》等专著在研究中以跨学科的视角对白族古代碑刻进行研究，展示了白族古代碑刻多维解读的空间。

（三）白族古代金石文献类型研究

目前所见白族古代碑刻的系统研究为拙著《文化视野下的白族古代碑刻研究》。

---

① 杨延福：《南诏大理白族史论集》，云南民族出版社，2004年。

② 段玉明：《大理国史》，云南民族出版社，2003年，第367-371页。

③ 张文勋主编：《白族文学史》（修订版），云南人民出版社，1983年，第166-168页，第356-366页。

④ 张海超：《对明清白族本主庙碑文的历史人类学解读》，《云南社会科学》，2008年第1期。

该书在对白族古代碑刻梳理和细读的基础上，从文化的宏大视野对白族古代碑刻进行多维度的文化阐释。从白族古代碑刻的历史演变与丧葬制度的互动关系切入，全面呈现白族古代碑刻的变迁史，分析古代丧葬文化对白族碑刻发展的具体影响，形成对白族古代碑刻风貌的总体认识；以历代王朝御立或是镌刻圣旨的碑刻作为类碑研究，从国家民族融合的视野考察历代帝王治理云南的策略，揭示白族文化与中原文化融合的轨迹；从白族古代碑刻书写女性题材故事经典类碑着眼，研究女性在白族族群意识中的地位；从民间碑刻入手，揭示儒释道文化在微观世界的受容，展示白族民间文化多元共生、兼容并蓄的特点；从白族古代墓碑，探析白族的生命观；最后从文学的角度研究白族古代碑刻体式与语言的特点。全书形成文化视野统摄下白族古代碑刻的文学价值与文化意义的总体呈现。

《文化视野下的白族古代碑刻研究》首次将白族古代碑刻整体作为研究对象，从历史、政治、宗教、文学、美学、民俗等角度进行文化阐释，系统展示了白族古代文化发展的风貌和民族特点，探索了中华民族多民族融合的历史进程中，白族与汉族及其他民族的融合。

除了碑刻之外，白族古代留存数量可观的摩崖、铭文、砖瓦等其他类型的金石文献，和碑刻一起构成了金石文献的整体，与白族的政治文化、社会风习、文人生活等有着重要关联。因此，把碑刻与其他种类的金石文献视为一个整体和一种历史文化现象，从文化的视野观照，探析白族古代金石文献所具有的文化价值，将是一项更全面而有意义的研究。这正是本课题研究的缘起。

二、作为白族古代文化载体的金石文献

白族古代金石文献为表述古代白族的生活、思想、宗教信仰以及有关白族的历史、政治、经济、文化等内容的金石文献。这样的界定主要基于：在古代历史中，白族的形成过程并非单一固态的发展，而是与其他民族动态交融的。其次，本书所研究的白族古代金石文献，其实际范围并不限于直接表现白族生活的金石文献，有一些金石文献并不直接反映白族，但反映了与白族生活密切相关的内容，这些金石文献从广义上说，也是白族古代金石文献

的范围。

从文化的角度入手，研究白族古代金石文献与文化的关系，是从更加广阔的背景来认识白族古代的金石文献。“文化是一个整体，为了把握一个时代、一个民族的历史活动，需要从文学、历史、哲学的著作中，以及遗存在文物群体中，做广泛而细心的考察，把那些最足以说明生活特色的对象（不管是一个人、一群人，或是一个社会），站起来，活起来。使我们仿佛走进了那个时代，迎面所接触的是那个社会所特有的色彩和音响。”① 对白族古代金石文献与文化的关联性进行阐释，比传统金石文献研究视野来得更广大。这是因为只有把金石文献还原到产生它们的文化语境中，我们才能更好地理解它们的意义；而当我们了解它们的时候，金石文本也就映亮了框架着它们的社会、历史和文化的语境。

三、研究思路及方法

本书首次将白族古代金石文献视为白族文化的独特载体进行系统研究。白族古代金石文献的发展贯穿了几乎整个古代封建社会，并在明清时期最为繁荣。白族古代金石文献为研究社会文化的发展提供了信息丰富的独特文本。本书的研究目的是双重的：首先，考察白族古代金石文献的起源、兴盛、发展与文化制度之间的相互关系；其次，在历史、政治、文化、宗教和艺术的背景中来理解这些金石文献，形成对这些金石文献多维的文化阐释。

在具体的研究中运用文化阐释的研究方法是有一定难度的。首先是现有的成果较少，几乎需要白手起家。就目前研究所见，还没有专门释读和专题研究白族古代金石文献的著作。因此，本研究从整理释读白族古代金石文献资料做起，这是研究工作的出发点。

其次，因为文化的内涵极广，本研究并非面面俱到，而是抓住制度、政治、族群、哲学观、文学价值等方面进行探讨，以展现作者的独特观点。

需要特别说明的是，由于白族古代金石文献中涉及的一些碑刻因年代久远，文字漫漶，无法确认，所以行文中以“□”代表。碑文中亦有涉及白文、

① 傅璇琮：《唐代科举与文学》，陕西人民出版社，2003年，第2页。

蒙古文、藏文等少数民族文字，在书写方式、行文风格等方面与汉语有差异，在行文中作注说明。引用的有的文献在事物称名、文字书写等方面与今天通行的称名、书写也有古今之别，引文以忠实于原文为则。

第一章

白族古代金石文献与文化制度

白族自古居住在以洱海为中心的湖泊群边。白族善于学习，以积极、开放的态度面对先进思想和外来文化，可以说白族的发展过程就是文化不断发展进步的过程。商周时期，白族建立了滇国，青铜文化发达。汉代，以武帝赐“滇王之印”为标志，滇国归服汉朝，被纳入郡县制体系，汉文化对白族产生了重要影响。魏晋南北朝时期，白族爨氏独大，雄踞南中，爨氏积极吸纳汉文化并推进了汉文化在云南的传播。唐宋时期，白族作为主体民族建立了南诏、大理国，与唐、宋、吐蕃等有着广泛的文化交流。元明清时期云南建立行省，白族融入中央政权大一统格局，进入系统而全面地吸纳中原文化的重要阶段。

第一节　汉代以前白族的文化制度

从白族古代金石文献的留存情况来看，汉代以前的留存稀缺。但我们不能就此认为，汉代以前的白族文化与金石文献没有关联。有时候，文化的关联性是潜在而有延续性的。当我们把目光投向滇国考古发掘时，找到了一些线索。

一、滇国概况

在汉代以前，白族作为主体民族建立的滇国已存在，但滇国何时建立无法确考。对于滇国社会性质的界定，尤中认为："从公元前十二世纪的商朝晚期至西周时期的五百年左右时间阶段内，以僰族为主体建立的滇国逐步发展，至公元前七世纪左右的春秋时期，国家机器已趋于健全和完备了。"① 滇国作为一个民族政权，在云南的统治时间绵延了从商代到汉代长达几个世纪的时间。

滇国的疆域范围包括了今天云南的大部分地区，并延伸到越南的莱州省境内。"春秋战国时期滇国的地域四至范围，可以作这样一个粗线条的勾画：东北部自今云南省曲靖市（不包括沾益），往西南抵保山市；北部自楚雄州北部的金沙江南岸，往南抵达越南莱州省境内；东部自南盘江西岸，往西到礼社江、元江北岸。这样一个不大不小的独立王国，在春秋战国时期的西南各民族中，已经是一个大国了。"② 春秋战国时期滇国辖境"盖即后来西汉武帝征服滇国时即在其境设置的益州郡的地域范围"③。

滇国境内生活着众多的民族。"除主体民族僰族之外，滇国境内的被统治民族有昆明族"④，"滇国的被统治民族中还有叟族"⑤，"滇国的东部、东南部及南部与夜郎部落群及交趾（今越南北方）连接地带，有一部分属于夜郎系统的僚、濮族人口杂居于僰、叟、昆明族之中；滇国的西部和西南部边境，除了有与夜郎是近亲的僚、濮族之外，还有属于孟—高棉系统的苞满和闽濮，亦与当地的僰、叟、昆明族杂居。滇国西南部边境之外有'乘象国滇越'《史记·大宛列传》，其地在今云南省德宏州至西双版纳州一带。'滇越'是属于

---

① 尤中：《先秦时期以白族为主体建立的滇国》，《大理学院学报》，2006 年第 1 期，第 7 页。

② 同上，第 10 页。

③ 同上，第 7 页。

④ 同上，第 10 页。

⑤ 同上，第 7 页。

百越系统的民族。"① 这里所言的"僰族"乃白族的先民，是滇国主体且占据统治地位的民族，其他"昆明族""叟族""僚族""濮族""滇越"等民族均处于被统治地位。尤中认为："滇国是一个多民族国家，《史记·西南夷列传》说，滇国境内的民族'皆氐类也'。即氐羌的近亲。往后形成汉藏语系藏缅语族的各少数民族。"②

二、滇国文化的考古推想

由于缺乏文字记载，我们无法了解滇国权位的更迭和社会经济、政治、文化等方面的具体情况。幸运的是，关于滇国的考古发掘在一定程度上弥补了这一不足。葛兆光言："很多历史记忆，不仅是写在文献中的，也是储存在图像里的；很多思想观念，也不一定只是直接用文字表达，有时候它也支配着图像的绘制。"③ 考古发现的文物也承载了历史记忆和思想观念，因此，这些考古发掘为我们认识滇国时期的文化提供了重要信息。

（一）青铜考古

从滇国旧址出土的考古文物来看，滇国的青铜业较为发达，其出产的青铜矿物极有可能通过商贾交换到中原殷商。

云南青铜时代的文化类型分为滇池地区、洱海地区、滇西北地区和红河流域地区四种，每个区域中分布着一些较为典型的墓葬群④。这些墓葬群中出土的青铜器物证实了当时青铜业的发达。

"滇池地区"青铜文化的分布以滇池为中心，包括曲靖、禄丰、元江、蒙自等 14 个县市。在发现青铜器的 40 多个地点中，最重要的有晋宁石寨山古墓葬群、江川李家山古墓葬群。其中晋宁石寨山古墓葬群"从 1955 年至 1960 年先后 4 次发掘 50 座墓葬，出土器物 4 千余件，在第 6 号墓内发现金质'滇

---

① 尤中：《先秦时期以白族为主体建立的滇国》，《大理大学学报》，2006 年第 1 期，第 10 页。

② 同上，第 10-11 页。

③ 葛兆光：《古代中国的历史、思想与宗教》，北京师范大学出版社，2006 年，第 70 页。

④ 李昆声：《云南艺术史》，云南教育出版社，1995 年，第 54 页。

王之印'，确证这座古墓群主人的身份是西汉滇国国王及其臣属"①。江川李家山古墓葬群"1972 年发掘 27 座墓葬。1991 年 12 月至 1992 年 4 月发掘 58 座墓葬。两次发掘共获各类器物 3366 件。截至 1994 年 5 月，20 余年共发掘 86 座墓葬"②。另外，曲靖珠街八塔台古墓群"1977 年至 1982 年共发掘 7 次，在属于青铜时代的 250 多座墓葬中发现千余件文物"③。

"洱海地区"青铜文化的分布以洱海为中心，包括大理、剑川、永胜等多个地方④，其中剑川海门口遗址是云南青铜时代最早的遗址⑤。"1957 年在洱海北部剑川县海门口发现距今约三千年的青铜文化遗址，相当于商代晚期，这是云南迄今发现最早的青铜文化。遗址出土铜器有十五件，其中十件是青铜器，有铜钺、斧、镰、钩、凿、锥、针、镯等。"⑥ 在祥云县发现的大波那铜棺墓地之地也是洱海地区青铜文化的重要遗址。"1963 年，在祥云县云南驿大波那发现战国中期距今约 2350 年的一座长方形竖穴土坑墓。墓内有巨木叠组的井干式结构的椁室，椁内有一具长达两米由七块铜板组成的铜棺。棺内铜器有锄、锛等农具和一些纺织工具；兵器有矛、剑、啄、钺、镈等；生活用具有釜、杯、尊、勺、豆、匕、箸等；乐器有铜鼓、葫芦笙、钟等。棺内有一面象征权力的铜鼓和一根铜权杖，推断墓主人不仅是一个奴隶主，而且是当地农耕民族的政治领袖。"⑦

如"1975 年、1976 年，在楚雄万家坝出土早于祥云的春秋至战国中期的墓葬 79 座，其中 28 座有随葬的生产工具、兵器等，出土青铜农具达 147

---

① 李昆声：《云南艺术史》，云南教育出版社，1995 年，第 54 页。
② 同上，第 54–56 页。
③ 同上，第 57 页。
④ 同上。
⑤ 同上，第 52 页。
⑥ 马曜：《大理丛书·金石篇序》，杨世钰主编：《大理丛书·金石篇》10，中国社会科学出版社，1993 年，第 4 页。
⑦ 同上。

件”①，李昆声认为“既有滇池地区特点，又有洱海地区风格”②。

尤中认为：“剑川海门口、楚雄万家坝、江川李家山、曲靖八塔台先后出土的商朝末年至春秋战国时期的青铜器物，都是僰族创造的。僰族中的青铜文化，在春秋时期已经发展到了相当的高度。”③ 李昆声认为：“根据现已掌握的考古资料，云南青铜时代文化分布在全省70多个市县，共约200个地点，出土青铜器总数在万件以上。时代从公元前12世纪开始，由洱海地区发源，到公元前3至1世纪在滇池地区达到鼎盛阶段，公元1世纪衰败并进入铁器时代。整个青铜时代绵延千余年，并成为灿烂的中华民族古代青铜文化中的一枝奇葩。”④ 马曜认为：“从海门口到石寨山，贯穿着一条从初期青铜器文化逐步发展到成熟的青铜文化的内在联系，具有鲜明的地方民族特点。”“不论以母系社会为标志的云南新石器文化或继起的以奴隶社会为标志的云南青铜器文化，都显示出一条从洱海周围经楚雄地区向滇池地区发展的线索。”⑤

青铜器的使用不仅成为滇国生产力发展水平的标志，而且在滇国的对外贸易中，青铜矿物也成为重要的交换商品。滇国的青铜矿物极有可能通过商贸关系，交换到商朝。

河南安阳殷墟“出土的铜制容器，铜约占70%，锡约占30%。硬度高的工具、武器，锡的比重较容器为大，显然商人对铜锡的比例是掌握的”⑥。“殷陵和殷代宫殿的建筑相当宏大，除掉人殉和甲骨文字之外，有不少的器物出土。就其中青铜器的数量很多，而且制作的技巧是很高度的。但铁器和铁的痕迹一直没有发现。殷代已经是青铜时代，并不是所谓金石并用时代，也

---

① 马曜：《大理丛书·金石篇序》，杨世钰主编：《大理丛书·金石篇》10，中国社会科学出版社，1993年，第4页。

② 李昆声：《云南艺术史》，云南教育出版社，1995年，第59页。

③ 尤中：《先秦时期以白族为主体建立的滇国》，《大理大学学报》，2006年第1期，第11页。

④ 李昆声：《云南艺术史》，云南教育出版社，1995年，第60-61页。

⑤ 马曜：《大理丛书·金石篇序》，杨世钰主编：《大理丛书·金石篇》10，中国社会科学出版社，1993年，第5页。

⑥ 翦伯赞主编：《中国史纲要》（修订本）上册，人民出版社，1995年，第20页。

是毫无疑问的事。”① “然而数万片卜辞中竟不见‘金’字（古人称铜为金），我们不能说殷代还没有铜。”② 李昆声认为：“我国中原青铜时代鼎盛时期的晚商青铜器多数是铜锡合金的锡青铜。然而，从现代地质学资料来看，黄河中下游地区自古至今都没有锡矿。根据对著名的商代大墓——妇好墓出土的91件青铜器进行铅同位素比值测定，其中73%的青铜器是铜锡二元合金，即锡青铜，27%是铜锡铅三元合金。测定结果表明：妇好墓中的一部分青铜器的矿料来自云南省永善县金沙厂。永善县金沙厂的矿属于多金属共生矿，主产铜、银，也产铅、锌，在清代是著名矿厂。”③

由此可知，一方面，商人掌握了青铜制造技术；另一方面，商代墓葬遗址发掘说明其地不产锡，而其制造青铜器的原料来源地为云南。“在大理鹿鹅山曾发现一些炭灰、红烧土、铜矿石和炼成海绵状的铜块。估计是云南青铜时代冶铸遗址。”④ 以上情况表明：“我国中原高度发达的殷商青铜文化，也注入了云南的‘血脉’（矿料）。这样，我们就更容易理解云南古代青铜文化为什么会达到如此高精的艺术水平。”⑤

云南青铜矿物的输入，为殷商青铜制造提供了必要的条件。滇国古墓葬中大量海贝的发现，或可说明滇国与商朝有商贸关系。

在滇国的遗址中发掘了大量的海贝。剑川鳌凤山青铜文化时期墓葬M81出土海贝43枚⑥。晋宁石寨山滇王族墓群有17座墓出土海贝，总数149000余枚⑦。江川李家山有8座出贝墓葬，共出土112000余枚⑧。考察商代遗址的资料则知，商代手工业和农业已有了初步的分工，商业也有了萌芽。海贝除用作装饰品外，也可能作为交换的媒介。由上推论，滇国和商朝之间可能

① 郭沫若：《奴隶制时代》，人民出版社，1973年，第18页。
② 同上，第22页。
③ 李昆声：《云南艺术史》，云南教育出版社，1995年，第64页。
④ 同上，第65页。
⑤ 同上，第64-65页。
⑥ 刘光曙：《大理文物考古》，云南民族出版社，2006年，第28-29页。
⑦ 同上，第30页。
⑧ 同上，第29页。

有商贸往来，海贝可能就是流通货币。

（二）滇国青铜乐器与礼乐制度

在滇国的墓葬遗址中发掘了铜鼓、编钟、葫芦笙（葫芦丝）等乐器，表明音乐是当时人们生活中的重要组成部分。

如祥云大波那木椁铜棺墓出土随葬铜鼓一件、铜钟一件、葫芦笙一件。铜鼓通高 28 厘米，面径 23 厘米，足径 38 厘米，鼓面作四角光芒，有双耳位于胴部与腰部之间①。“铜鼓又是很特殊的一种青铜器，铜鼓是多功能器物，其主要功能是乐器。”② 铜钟“呈圆筒状，高 47 厘米，遍体装饰卷云纹。钟体两面有对称长方孔，舞部有对称圆孔”③。葫芦笙“整体青铜铸就，高 16 厘米，葫芦形状，细端铸宽 1.7 厘米、长 1.4 厘米的长圆形吹孔。音斗球体上铸长 3.9 厘米、宽 3.0 厘米的不规则扁孔，此孔中间可以插直径 3 厘米以内的主奏管一支，两侧可插更细的和声管各一支。管为竹或木制品，出土时已朽烂无存。在同一墓内出土的乐器还有铜鼓和铜钟作为伴奏乐器。葫芦笙则是这个乐队的主要旋律乐器”④。

在楚雄万家坝、江川李家山、晋宁石寨山遗址也出土了多件乐器。如楚雄万家坝 M1 的腰坑内出土 6 枚羊角钮铜钟。其体量依次递减，最大一件高 21.6 厘米，最小一件高 15 厘米。“以一般铜钟、编钟的演奏方法推测，羊角钮铜钟，或一组成为羊角钮编钟，应当也是悬挂而击打。”⑤ 江川李家山、晋宁石寨山出土多件青铜鼓、钟乐器。晋宁石寨山 6 号墓出土的 6 枚一组的“滇王编钟”，最大一件通高 40.3 厘米，最小的一件通高 29 厘米。“钟钮为半环状钮，钟体筒形，上大下小，剖面呈椭圆形。钟体的两面各铸蟠龙 4 条，左右对称。”⑥

除此之外，还出现了乐俑。“最生动的是晋宁石寨山 M17：23‘铜舞俑’

---

① 刘光曙：《大理文物考古》，云南民族出版社，2006 年，第 31 页。

② 李昆声：《云南艺术史》，云南教育出版社，1995 年，第 80 页。

③ 同上，第 105 页。

④ 同上，第 102-104 页。

⑤ 同上，第 109 页。

⑥ 同上，第 107-108 页。

4件。其中一个铜俑高约9厘米，梳银锭式发髻，髻根缠一条长长的飘带，分两条向背部下垂。耳朵、手腕佩环，右肩挂剑带垂至腰间部位，系短剑一柄。身披披毡，双腿上各系一条带子，跣足。此俑向人们立体地展示了两千多年前吹奏葫芦笙的方法：口吹葫芦笙的细端，双手捧住球状音斗，手指按住音孔。”① 从滇国古墓葬的青铜乐器和乐俑造像以及对吹奏葫芦笙方法的展示，说明滇国时期的礼乐文化已达到了讲究“乐理”的高度。与此相应的是，在不少墓葬出土的铜锣、铜鼓中出现了不同舞蹈的图像。如晋宁石寨山M12：1铜锣上出现了类似商朝“翌舞”和“羽舞”的图像②，晋宁石寨山M12：2铜鼓形铜贮贝器盖中铸有“人舞图”③。另外还有葫芦笙舞、翔鹭舞、圆圈舞、巫舞、刑牛舞等多种舞蹈④。

综上所述，古老的滇国曾经是商朝青铜矿产资源的主要产地，滇国与商朝的贸易往来成为商朝奴隶社会文明传播到滇国的桥梁和纽带。从考古遗址和文物来看，滇国青铜器物铸造的图像丰富而发达，却没有出现文字。文字的产生，是“从多头尝试到约定俗成，所逐步孕育、选练、发展出来的。它绝不是一人一时的产物。它随着社会的发展而发展，有着长远的历程”⑤。可以说汉代以前滇国尚处青铜“图像文献”时期，从这些“图像文献”可以看出，白族文化的创造性、对外交流性和丰富性，这为未来白族文化的发展奠定了重要基础。

第二节　白族古代金石文献与汉代的文化制度

西汉元封二年（前109），汉武帝兵临滇国，滇国降汉。汉武帝改滇国为益州郡，宣告了滇国历史的结束。白族作为滇国的统治民族，也随之进入汉代的政治文化体系中。

---

① 李昆声：《云南艺术史》，云南教育出版社，1995年，第102页。
② 同上，第121页。
③ 同上，第122页。
④ 同上，第124-129页。
⑤ 郭沫若：《奴隶制时代》，人民出版社，1973年，第244页。

汉代白族金石文献的遗存主要有西汉官印2件、赐印1件；东汉刻石2件、碑刻1通和墓砖2件。包括印、刻石、碑刻和墓砖四种形制，分别使用金、铜、石、砖四种材质，均用汉文为书写文字。这一时期的遗存中，官印的出现与汉代的政治制度有关联；刻石刻有买卖信息，记录了当时商品交换的情况；墓砖、墓碑则与墓葬制度有联系。

一、西汉官印与郡县制

（一）武帝赐滇王之印

1956年“滇王之印”在晋宁石寨山6号墓出土，为黄金制成，通体完好如新。印钮作蟠蛇钮，蛇背有鳞纹，蛇首昂向右上方。印面每边长2.4厘米，印身厚0.7厘米，通钮高2厘米，重90克。印钮和印身是分别铸成后再焊接起来的，印文是凿成的，笔画两边的凿痕清晰可见，印字为汉字小篆，“滇王之印”四字简易可读。

图一　滇王之印

司马迁《史记·西南夷列传》中记载了汉武帝赐“滇王之印”的始末。“天子发巴蜀兵击灭劳浸、靡莫，以兵临滇。滇王始首善，以故弗诛。滇王离难西南夷，举国降，请置吏入朝。于是以为益州郡，赐滇王王印，复长其民。”① 当时，汉武帝统军兵临滇国，滇王求和，并降于汉朝。之后，滇王请

① 司马迁：《史记》，中华书局，1959年，第2997页。

求汉朝在滇国设置官吏，接受汉朝的统治。同年，武帝在滇国设益州郡，赐予滇王金印，令其任百姓之长。汉代诸侯印无蛇钮之制，四夷王侯邑长印亦罕见作蛇钮者，一般文侯及文职官印，都是铸成，“滇王之印”的形制与这些规制不同。从“滇王之印”出土的地点来看，晋宁石寨山应为滇王世袭的采邑封地。《史记》载：“西南夷君长以百数，独夜郎、滇受王印。滇小邑，最宠焉。”① 可见汉武帝对滇国的重视。“滇王之印”乃武帝恩赐给滇王的爵名金印，而非益州郡的权印。“滇王之印”的出土印证了《史记》对滇国的史事记载，形成了“文”与“物”的互证，折射出汉朝封建大一统在西南边疆推进的史貌。

（二）叶榆长印和叶榆右尉印

“叶榆长印”现藏于北京故宫博物院，为铜质方印，鼻钮，边长 2.5 厘米，印文为阴文篆书，刻“叶榆长印”四字。②“叶榆右尉印”现藏于上海博物馆，为铜质方印，边长 2.3 厘米，印文为阴文篆书“叶榆右尉”四字。③

这两枚官印皆属叶榆县。《汉书》载：“叶榆，叶榆泽在东。”④ 这里的叶榆乃“滇国的叶榆聚邑西汉设叶榆县，辖地包括今大理、洱源、鹤庆、剑川、漾濞等县之地在内”⑤。“叶榆泽”即今之洱海，叶榆县位于叶榆泽的西边。秦汉时期，人口在万户以上的县之长官称令，万户以下的县之长官称长，可见叶榆辖地虽广，但西汉时人口不足万户，故置叶榆长。元鼎六年（前 111）武帝加强中央军力，创建八校尉，以中尉、左尉、右尉为称名。古代以右为尊，右职为重要职位。八校尉每校兵力约为数百人至千人。“叶榆右尉印”即中央驻兵叶榆县的军官印。从“叶榆长印”和“叶榆右尉印”可知，汉代益州郡所辖叶榆县，配有专门的行政长官和军队部署。

---

① 司马迁：《史记》，中华书局，1959 年，第 2997 页。

② 杨世钰主编：《大理丛书·金石篇》9，中国社会科学出版社，1993 年，第 1 页。

③ 同上，第 2 页。

④ 班固：《汉书》，中华书局，1962 年，1601 页。

⑤ 尤中：《先秦时期以白族为主体建立的滇国》，《大理大学学报》，2006 年第 1 期，第 8 页。

图二　叶榆长印。图片来源于杨世钰主编：《大理丛书·金石篇》9，中国社会科学出版社，1993年，第1页。

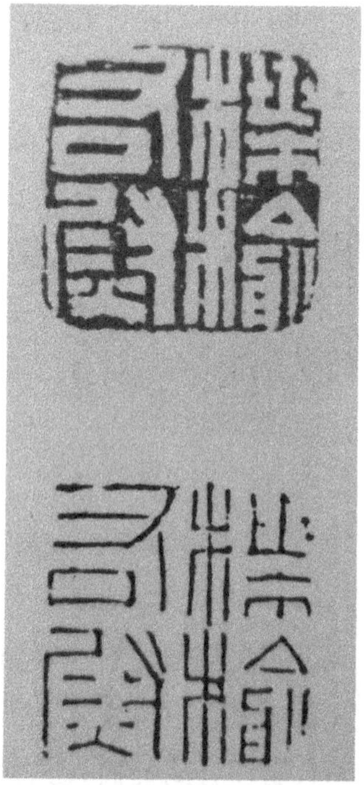

图三　叶榆右尉印。图片来源于杨世钰主编：《大理丛书·金石篇》9，中国社会科学出版社，1993年，第2页。

回溯历史可知，“汉武帝统治的五十余年（公元前140–前87年），是西汉王朝的鼎盛时期，也是封建制度下中华民族的一个蓬勃发展时期。在经济繁荣、府库充溢的基础上，汉武帝在政治、经济、军事等方面采取了许多措施，改革了一些制度，以适应封建统一国家的需要”①。“滇王之印”“叶榆长印”“叶榆右尉印”是汉武帝为了实现国家大一统，在西南地区推行郡县制的产物，体现了汉朝在西南建立王侯邑长分治制与封建军政体制的具体细节，西南边疆由此正式进入汉王朝政治体系。“滇王之印”“叶榆长印”“叶榆右尉印”均用篆体书写，体现了汉代统一文字的意图。

① 翦伯赞主编：《中国史纲要》（修订本）上册，人民出版社，1995年，第121页。

二、东汉金石与封建制

东汉时期白族金石文献主要有汉封地刻石1块、汉建初刻石1块、延熹三年墓砖1块、熹平年墓砖1块及孟孝琚碑。

（一）汉封地刻石

1956年“汉封地刻石”在昆明市南郊塔密苴村外被发现，现存云南省博物馆。刻石石质为黄沙石，略呈长方形，高115厘米，最宽处57厘米。全文6行，每行8至13字不等。全文55字，其中缺失15字。其刻石文字如下：

延光四年□二□昆亩封謌郣宎（一行）

坴□□田与相王子江亶（二行）

声牛五头盅自少宰（三行）

田并洰大西大道古氏（四行）

易□路□□□时知（五行）

□□□□□□□（六行）①

该刻石标识的时间为延光四年，延光为东汉安帝纪年，说明在滇池地区奉行汉朝纪年。“这块刻石史学价值颇高，它确证了滇池地区在东汉安帝延光四年（125）便已出现了封建土地买卖关系”②。在刻石现存的刻字中，不可读的“亩”等字。这些字从字形上来说与汉字书写极为相像，但可以明确判断不是汉字。“白族的文字是仿汉字方块字而用白族语法，读音撰写的异体文字——白文”，即“一种仿汉字方块字用以标载白族语音语法的白文。在白文中间夹杂着个别符号字”③。依此看来，这块刻石中不可读的字，在形体上模仿汉字，极有可能就是白文。

（二）汉建初刻石与墓葬“四神”信仰

“汉建初刻石”是1937年张希鲁在昭通梁堆④发现的一块略成梯形的刻

---

① 李昆声：《云南艺术史》，云南教育出版社，1995年，第147页。

② 同上，第148页。

③ 王富：《鲁川志稿》，大理白族自治州南诏史研究会编，2003年，第296-297页。

④ 李昆声：《云南艺术史》，云南教育出版社，1995年，第149页。梁堆得名因墓外形为一较大圆锥体封土堆，滇东北地区称这类土堆墓为“梁堆”。见刘光曙：《大理文物考古》，云南民族出版社，2006年，第44页。

石，高6.5寸，宽8.5寸。该刻石文字为“建初九囯三月戊子造。”“这是东汉章帝建初九年（公元84）的刻石。因而是迄今为止云南发现年代最早的刻石。”①

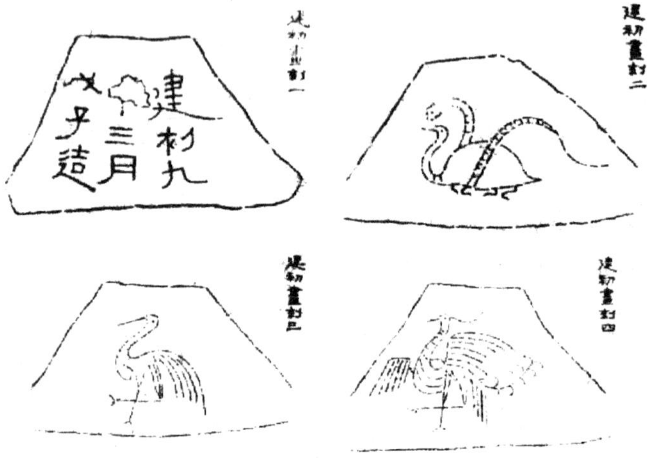

图四　汉建初刻石。图片来源于李昆声：《云南艺术史》，云南教育出版社，1995年，第148页。

该刻石较为独特的地方是它的三面环刻龟蛇（玄武）、鹤、朱雀。在汉晋文化中，“‘四神’即‘四灵’。就是青龙（苍龙）、白虎、朱雀、玄武。汉晋人用这‘四神’代表天空中的‘四象’或‘四宫’即东、西、南、北宫，也就是代表宇宙天空。把‘四神’刻画在墓里，墓主人躺在棺内就像生活在另一个世界的天空之下。”②“汉建初刻石”所刻龟蛇（玄武）、朱雀是汉晋“四神”中的两种，显示了白族墓葬也受到了汉代墓葬文化的影响。

（三）延熹三年墓砖、熹平年墓砖

1990年12月在大理市下关洱河北岸大理州制药厂建筑基地上一座东汉末年的大型砖室墓中发现了“延熹三年墓砖”。壁砖与铺地砖长38厘米，宽20厘米，厚0.6厘米。墓的券顶砖皆残碎，一种侧面模印阳文隶字“延熹三年

① 李昆声：《云南艺术史》，云南教育出版社，1995年，第149页。

② 同上，第157页。

十二月造”，一种侧面模印复线旋纹图案，旁有“吉羊”二字①，一种侧面模印阳文隶字“熹平年十二月造”纪年铭文②。这里“延熹”是桓帝年号，“延熹三年”为公元 160 年；“熹平”是灵帝年号，为公元 172 年。

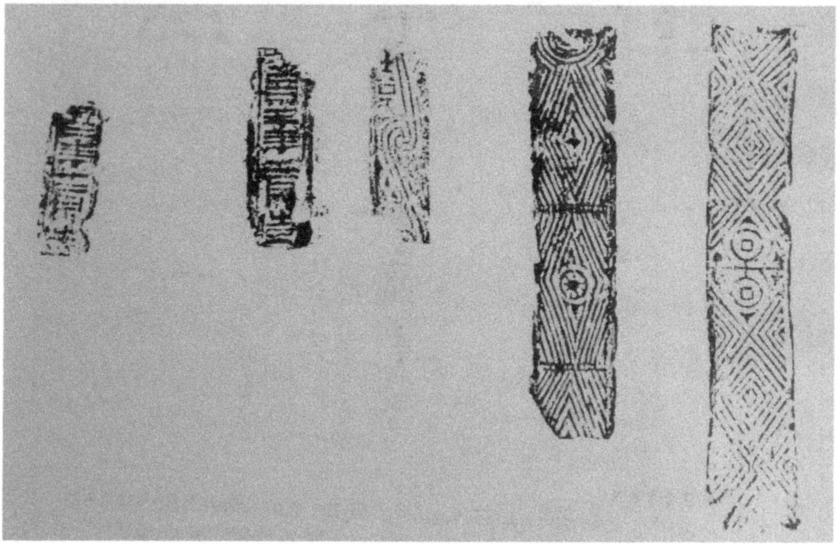

图五　东汉延熹三年墓砖。图片来源于杨世钰主编：《大理丛书·金石篇》8，中国社会科学出版社，1993 年，第 1 页。

三、《孟孝琚碑》与文化制度

《孟孝琚碑》立于东汉桓帝永寿三年（157），清光绪二十七年（1901）在云南昭通市守望乡白泥井村出土，发现时缺失上段，下段残高 1.33 米，宽 0.96 米③，直行隶书。该碑对碑主人生行状的描述中包含了墓葬、历法、官制、礼俗、教育等方面的信息。

（一）《孟孝琚碑》与汉代的墓葬制度

在《孟孝琚碑》中，可见当时白族墓葬礼俗的细节。

---

① 杨世钰主编：《大理丛书·金石篇》8，中国社会科学出版社，1993 年，第 1 页。

② 刘光曙：《大理文物考古》，云南民族出版社，2006 年，第 45 页。

③ 杨世钰主编：《大理丛书·金石篇》1，中国社会科学出版社，1993 年，第 1 页。原文“残高 1.33 厘米，宽 0.96 厘米”有误，“厘米”应为米。

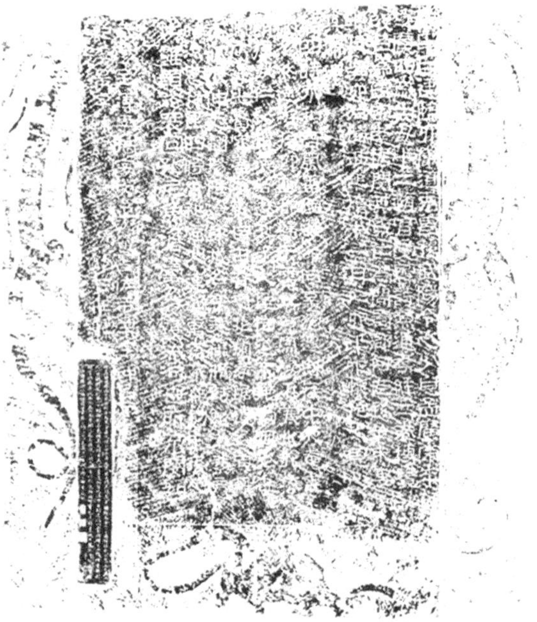

图六　孟孝琚碑。图片来源于杨世钰主编：《大理丛书·金石篇》1，中国社会科学出版社，1993年，第1页。

一是墓碑文形成一定的书写格式。《孟孝琚碑》由碑名、行状、辞韵、题款构成。行状一百余字，辞韵近二百字，题款存二十余字，全篇三百余字。除去缺失的八十余字，现存碑文二百五十余字。《文心雕龙》载："自鲁庄战乘丘，始及于士。逮尼父卒，哀公作诔。"①言在春秋战国时代，诔文已形成体式。而"至柳妻之诔惠子，则辞哀而韵长矣。暨乎汉世，承流而作"②。到了汉代，诔文继续发展。又言"树碑述已者，同诔之区焉"③，表明诔碑是将叙述死者的诔文篆刻于石碑之上。《孟孝琚碑》与《文心雕龙》中所言的诔碑传统一致。

二是墓葬有礼仪程序。《孟孝琚碑》言"四时祭祀，烟火连延"，说明葬仪中有四时祭祀的习俗。又言"建临卯，严道君"，可见在称名上避讳长辈名字。碑言："为问蜀郡何彦珍女，未娶。"《礼记·昏义》载古代男子娶妻的程序为："纳采、问名、纳吉、纳征、请期，皆主人筵几于庙，而拜迎于门外，入揖让而升，听命于庙，所以敬慎、重正昏礼也。"④ 由此推知，孟孝琚应已向何彦珍"纳采""问名"，但因早逝，还未来得及进行之后的程序，因此"为问蜀郡何彦珍女"一事才不避讳而镌刻在墓碑之上。

---

① 刘勰著，范文澜注：《文心雕龙注》（上），人民文学出版社，1958年，第212页。
② 同上，第213页。
③ 同上，第214-215页。
④ 孙希旦撰，沈啸寰、王星贤点校：《礼记集解》，中华书局，1989年，第1416页。

三是墓碑造型讲究。从《孟孝琚碑》的碑像来看，墓碑下段左侧刻龙纹，右侧刻虎纹，下部刻玄武纹。残失的上段应该刻朱雀。若是如此，便与建初九年（84）“汉建初刻石”的图像有相似之处，均刻玄武和朱雀，不同的是孟孝琚碑出现龙纹和虎纹。

（二）《孟孝琚碑》与职官制度

《孟孝琚碑》记述了孟孝琚祖父、父亲的官职情况。碑载：“建临卯严道君曾孙武阳令之少息孟广宗卒。”这里“建临”即建宁，今云南曲靖。“严道”为地名，即今四川荥经。“卯”，作避讳不直接称尊长之名，应指孟孝琚曾祖父。“君”可解为君侯之意，表明孟孝琚的曾祖父为严道侯。孟孝琚的父亲为“武阳令”，即武阳县令。汉代郡县主要官吏由中央任免。从孟孝琚曾祖和父亲所任之职可以看出，他们应受朝廷任命。《孟孝琚碑》立碑题款载：“（上阙）武阳主簿李桥字文平，书佐黄羊字仲兴（上阙）记李昺字辅谋，铃下任骡（下阙）。”① 从这里可知，有县主簿、书佐、主记、铃下、任骡等属员参加孟孝琚的葬礼，说明了武阳县治官署配置情况。

（二）《孟孝琚碑》与教育制度

从《孟孝琚碑》的记述可见，孟孝琚自幼学习《诗经》《孝经》，受到儒家文化的熏陶。碑言：“广四岁失母；十二随官。受韩诗，兼通孝经二卷。博览□□□□□□□，改名为琼，字孝琚。”② 这里“韩诗”应指韩婴所传授的《诗经》。碑文中“博览”后缺失 7 字，但从前文留存的文字推知，这段话应描述孟孝琚读书求学的情况。

孟孝琚改名一事也可以看出儒家文化对他的影响。碑文言孟孝琚“改名为琼，字孝琚”。按《礼记・冠仪》载：“古者冠礼筮日、筮宾，所以敬冠事。敬冠事所以重礼，重礼所以为国本也。……已冠而字之，成人之道也。”③ 按礼仪，孟孝琚改名应是在举行成人加冠礼之后，才能“已冠而字之”。“琼”和“琚”都指美玉，古代常以玉比拟君子温润的人格，碑文中言

---

① 杨世钰主编：《大理丛书・金石篇》10，中国社会科学出版社，1993 年，第 1 页。
② 同上。
③ 孙希旦撰，沈啸寰、王星贤点校：《礼记集解》，中华书局，1989 年，第 1412 页。

孟孝琚“敦仁”，可谓名副其实。

战国、秦汉以降的几个世纪“是中国文化史上最重要的‘轴心时代’，这一时代的意义不仅仅指一系列哲人的出世、一个个思维成果的产生，还包括随着大一统王朝的发轫、成型、壮大，一系列思维成果也在进行着‘整合’，由混沌无序进入整饬有序”①。尤其是汉朝“许多民族地区正式进入中国的版图，汉族的封建经济和封建文化，也以各种不同的方式影响着周围各民族，有些民族还显著地走上了封建化的道路”②。综观两汉时期白族的金石文献，“叶榆长印”“叶榆右尉印”“滇王之印”反映了西汉时期中央王朝在云南推进郡县制度的情况。东汉时期的石刻、墓砖和墓碑，为我们了解汉代的墓葬制度提供了重要的信息。《孟孝琚碑》作为两汉时期最重要的碑刻，反映出当时白族大姓氏族对汉文化的接受。可以说，汉代白族金石文献是白族接纳汉文化的产物，标志着白族开始融入汉代文化体系。

第三节　白族古代金石文献与魏晋南北朝的文化制度

魏晋南北朝时期是中国历史上战乱纷争、政权更迭频繁的时期，从东晋咸康五年（339）爨琛独霸南中开始，白族大姓氏族爨氏雄踞南中，直至唐天宝七年（748）南诏灭西爨为止，历时四百余年。这期间，南中与中原王朝的关系松散，爨氏是南中云南政治权力的实际掌控者和文化发展的主导者。

魏晋南北朝时期白族金石文献的遗存主要有西晋墓砖 5 块、东晋爨氏墓碑 2 通和南朝爨氏墓碑 1 通。这些墓砖、墓碑是当时墓葬文化的产物，同时也传达出重要的文化信息。

一、白族金石文献与墓葬制度

（一）西晋墓砖与墓葬制度

白族金石文献中的西晋墓砖为“泰始年墓砖”1 块、“咸宁四年墓砖”1

① 葛兆光：《古代中国的历史、思想与宗教》，北京师范大学出版社，2006 年，第 44 页。

② 翦伯赞：《中国史纲要》（修订本）上册，人民出版社，2003 年，第 131 页。

块、“太康年墓砖”3块。这些墓砖的具体情况如下：

1. 泰始年墓砖：“墓砖长40厘米，宽20厘米，厚0.6厘米。砖的一侧面模印阳文隶字‘泰始三年县官’六字，一种的一侧面模印反阳文隶字‘泰始五年造作大吉羊’九字。”① 该砖为1989年大理市喜洲镇凤阳村出土，现藏于大理州博物馆。墓砖标注的“泰始”是西晋武帝司马炎年号，“泰始三年”为公元267年，“泰始五年”为公元269年。

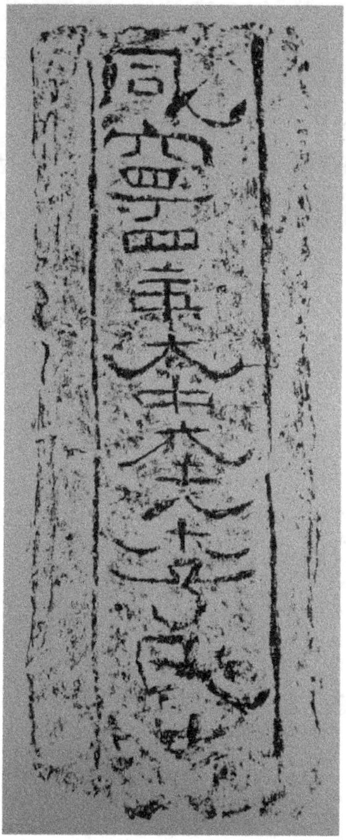

图七　西晋咸宁四年墓砖铭文。图片来源于杨世钰主编：《大理丛书·金石篇》8，中国社会科学出版社，1993年，第3页。

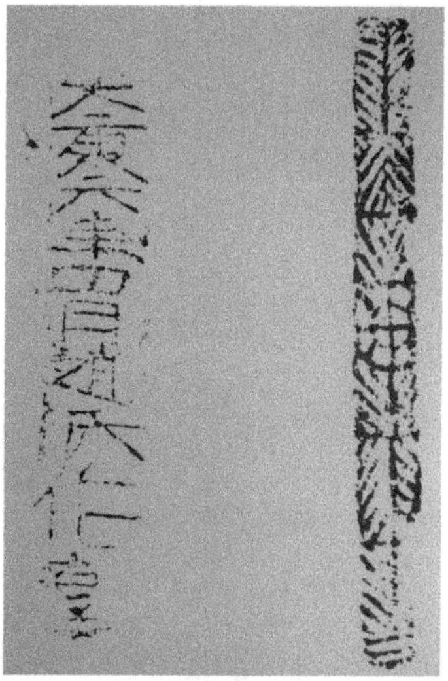

图八　西晋太康六年墓砖。图片来源于杨世钰主编：《大理丛书·金石篇》8，中国社会科学出版社，1993年，第4页。

① 杨世钰主编：《大理丛书·金石篇》8，中国社会科学出版社，1993年，第2页。

2. 咸宁四年墓砖："铭文高 20 厘米，宽 7.5 厘米，刻于砖之侧面。书法在隶楷之间，为典型的晋体字。直行。印模阴刻有'咸宁四年太中大夫李氏墓'十一字。"① 咸宁四年墓砖发现于姚安（今楚雄大姚）西晋李氏墓，现存云南省博物馆。"咸宁"为西晋武帝司马炎年号，咸宁四年为公元 278 年。"太中大夫"为李氏的官职。

3. 太康六年墓砖："墓砖长 42 厘米，宽 22 厘米，厚 0.7 厘米。砖的一侧面模印反阳文隶字'太康六年四月赵氏作吉羊'十一字。"② 该墓砖发现于 1986 年大理市喜洲镇阁洞旁村南田中掘出的一座晋代砖室墓，现藏于大理州博物馆。"太康"为西晋武帝司马炎年号，"太康六年"为公元 285 年。

4. 太康八年墓砖："砖长 21.5 厘米，宽 19 厘米，厚 5.2 厘米。有两种图案模印纹，一种侧面模印阳文隶字'太康八年王氏作'七字。"③ 该墓砖出自 1932 年祥云县城东南十余里的青石湾附近掘出的一座西晋砖室墓。出土的墓砖及墓中物被弃散，祥云人王友善收残砖数段。1987 年王友善之子王和喜捐赠祥云县文管所。"太康"为西晋武帝司马炎年号，"太康八年"为公元 287 年。

图九　西晋太康八年墓砖。图片来源于杨世钰主编：《大理丛书·金石篇》8，中国社会科学出版社，1993 年，第 5 页。

---

① 杨世钰主编：《大理丛书·金石篇》8，中国社会科学出版社，1993 年，第 3 页。
② 同上，第 4 页。
③ 同上，第 5 页。

5. 太康十年墓砖："墓的铺地砖长35厘米，宽22厘米，厚0.6厘米。一种砖已残，侧面模印阳文隶字'四年十月十日'六字。另一种砖一侧面模印阳文隶字'太康十年造吉羊'七字。"① 该墓砖出自1986年大理市郊荷花村掘出的一座晋代石砌室墓，现藏于大理州博物馆。"太康"为西晋武帝司马炎年号，太康十年为公元289年。

综观西晋时期的这5块墓砖，分布的地点为大理喜洲、祥云和楚雄姚安，均模印汉字，文字内容简单，主要标明了造墓时间。如墓砖中"泰始""咸宁""太康"均为晋武帝的年号，说明这些墓砖产生于西晋。有的墓砖标明了制作者的姓氏，如"赵氏""王氏"。有的可见墓主的身份，如"咸宁四年墓砖"中有"咸宁四年太中大夫李氏墓"一语，可明确该墓的墓主为李氏，官职为太中大夫。《宋书·礼志》载："建安十年（205），魏武帝以天下凋敝，下令不得厚葬，又禁立碑。"又载："晋武帝咸宁四年，又诏曰：此石兽碑表，既私褒美，兴长虚伪，伤财害人，莫大于此。一禁断之。其犯者虽会赦令，皆当毁坏。"② 可知建安十年，曹操下令禁止厚葬及立碑。晋武帝于咸宁四年（278）下禁碑令。出土这5块墓砖的墓穴均无墓碑，很有可能是受到了魏晋时期禁碑、禁厚葬制度的影响。

（二）爨氏墓碑与墓葬制度

留存的3通爨氏墓碑为东晋太和六年（371）的《爨龙骧墓碑》、大亨四年（405）的《爨宝子碑》和刘宋大明二年（458）的《爨龙颜碑》。综合3通爨氏墓碑来看，可知当时墓葬的一些特点。

一是，这3通爨氏墓碑的形制和文体具有一定规格。

《爨龙骧墓碑》"高30厘米，宽48厘米，厚18厘米。直行隶楷书。文4行，行4-6字"③，碑全文为"泰和五年，岁在辛未正月八日戊寅立爨龙骧之墓"④。

---

① 杨世钰主编：《大理丛书·金石篇》8，中国社会科出版社，1993年，第6页。
② 沈约：《宋书》，中华书局，1974年，第407页。
③ 杨世钰主编：《大理丛书·金石篇》1，中国社会科学出版社，1993年，第2页。
④ 杨世钰主编：《大理丛书·金石篇》10，中国社会科学出版社，1993年，第1页。

图十　爨龙骧墓碑。图片来源于杨世钰主编：《大理丛书·金石篇》1，中国社会科学出版社，1993年，第2页。

《爨宝子碑》"通高190厘米，宽71厘米，厚21厘米。额半圆形，正中书'晋故振威将军建宁太守爨府君之墓'十五字。碑身直行隶楷书，文13行，行7-13字"①。

《爨龙颜碑》"额高83厘米，上端浮雕青龙、白虎、朱雀。正中刻'宋故龙骧将军护军镇蛮校尉宁州刺史邛都县侯爨使君之碑'二十五字。碑身高338厘米，上端广135厘米，下端广164厘米，厚25厘米。下端浮雕日月，日中有三足鸟，月中有蟾蜍。两面刻文。皆直行楷书。碑阳文24行，行45字。碑阴为题名，分三栏，上栏15行，中栏17行，下栏16行，行3-10字"②。

依据这3通爨氏墓碑产生的时间来看，从《爨龙骧墓碑》到《爨龙颜碑》，墓碑的规模从不足1米发展为3米多高的巨制。由于碑主身份不同，碑的外形也有讲究。在爨龙骧、爨宝子和爨龙颜三者中，爨龙颜的身份最为显赫，因此墓碑使用了青龙、白虎和朱雀纹饰。碑文的篇幅从《爨龙骧墓碑》的几十字增加到《爨龙颜碑》千余字。

① 杨世钰主编：《大理丛书·金石篇》1，中国社会科学出版社，1993年，第3页。校对碑文拓片，"行7-13字"应为"行7-30字"。

② 同上，第4页。

图十一　爨宝子碑。图片来源于杨世钰主编：《大理丛书·金石篇》1，中国社会科学出版社，1993年，第3页。

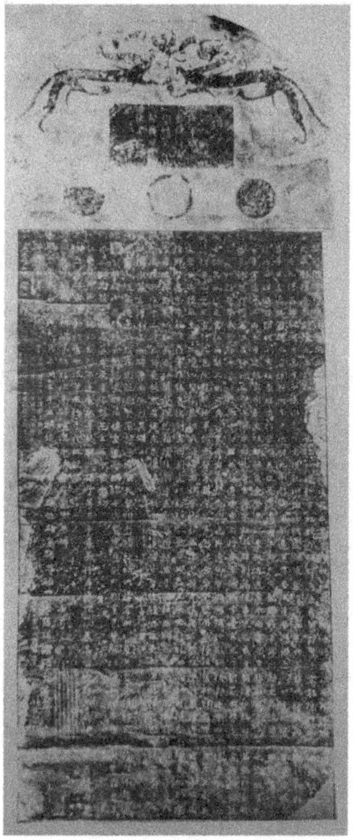

图十二　爨龙颜碑。图片来源于杨世钰主编：《大理丛书·金石篇》1，中国社会科学出版社，1993年，第4页。

二是，从《爨宝子碑》《爨龙颜碑》的记述可见当时墓葬的礼仪。爨宝子和爨龙颜均为朝廷任命的官员，其僚属参加了葬礼，具有鲜明的官方色彩。

《爨宝子碑》载："主簿杨磐，录事孟慎，西曹陈勃，都督文礼，都督董彻，省事陈奴，省事杨贤，书佐李仂，书佐刘兒，干吏任叔，干吏毛礼，小吏杨利，威仪王□。"① 从这段记录可知，参加爨宝子葬礼的官员有13位，他们应为爨宝子的僚属。

《爨龙颜碑》载："府长史建宁爨道文，司马建宁爨德民，录事参军武昌郡刘覻，功曹参军建宁孟庆伦，仓曹参军建宁爨硕囸，户曹参军建宁周贤，

① 杨世钰主编：《大理丛书·金石篇》10，中国社会科学出版社，1993年，第1页。

屯兵参军雁门郡王□文，府功曹建宁爨颐，主簿建宁赵道生，别驾建宁爨敬祖，治中晋宁赵世筏，主簿建宁爨德融，主簿建宁孟叔明，西曹益宁杨琼子，西曹晋宁路雄。(中栏)：镇蛮长史建宁爨世明，司马建宁爨顺靖，录事参军建宁毛玮子，功曹参军朱提李融之，仓曹参军牂牁谢国子，户曹参军南广杨道育，屯兵参军建宁爨孙记，蛮府功曹建宁李延祖，主簿建宁孟令孙，主簿建宁孟顺德，门下建宁爨连迫，录事弋阳郡舒征，西曹建宁周令活，户曹建宁陈世敬，省事安上舆稚国，书佐建宁孟罗，干张孙萌。(下栏)：录事孟林，西曹刘道善，户曹尹仲宁，记室张叔熬，朝直张世保，麾下都督王道盈，□□彦头，□□□文，□□康，门下张寻，录事万敬，西曹尹开，户曹俫叔子，省事李道学，书佐单仲，干盛庆子。"①这里列举的参加爨龙颜葬礼的官员有48位。在《爨龙颜碑》中描述爨龙颜去世"昊天不吊，寝疾弥笃，享年六十一岁，在丙戌十二月上旬薨。黎庶痛悼，宋夷伤怀。天朝远感追赠中牢之馈也。"②"薨"在周代称诸侯死亡，对于爨龙颜的去世，朝廷追赠中牢之馈，表示哀悼，显示了朝廷的重视。从参与葬礼人员的数量来看，爨龙颜的葬礼排场盛大，这与爨龙颜作为南中实际统治者的身份相吻合。

《爨龙颜碑》述及子嗣参加葬仪的具体情况。载："宁州长子驎弘早终，次弟驎绍，次弟驎暄，次弟驎崇等建树此碑。""嗣孙硕子等及乎哀感，仰寻彝训，永慕高踪。控勒在三，仲秋七月，登山采石，树立玄碑。""匠碑府主簿益州杜长子。文建宁爨道庆作。"③可知爨龙颜的墓碑为其三个儿子及十余个嗣孙同立。爨龙颜的孙子硕子等则为其上山采石，并有专人刻碑撰文，可见爨龙颜的去世对于爨氏家族来说是举足轻重的大事。

二、爨氏墓碑与封建职官制度

从《爨龙骧墓碑》《爨宝子碑》《爨龙颜碑》记录的碑主、立碑者官职的情况可以看出，一方面，以爨氏为代表的地方土酋接受朝廷任命，被纳入朝廷的职官体系中。

① 杨世钰主编：《大理丛书·金石篇》10，中国社会科学出版社，1993年，第2页。
② 同上，第1页。
③ 同上，第1–2页。

从墓碑记述的爨龙骧、爨宝子、爨龙颜所任的官职来看，爨龙骧为“龙骧将军”①，爨宝子任“州主簿”“治中”“别驾”“本郡太守”②，爨龙颜任“郎中”“南蛮府行参军”“建宁太守”“本州司马长史”“龙骧将军”“晋宁太守”“护镇蛮校尉”“宁州刺史”“邛都县侯”③。在《爨龙颜碑》中还记述了爨龙颜的祖父任“晋宁建宁二郡太守”“龙骧将军”“宁州刺史”，父亲任“龙骧辅国将军”“八郡监军”“晋宁建宁二郡太守”④。

南北朝时期，“封建政府中央各部门的长官和地方军政长官，都由封建中央政府任命，南朝和北朝，都是一样。僚属的辟置，南朝继承魏、晋办法，如刺史都是自辟僚属，且这时刺史多掌军权，故史言‘自魏、晋以后，刺史多带将军开府，则州与府，各置僚属，州官理民，府官理戎。’终南朝之世，大体如此”⑤。联系《爨龙骧墓碑》《爨宝子碑》《爨龙颜碑》可知，“龙骧将军”“本郡太守”等职位一直为爨氏担任，具有世袭性，其中“龙骧”为晋将军名，属于地位仅次于三公，是为高级官吏。爨氏所担任的这些官职，应受朝廷的任命。

从《爨龙颜碑》记述的爨龙颜的人生行状来看，爨龙颜在守土保边的过程中建立功勋。“岁在壬申，百六遘衅州土扰乱，东南二境，凶竖狼暴，缅戎寇场。君收合精锐五千之众，身伉矢石，扑碎千计，肃清边嵎。”⑥《宋书》也记载了这一事件，元嘉九年“九月，妖贼赵广寇益州，陷没郡县，州府讨平之”⑦。将二书对比，显然《爨龙颜碑》对公元432年缅戎袭益州事件的记述更为翔实全面，而《宋书》的记述较为简略。《宋书》称缅戎为“妖贼”，对其袭边情况仅以“陷没郡县”一语带过，对事件的结果记为“州府讨平之”。《爨龙颜碑》记述了事件的时间“岁在壬申”、地点“衅州”“东南二

① 杨世钰主编：《大理丛书·金石篇》10，中国社会科学出版社，1993年，第1页。
② 同上。
③ 同上。
④ 同上。
⑤ 韩国磐：《隋唐五代史纲》，人民出版社，1979年，第13页。
⑥ 杨世钰主编：《大理丛书·金石篇》10，中国社会科学出版社，1993年，第1页。
⑦ 沈约撰：《宋书》，中华书局，1974年，第81页。

境”及爨龙颜抗击寇贼的细节。碑言：“君收合精锐五千之众，身伉矢石，扑碎千计，肃清边嵎。”这段描述极具画面感，突出了爨龙颜作为地方之长，身先士卒、不畏牺牲的英勇形象。由于爨龙颜率军顽强抵抗，缅戎退却，南中边境恢复安宁，爨龙颜被誉为“南中磐石”。

另一方面，从参加葬仪的官员来看，爨氏在辖地内推行封建职官制度。从《爨宝子碑》《爨龙颜碑》所列参加葬仪的官职名录来看，爨氏所辖南中的职官制度分工细密。

《爨宝子碑》载：“主簿杨磐，录事孟慎……小吏杨利，威仪王□。”① 这里涉及的官名有“主簿”“录事”“西曹”“都督”“省事”“书佐”“干吏”“小吏”等。《爨龙颜碑》载：“府长史建宁爨道文，司马建宁爨德民，录事参军武昌郡刘觊，……省事李道学，书佐单仲，干盛庆子。”② 其中，“长史”“司马”“参军”“功曹”“别驾”“主簿”“治中”“西曹”“录事”“记室”等均为官职名，有的为文职，有的为武官。

从这些职官人员的姓氏来看，除了爨氏以外，还有其他姓氏。如《爨宝子碑》立碑题名官吏僚属 13 人，有孟、杨、陈、董、李、刘、毛氏，均系州郡官吏。《爨龙颜碑》的官吏僚属，题名中有赵、孟、杨、毛、李、陈、刘、尹、张氏。他们来自武昌、雁门、建宁、晋宁、益宁、朱提、牂牁、弋阳、南广等诸郡。“原出自汉族‘豪民’的爨氏家族的统治者们，到唐朝初年，也都一概被称之为‘白蛮’了。魏、晋以来的南中大姓，如建宁、晋宁二郡的李、董、爨氏，朱提郡的孟、朱、鲁、雷、高、李氏，兴古郡的爨氏，云南郡的姚氏，永昌郡的吕、陈、谢、杨氏几乎都可以在唐朝初年从滇东到滇西的‘白蛮’中全部找到。”③ 这些白蛮大姓官员从多地前来参加爨龙颜的葬礼，显示了爨龙颜作为地方土酋的重要影响力，同时也说明白蛮是南中的主体民族。

---

① 杨世钰主编：《大理丛书·金石篇》10，中国社会科学出版社，1993 年，第 1 页。

② 同上，第 2 页。

③ 尤中：《云南民族史》，云南大学出版社，1994 年，第 110 页。

三、爨氏墓碑与儒家教化

魏晋南北朝是儒释道三教文化合流的重要时期。从爨宝子、爨龙颜的人生行状中可见儒家文化对爨氏的影响。

一是，爨宝子、爨龙颜以儒家道德为个人修养的指标，模范言行。《爨宝子碑》言爨宝子："君少禀环伟之质，长挺高邈之操。通旷清恪，发自天然。冰洁简静，道兼行苇。淳粹之德，戎晋归仁。"① 这里的"通旷清恪""天然""冰洁简静""淳粹之德"都是对爨宝子德操的形容。《爨龙颜碑》描述爨龙颜"容貌玮于时伦，贞操超于门友。温良冲挹，在家必闻""仁笃显于朝野，清名扇于遐迩""君姿瑛雄之高略，敦纯懿之弘度，独步南境，卓尔不群"②，其中"贞操""温良冲挹""仁笃""纯懿""弘度"等词赞誉爨龙颜的品行。

二是，爨龙颜为官积极有为，效力朝廷。《爨龙颜碑》载："本州礼命主簿，不就。三辟别驾从事史，正式当朝，靖拱端右。仁笃显于朝野，清名扇于遐迩。举义熙十年秀才，除郎中。相𢓴西镇，迁南蛮府行参军，除试守建宁太守。""万里归阙，除散骑侍郎。进无烋容，退无愠色。忠诚简于帝心，芳风宣于天邑。除龙骧将军、试守晋宁太守，轺车越斧，金章紫绶，棨戟幢幢，袭封邛都县侯。"③ 从这段叙述中可知，爨龙颜踏入仕途从义熙十年举为秀才起步，通过在征战中建立功勋而赢得皇帝的赞许。在任职中，爨龙颜"进无烋容，退无愠色"，面对宦海起伏，进退自若。

透过3通爨氏墓碑我们看到，尽管中原政局动荡，但爨氏一直牢牢掌握南中的控制权，保持了政治和社会的相对稳定。爨氏据守南中的历史，从爨习开始到唐朝爨氏徙永昌，爨氏家族成员中任刺史、郡守等重要地方官职者达数十人，如爨习、爨谷、爨量、爨琛、爨頠、爨龙颜、爨云、爨瓒、爨

---

① 《爨宝子碑》，杨世钰主编：《大理丛书·金石篇》10，中国社会科学出版社，1993年，第1页。

② 《爨龙颜碑》，杨世钰主编：《大理丛书·金石篇》10，中国社会科学出版社，1993年，第1页。

③ 同上，第1页。

震……爨崇道、爨日进等[①]。《爨龙骧墓碑》《爨宝子碑》《爨龙颜碑》是晋宋时期南中文化的缩影，爨氏与刘、孟、王、赵、杨、毛、李、周、陈、张、尹、谢等多个氏族在共同的地域中，把汉语作为共同的语言，积极吸纳儒家文化，为唐宋时期南诏、大理国的建立奠定了重要的基础。

第四节　白族古代金石文献与南诏的文化制度

南诏是以白族为主体民族建立的西南边疆少数民族政权，《新唐书·南诏传》言其“东距爨，东南属交趾，西摩伽陀，西北与吐蕃接，南女王，西南骠，北抵益州，东北际黔、巫”[②]，说明南诏的统治区域包括了今云南全境、四川西部、贵州西部、缅甸北部、老挝及越南北部的广大地区。

南诏立国前共历四世祖，分别为第一世主细奴逻，唐太宗贞观二十三年（649）即位，在位二十六年。第二世主逻盛炎，唐高宗上元元年（674）即位，在位三十九年。第三世主盛逻皮，唐玄宗先天元年（712）即位，玄宗开元十六年（728）卒，在位十六年。第四世主皮逻阁，唐玄宗开元十六年（728）即位，玄宗天宝七年（748）卒，在位二十年。[③]第五世主阁罗凤（752–779）于公元765年“坐南面以称孤，统东偏而作主”[④]，宣告南诏正式立国，结束与唐朝的羁縻关系，唐朝、南诏与吐蕃形成三足鼎立之势。阁罗凤之后，南诏历异牟寻（780–808）、寻阁劝（809）、劝龙晟（810–816）、劝利晟（816–823）、劝丰佑（824–859）、世隆（860–877）、隆舜（878–897）、舜化贞（897–902）共9位国主。公元902年，大长和国建立，南诏灭亡。南诏存在的时间几乎与唐朝相始终。[⑤]

---

① 范建华等：《爨文化史》，云南大学出版社，2001年，第106页。

② 欧阳修、宋祁：《新唐书》，中华书局，1975年，第6267页。

③ 杨慎编辑，胡蔚订正：《南诏野史》（罗振常藏本二卷），杨世钰、赵寅松主编：《大理丛书·史籍篇》卷三，云南民族出版社，2012年，第168–175页。

④ 杨世钰主编：《大理丛书·金石篇》10，中国社会科学出版社，1993年，第4页。

⑤ 南诏世系的情况见李崇智编著：《中国历代年号考》（修订本），中华书局，2001年，第123–126页。

一、南诏金石文献概况

南诏的金石文献，以异牟寻执政时期为分界点，之前主要有阁罗凤时期的《南诏德化碑》。异牟寻时期有《袁滋奉旨册封南诏开石门路题记摩崖》。寻阁劝直至舜化贞期间，留存的金石文献多与佛教有关。这些金石文献与当时的政治、文化等有着密切的联系。

二、《南诏德化碑》"阐三教、宾四门"的文化制度

（一）"阐三教、宾四门"的本意

《南诏德化碑》是阁罗凤时期留存的最大的一通石碑。"碑在南诏太和城故址，额无存。高390厘米，宽240厘米。直行楷书。碑阳文40行，行约90字。碑阴题名41行，行字数不详。全文约3100字"①。此碑为研究南诏历史最珍贵之资料，为全国重点保护文物。

公元765年，阁罗凤宣告南诏立国。公元766年，阁罗凤将《南诏德化碑》立于太和城门，碑文前半部分回溯了唐朝与南诏天宝战争的经过，后半部分描绘了南诏立国之后欣欣向荣的社会局面。"阐三教、宾四门"这句话出现在《南诏德化碑》的后半部分，文字虽然简短，却昭示了南诏的文化纲领。

在"阐三教"中，"阐"乃阐发之意，"三教"指的是儒家、佛教和道教，所以"阐三教"的意思为阐发儒释道三教。对于南诏而言，儒释道三教皆为外来文化，因此，阁罗凤提出"阐三教"理念，即言南诏对三教文化的接纳要经历本土化的过程，为儒释道三教在南诏生根开花指出了实现的途径。在"宾四门"一语中，"四门"指代四面八方，"宾四门"意味将来自四面八方的人当作宾客。因此，"阐三教、宾四门"表达的基本思想可以理解为：阐发儒释道三教文化，以开放的心态欢迎四面八方的宾客。这是南诏立国后突破地域偏狭，确立的兼容并蓄的发展方略。

（二）"阐三教"的制度化

1. 儒家本土化

南诏时期儒家文化本土化的具体体现为：一是将儒家经典作为贵族子弟

① 杨世钰主编：《大理丛书·金石篇》1，中国社会科学出版社，1993年，第7页。

学习的主要内容；二是向社会推广汉语、汉字。

图十三-1　南诏德化碑（碑阳）。图片来源于杨世钰主编：《大理丛书·金石篇》1，中国社会科学出版社，1993年，第7页。

图十三-2　南诏德化碑（碑阴）。图片来源于杨世钰主编：《大理丛书·金石篇》1，中国社会科学出版社，1993年，第8页。

《僰古通纪》载南诏第一代国主细奴逻即位后，“劝民间读汉儒书，行孝弟忠信礼义廉耻之事”①，引导民间学习儒家经典，向民众宣扬儒家道德礼仪。

南诏立国后，阁罗凤延续了这一文化传统。首先，对贵族子弟的教育以儒学为宗，阁罗凤率先垂范。《南诏德化碑》言阁罗凤“不读非圣之书，尝学

① 尤中校注：《僰古通纪浅述校注》，云南人民出版社，1988年，第29页。

字人之术”①，阁罗凤将圣贤之书、字人之术作为学习的主要内容。

其次，任用汉族文士为皇室子弟的老师。《僰古通纪》载：“唐代宗广德元年，主思武既盛，所乏者文。于是命郑回训教僰子弟汉儒书籍。事体礼貌风俗，较昔尤胜。”② 唐代宗广德元年为公元763年，正值阁罗凤执政期间。由于南诏文教缺乏，阁罗凤命郑回教授白族子弟儒家典籍，南诏兴举儒家文化超过了往昔。后来异牟寻也命弟子师事郑回③。唐代官员杜光庭是四川青城人，“博学尚属文”，曾出使南诏，南诏王看重其文才，将其留在南诏教授子弟④。

再次，设立专门机构教授儒家文化。依据元代《故杨公孝先墓志铭》记载，南诏可能专设崇文馆作为贵族子弟接受儒家教育的专门机构。《故杨公孝先墓志铭》载：“云南王阁罗凤爱其（上阕），累迁崇文馆大学士，兼太傅、清平官。”⑤ 据碑文，杨孝先的先辈杨蛮祐曾任“崇文馆大学士”，推知阁罗凤时期专门设有“崇文馆”的机构。《新唐书·选举制》载：

> 凡馆二：门下省有弘文馆，生三十人；东宫有崇文馆，生二十人。以皇缌麻以上亲，皇太后、皇后大功以上亲，宰相及散官一品、功臣身食实封者、京官职事从三品、中书黄门侍郎之子为之⑥。

崇文馆为皇室和皇后、皇太后的近亲，宰相、功臣及三品以上官员的儿子入学之地。“崇文馆也属大学性质，应进士、明经等科试”⑦。由此推知，南诏“崇文馆”很有可能也是专门为皇亲国戚以及官僚上层子弟读书教育机

① 《南诏德化碑》，杨世钰主编：《大理丛书·金石篇》10，中国社会科学出版社，1993年，第3页。

② 尤中校注：《僰古通纪浅述校注》，云南人民出版社，1988年，第50页。

③ 杨慎编辑，胡蔚订正：《南诏野史》（罗振常藏本二卷），杨世钰、赵寅松主编：《大理丛书·史籍篇》卷三，云南民族出版社，2012年，第183页。

④ 诸葛元声撰，刘亚朝校点：《滇史》，德宏民族出版社，1994年，第141页。

⑤ 杨世钰主编：《大理丛书·金石篇》10，中国社会科学出版社，1993年，第23页。

⑥ 欧阳修、宋祁：《新唐书》，中华书局，1975年，第1160页。

⑦ 傅璇琮：《唐代科举与文学》，陕西人民出版社，2003年，第468页。

构。另外，南诏多次派遣子弟到成都留学深造。《南诏野史》载："贞元十四年，请以大臣子弟质于朝，韦皋却之。固请，乃尽舍成都，遣就学。"①

南诏建文庙尊奉孔子。如第三代国主盛逻皮"开元十四年，效唐建孔子庙。"② 天启年间，劝丰佑"建二文学，一在峨崀，一在玉局山，为儒教典籍训化士庶，以明三纲五常。"③ 可见南诏统治阶层对儒学教育的重视。

汉字、汉语在南诏社会中得到推广。《云南志》载："言语音白蛮最正，蒙舍蛮次之，诸部落不如也。但名物或与汉不同，及四声讹重。大事多不与面言，必使人往来达其词意，以此取定，谓之行诺。"④ 可以看出，白蛮对汉语的学习和使用在南诏众多的少数民族中是领先的。《南诏德化碑》《袁滋奉旨册封南诏开石门路题记摩崖》《张傍龙造像记》等金石文献均以汉语书写，说明了白族对汉语使用精熟，已达到较高的水平。在南诏的建筑遗迹中，发现大量的汉字有字瓦，且范围分布极广。"其分布范围以原大理市大理古城为中心，东至祥云、姚安、昆明、曲靖，南至巍山，西至保山，北至丽江。此区域为南诏王国统治的中心地区，建筑众多，故砖瓦残存者亦不少"⑤。南诏有字瓦的形制特征为："有字瓦皆为轮制，瓦面向里微曲，作弧形，色泽多为深灰色及浅灰色，亦有带红黄色者。用细泥制成，质地坚硬，做工精细。其文字多用阴文反刻印模，印于泥上，成阳文；也有用阴文正刻印于瓦上，成阳文的反字。这类瓦烧制精细，又刻有文字，当专为王宫、显贵家族及寺庙所烧制。从现存遗物看，大多数瓦上残存之文字，书刻精良，亦有一部分瓦上之文字，书刻不规范，再加上印模时在一瓦上以一字模反复压印，甚至重叠压印，造成一部分文字变形，不易识别。"⑥ 从南诏字瓦的文字内容来看，"有字瓦上一般模印二三字，多者七八字。有字瓦上'白文'内容有四类：第

① 杨慎编辑，胡蔚订正：《南诏野史》（罗振常藏本二卷），杨世钰、赵寅松主编：《大理丛书·史籍篇》卷三，云南民族出版社，2012 年，第 186 页。

② 尤中校注：《僰古通纪浅述校注》，云南人民出版社，1988 年，第 32 页。

③ 同上，第 68 页。

④ 樊绰著，赵吕甫校释：《云南志校释》，中国社会科学出版社，1985 年，第 297 页。

⑤ 杨世钰主编：《大理丛书·金石篇》8，中国社会科学出版社，1993 年，第 68 页。

⑥ 同上。

图十四　李页字瓦。图片来源于杨世钰主编：《大理丛书·金石篇》8，中国社会科学出版社，1993年，第82页。

一类为生产时间，如‘元年官瓦’‘井十年’‘十年官作’‘十四年’‘十五年古’‘大罗佺四年’等。第二类是说明瓦的用途，如‘官’‘官作’‘官瓦’‘官买’‘官苜’‘官诺成’‘官尚方’等。第三类是吉祥语，如‘长乐’‘常住’‘官常住’等。第四类是制瓦工匠姓名，如‘王田’‘王善’‘田晟完’‘罗买子’‘李罗买’‘苜戌造’等。”① 如图中的“李页”可能就是制瓦工匠的姓名。

2. 佛教本土化

佛教传入南诏后，一方面，上层社会尊奉佛教高僧为国师，僧人传经布道，修建佛寺、佛塔等建筑；另一方面，梵文盛行。

南诏统治者将佛教高僧奉为国师的情况较为普遍。南诏一世主细奴逻尊无言和尚为国师。《僰古通纪》载：“第一主讳细奴逻……唐太宗贞观二十年，张乐进求率三十七部酋长，以云南国诏逊位于细奴逻，谦之再四，不得已，告于天地山川、社稷宗庙而即国王位，号大封民，以张乐进求为国老，无言和尚为国师。”② 据《滇史》记载，无言和尚“姓李氏，绍祖父粗密教法即持明法，持一铁钵盂，不语，人称无言和尚。”③ 又言“与道清显法，欲晴，则钵内火光照天，遂晴；欲雨，则钵内白气上升成云，遂雨。诏亦封为灌顶国师。”④ “灌顶”，梵语 abhisecana，或 abhiseka，即以水灌于头顶，受灌者即获晋升一定地位之仪式，“大理白密僧人或称为阿吒力灌顶僧或称为灌顶师，说明其受过密灌顶或有为人作密灌顶之职权”⑤。

① 李昆声：《云南艺术史》，云南教育出版社，1995年，第249页。
② 尤中校注：《僰古通纪浅述校注》，云南人民出版社，1988年，第25页。
③ 诸葛元声撰，刘亚朝校点：《滇史》，德宏民族出版社，1994年，第118页。
④ 同上。
⑤ 张锡禄：《大理白族佛教密宗》，云南民族出版社，1999年，第29页。

皮逻阁尊白伽师为国师。《滇史》载：“开元中，南诏大旱，屡祷不应。时国中有白伽师者，修行精严，王敬事为国师。”①

阁罗凤以大苴巅为国老，买嗟罗贤者为国师②。

劝龙晟即位后尊张与真、李贤者为国师③。

图十五　故宝瓶长老墓志铭。图片来源于杨世钰主编：《大理丛书·金石篇》2，中国社会科学出版社，1993年，第6页。

《故宝瓶长老墓志铭》载：“当蒙氏孝恒（桓）王迁都喜脸④，尊大容为灌顶国师，赐金襕法衣。迨至生能达赞陀屈多源流四业之阃奥，为世所重。有土主九堂神，甚有雄威，往来惊异，题诗止之。又遇释迦佛像腾空而来，默咒降于聚堂。如斯显应，代不乏人。”⑤这里“孝恒王”为异牟寻，“喜脸”即“大厘城”。碑中言异牟寻迁都大厘城后尊杨大容为国师，并赐予金襕法衣。

---

① 诸葛元声撰，刘亚朝校点：《滇史》，德宏民族出版社，1994年，第134页。

② 尤中校注：《僰古通纪浅述校注》，云南人民出版社，1988年，第42页。

③ 同上，第58页。

④ 这里引文中的“喜脸”的“脸”应为“睑”的异体字。《新唐书》卷二百二十二上“南蛮”条言：“有十睑，夷语睑若州，曰：云南睑、白厓睑亦曰勃弄睑、品澹睑、邓川睑、蒙舍睑、大厘睑亦曰史睑、苴咩睑亦曰阳睑、蒙秦睑、矣和睑、赵川睑。”（见《新唐书》，中华书局，1975年，第6269页）后面所引文献中也出现将“睑”写作“赕”的情况，“喜脸”“喜睑”“喜赕”所指为同一地方，即今天的喜洲一带，这里统一说明。下文同。

⑤ 杨世钰主编：《大理丛书·金石篇》10，中国社会科学出版社，1993年，第43页。

劝丰佑以赵文奇为国老，迎西方摩伽陀国僧赞陀崛多为国师①。

世隆以赵乐铎为国老，宗保师为国师②。

隆舜以杨良佐为国老，赵波罗为国师③。

南诏皇室修建了不少寺院。《僰古通纪》载“上元元年，唐大匠恭韬、徽义造三塔，建崇圣寺”④。南诏第一代国主细奴逻建崇圣寺。

第三代国主盛逻皮于开元十五年“建鄯郸城（即云南会城），建东西二寺”，又建荡山寺（即今感通寺）⑤。

阁罗凤时期修建观音寺。⑥ 于唐代宗广德元年建法真寺敬天⑦。

寻阁劝建五峰弘圭寺⑧。

劝龙晟时期建佛顶、莲宗、传心三寺，用罗写金字藏经一部，袈裟三十件，旗旛三十首⑨。在元和五年铸佛三尊送佛顶寺⑩。

劝利晟重修崇圣寺⑪。

劝丰佑时期，重修崇圣寺⑫，建高娘寺⑬。保和九年壬子，建赵州遍知寺⑭，建太和慈恩寺、建永昌卧佛寺⑮。

世隆时期“建大寺八百，谓之蓝若，小寺三千，谓之伽蓝，遍于云南境

---

① 尤中校注：《僰古通纪浅述校注》，云南人民出版社，1988 年，第 62 页。

② 同上，第 76 页。

③ 同上，第 81 页。

④ 同上，第 31 页。

⑤ 同上，第 34 页。

⑥ 杨慎编辑，胡蔚订正：《南诏野史》（罗振常藏本二卷），杨世钰、赵寅松主编：《大理丛书·史籍篇》卷三，云南民族出版社，2012 年，第 180 页。

⑦ 尤中校注：《僰古通纪浅述校注》，云南人民出版社，1988 年，第 50 页。

⑧ 同上，第 57 页。

⑨ 同上，第 58 页。

⑩ 杨慎编辑，胡蔚订正：《南诏野史》（罗振常藏本二卷），杨世钰、赵寅松主编：《大理丛书·史籍篇》卷三，云南民族出版社，2012 年，第 189 页。

⑪ 同上，第 191 页。

⑫ 尤中校注：《僰古通纪浅述校注》，云南人民出版社，1988 年，第 65 页。

⑬ 同上，第 65 页。

⑭ 同上，第 66 页。

⑮ 同上，第 68 页。

中，家知户到，皆以敬佛为首务。”①

与此同时，南诏统治者还修建了不少佛塔。

“塔”来自梵文，音译“窣堵波”“塔婆”等，意译“方坟”“圆冢”“大聚”“灵庙”等。传说最早的佛塔是用来安置佛舍利和其他遗物的，有纪念的意思。建塔之风在印度持续了很长时间，也波及其他佛教流布的地区和民族，而塔的形式和用途也更加多样广泛。

南诏时期修建了大量的佛塔。异牟寻时期建妙音（应）寺塔。《南诏野史》载：“贞元十九年，王封云南金马碧鸡二山之神为景帝，建妙音寺塔，筑大理雪峰长城。”② 劝利晟建龙屋塔③。崇圣寺千寻塔、弘圣寺一塔④、巍山县垅屽图山塔、大理市罗筌寺塔、昆明东寺塔等均为南诏时期建造的佛塔。在这些佛塔中出土了佛舍利、塔模、造像、青铜镜、瓷器、印章等物。

此外，还有不少梵汉文书写的模砖铭文。这些铭文被印制在模砖上，模砖的形制多样。铭文的种类主要有经咒皈、依咒、偈语、祈祝增寿、增长财物、苗稼丰收等话语，一般左为梵文右行，右为汉文，还有的为全模印梵文的塔砖，也有的为全模印汉文的塔砖等。

全汉文塔砖如昆明东寺塔塔砖，其题款为：

天启十年廿五日段义造砖处题书⑤。

这里，“天启十年”为公元849年，南诏第六代国主劝丰佑（824-859）改元两次，为保和（824-839）和天启（840-859）。铭文中的“段义”无法考证为何人。

① 尤中校注：《僰古通纪浅述校注》，云南人民出版社，1988年，第79页。这里的“蓝若”即“兰若”。

② 杨慎编辑，胡蔚订正：《南诏野史》（罗振常藏本二卷），杨世钰、赵寅松主编：《大理丛书·史籍篇》卷三，云南民族出版社，2012年，第188页。

③ 同上，第191页。

④ 弘圣寺又名一塔寺。

⑤ 杨世钰主编：《大理丛书·金石篇》8，中国社会科学出版社，1993年，第7页。

有的塔砖铭文为汉梵文相结合，如崇圣寺千寻塔造塔陀罗尼咒梵汉文砖。砖心文右行，左1行为汉文，2至11行为梵文，12至18为汉文，汉文皆直行楷书。梵文不录，汉文为：

造塔陀罗尼曰，偈曰：若造宝塔而供养，现身福寿自延长。增长智慧众所尊，世出世愿皆圆满①。

图十六　造塔陀罗尼咒梵汉文砖。图片来源于杨玉钰主编：《大理丛书·金石篇》8，中国社会科学出版社，1993年，第9页。

这段铭文意为：建造崇圣寺千寻塔供养，以此祈祝增寿。

图十七　大吉祥天女祝增长财物为苗稼咒梵汉文塔砖。图片来源于杨世钰主编：《大理丛书·金石篇》8，中国社会科学出版社，1993年，第27页。

又如弘圣寺塔砖铭文。砖心左起1、2行及17至21行为汉文。右行，直

① 杨世钰主编：《大理丛书·金石篇》8，中国社会科学出版社，1993年，第9页。

行楷书。汉文为：

大吉祥天女祝增长财物为苗稼咒曰。偈曰：善法因缘生，我说是因缘。因缘尽汝灭，我作如是说①。

这段铭文为祈求苗稼丰收之意。

以上的这些例子说明，塔砖的梵汉铭文语言较为简短。从汉字铭文来看，几近口语，表达的意思通俗易懂。

图十八　梵文圆形佛符塔砖。图片来源于杨世钰主编：《大理丛书·金石篇》8，中国社会科学出版社，1993年，第11页。

① 杨世钰主编：《大理丛书·金石篇》8，中国社会科学出版社，1993年，第27页。

塔砖铭文全为梵文的如大理市弘圣寺的梵文塔砖，“高 38 厘米，宽 39 厘米。两面刻梵文。横行，文均为 40 行”①。

又如崇圣寺千寻塔梵文圆形佛符塔砖，“高 46 厘米，宽 23. 5 厘米。砖心顶部中央为佛符卐，外面由梵文组成的三层圆圈环绕。下部为梵文经咒”②。

此外，南诏建极十二年（871），世隆在崇圣寺内铸“建极铜钟”。该钟上也铸有梵文。“钟高丈余，分为上下两层，每层六面。上层每面高 83 厘米，宽 70 厘米，下层每面高 40 厘米，宽 56 厘米。上层铸六波罗蜜，下层铸六天王像。每像各标一名，上层为金刚波罗蜜、智宝波罗蜜、大轮波罗蜜、妙法波罗蜜、胜业波罗蜜、慧响波罗蜜。下层为增长天王、大梵天王、广目天王、多闻天王、天主帝释、持国天王。每像上方均以梵、汉文标明名称”③。

图十九　建极年号铜钟款识。图片来源于杨世钰主编：《大理丛书 · 金石篇》1，中国社会科学出版社，1993 年，第 11 页。

---

① 杨世钰主编：《大理丛书 · 金石篇》8，中国社会科学出版社，1993 年，第 41 页。
② 同上，第 11 页。
③ 杨世钰主编：《大理丛书 · 金石篇》1，中国社会科学出版社，1993 年，第 11 页。

3. 道教本土化制度

汉晋时期，道教的前身鬼教在云南已经具有相当大的影响①。南诏时期，经南北道教徒改造之后的道教不仅传入南诏，而且颇具影响②。

异牟寻统治时期，贞元十年，袁滋等人受唐朝派遣前往南诏进行苍山会盟。在南诏与唐朝使臣签订盟约的仪式上，“云南诏异牟寻及清平宫、大军将与剑南西川节度使判官崔佐时谨诣玷苍山北，上请天、地、水三官，五岳、四渎及管川谷诸神灵同请降临，永为证据”③。南诏与唐朝签订盟约本是政治行为，但在立誓言时以天地水三官、五岳、四渎及管川谷诸神灵共同作证，使得苍山会盟着上了浓厚的道教色彩。这里，“五岳”“四渎”指的是异牟寻在继承王位后，曾经封禅的南诏境内山川。《南诏野史》载：“德宗甲子兴元元年，牟寻迁居史城（即大厘城），改号大理国。自称日东王。封岳渎，以叶榆（今大理府）点苍山为中岳，乌蛮（今东川府）乌龙山（一名绛云弄山，在今禄劝县东北三百里）为东岳。银生府（今景东厅）蒙乐山（一名无量山，在厮北九十里）为南岳。又封南安州（今楚雄府属）神石亦为南岳。越赕（今永昌府腾越州地是）高黎贡山（一名昆仑隅，在腾越潞江之间）为西岳。巂州（今丽江府）雪山（一名玉龙山，在府西北二十里）为北岳。封金沙江，祀在武定州；兰（澜）沧江，祀在丽江府；黑惠江，祀在顺宁府；怒江，祀在永昌府，为四渎。各建神祠。又立三皇庙。”④ 异牟寻封禅点苍山为中岳，滇东乌龙山为东岳，银生府的蒙乐山为南岳，越赕的高黎贡山为西岳，丽江的玉龙雪山为北岳；封金沙江、澜沧江、黑惠江、怒江分别为四渎，并且各建有神庙。在与唐朝盟誓的时候，异牟寻请山川水神等来见证，使盟誓仪式增添了强烈的宗教色彩。

---

① 段玉明：《大理国史》，云南民族出版社，2003 年，第 391 页。

② 郭武：《南诏、大理道教略论》，载（台湾）《道教学探索》第 9 号。转引自段玉明：《大理国史》，云南民族出版社，2003 年，第 392 页。

③ 樊绰著，赵吕甫校释：《云南志校释》，中国社会科学出版社，1985 年，第 329-331 页。

④ 杨慎编辑，胡蔚订正：《南诏野史》（罗振常藏本二卷），杨世钰、赵寅松主编：《大理丛书·史籍篇》卷三，云南民族出版社，2012 年，第 181-183 页。原文中“兰沧江”即今之“澜沧江”。

（三）南诏“宾四门”的文化策略和南方丝绸之路

《南诏德化碑》中“宾四门”一语，表达的是迎接四面八方宾客之意。事实上，南诏凭借其在南方丝绸之路和茶马古道的区位优势，积极发展对外文化交流，推动了南诏文化的进步。

古代中国西南地区陆上通往境外有一条国际交通古道。这条古道始于汉代，历经唐宋元明清各代，延续至今。这条国际通道本为商道，始于成都，进入云南之后有两个去向：一是从云南西部接通缅甸北部和印度东北部；一是从云南中部南下进入越南及中南半岛①。20世纪80年代，四川和云南学者将这条国际通道名之为南方丝绸之路。唐宋时期出现了茶马古道，这条古道分别由四川和云南进入西藏，连接尼泊尔与印度。

无论是南方丝绸之路的三条路线②，还是茶马古道，南诏的皇都所在地大理均是必经的枢纽。大理作为南方丝绸之路和茶马古道上的中转站，成为经济、宗教和文化交流的特殊空间。南诏与唐朝、吐蕃及东南亚诸多国家如骠国（缅甸），弥臣国、弥诺国（均在缅甸西部），大秦、婆罗门国、小婆罗门国（均在印度），女王国，真腊国（柬埔寨），波斯（缅甸勃生，或古波斯国），勃泥（今印度尼西亚）、昆仑国（马来半岛）等有着频繁的经济往来，形成了远近亲疏不同的文化关联。农产品、兵器、皮甲、纺织品、马匹畜禽、药物、贵重金属、工艺品等物产得以互换，科学技术、文化知识得以传播。

《纪古滇说集》载：“唐玄宗开元十五年（727）也，五诏即平服，唐册王为特进云南王越国公，开府仪同三司。自唐进封之后，永昌诸郡、缅、暹罗、大秦，此皆西通之国；交趾、八百、真腊、占城、挝国，此皆南通之国，俱以奇珍金宝、盐、锦、毡布、砗磲、巴贝岁进于王不断，于是国渐有昌也。”③ 这里认为南诏与周边诸国交通的顺畅以及南诏日渐昌盛是因为南诏受到唐朝册封和这些相通之国进贡不断，这与史实不符。这是因为，一方面早

① 屈小玲：《中国西南与境外古道：南方丝绸之路及其研究述略》，《西北民族研究》，2011年第1期，第172页。

② 同上，第176-177页。

③ 张道宗：《纪古滇说集》，1941年辑玄览堂丛书影印明嘉靖刻本。

在汉代以前，西南地区与东南亚、南亚之间的民间商道已经存在①。另一方面，南诏与周边国家多有经贸往来。《云南志》载南诏“外通交易之处，多诸珍宝，以黄金麝香为贵货。”② 南诏与婆罗门、波斯、阇婆、勃泥、昆仑诸多国家开展贸易。小婆罗门（今印度之曼尼普尔一带）与南诏也有通商③。《中国印度见闻录》载公元9世纪中叶，一批阿拉伯人经印度，长途跋涉进入云南。书中记述了这批阿拉伯人来到南诏时的观感：“在这些国王中，蒙舍（Moutcha）族是一个白人部落，衣着和中国人相似，这个部落拥有丰富的麝香，境内遍布白雪覆盖的大山，高耸云霄，世所罕见。蒙舍部落经常向周边的国王发动战争。这里出产的麝香极其优良，疗效极好。”④ 从这则记载可见，当时这一批阿拉伯人来到南诏经商，对南诏麝香尤有兴趣。

由于南诏长期保持开放的文化心态，对沿丝路而来的文明以“为我所用”的态度广泛接纳，异域人士也将大理作为自己的留居地，不同民族的文化在这里交汇，中外的物产、宗教、科技、艺术等在这里生根发芽，南诏的文化也变得丰富多元。

南诏时期，由丝路传入的一些器物为当地人使用。来自印度洋的“巴贝”，在南诏境内一直作为货币使用⑤。在剑川石窟第2号窟中，阁陂和尚的头上打有一把曲柄伞（即安扛伞）。这种伞是吐蕃的特产。这一吐蕃的“曲柄伞”，不但是南诏与吐蕃通好的见证，而且成为南诏皇室重要的仪仗器物⑥。产自中东波斯的“鍮石”在南诏时传入云南，《南诏德化碑》记载南诏将“鍮石”作为赏赐给大军将的贵重物品。另外波斯的“瑟瑟”这种宝石也被南诏妇女作为头发的饰物⑦。

---

① 屈小玲：《中国西南与境外古道：南方丝绸之路及其研究述略》，《西北民族研究》，2011年第1期，第173-176页。

② 樊绰著，赵吕甫校释：《云南志校释》，中国社会科学出版社，1985年，第239页。

③ 同上，第323-324页。

④ 穆根来等译：《中国印度见闻录》，中华书局，1983年，第14页。

⑤ 李晓岑：《南诏大理国科学技术史》，科学出版社，2010年，第22页。

⑥ 《南诏德化碑》，杨世钰主编《大理丛书·金石篇》10，中国社会科学出版社，1993年，第3页。

⑦ 李晓岑：《南诏大理国科学技术史》，科学出版社，2010年，第25-26页。

外来的农作物品种也在南诏栽种。如中东的核桃传入南诏后，南诏人受到启发，对本土的野生核桃进行嫁接栽培①。西域石榴在南诏也有栽培。《酉阳杂俎》载："南诏石榴，子大，皮薄如藤纸，味绝于洛中。"② 大理葡萄的栽种也可远溯到南诏时期，唐代韦齐休的《云南行纪》中言云南出产蒲桃（葡萄），说明来自西域的蒲桃在南诏时期已有种植。《云南志》则记载了产自中亚的黄瓜在南诏时期已经广泛食用。"取生鹅治如脍法，方寸切之，和生胡瓜及椒檄啗之，谓之'鹅阙'，土俗以为上味。"③ 这里的"胡瓜"就是黄瓜，这种饮食方式在今天的白族民间仍有保留。来自印度的一些原产植物，如"诃黎勒""波罗蜜"被南诏引种④。

图二十-1　剑川石窟第4号窟华严三圣。图片来源于云南省剑川县文化体育局编：《南天瑰宝——剑川石钟山石窟》，云南美术出版社，1998年，第20页。

① 劳费尔：《中国伊朗编》，商务印书馆，1964年，第96、97页。转引自李晓岑：《南诏大理国科学技术史》，科学出版社，2010年，第236页。

② 段成式：《酉阳杂俎》，中华书局，1981年，第174页。

③ 樊绰著，赵吕甫校释：《云南志校释》，中国社会科学出版社，1985年，第293页。

④ 李晓岑：《南诏大理国科学技术史》，科学出版社，2010年，第22页。

公元801年，骠国王子舒难陀及其乐舞使团一行，从室利差呾罗出发，经南诏出使长安，到达南诏都城羊苴咩城时，受到南诏王异牟寻的热情欢迎。异牟寻派遣译使陪同北上，半年多后到达长安，把骠国乐献给唐德宗①。骠国乐也传入南诏。《新唐书》载骠国乐后来被南诏改编为《南诏奉圣乐》，后又传入唐朝宫廷。另外，南诏的云南城（今祥云县云南驿）的"城池郭邑皆如汉制"②。南诏时期洱海地区的建筑艺术，包括城镇、宫殿、民居和佛塔在形式上都受到了中原建筑的影响③。

图二十-2　剑川石窟第4号窟华严三圣牵象的"昆仑奴"。图片来源于云南省剑川县文化体育局编：《南天瑰宝——剑川石钟山石窟》，云南美术出版社，1998年，第20页。

剑川石窟以生动的形象向我们直观地展示了南诏、大理国与异域、异族

① 伯希和：《交广印度两道考》，冯承钧译，中华书局，2003年，第201页。转引自李晓岑：《南诏大理国科学技术史》，科学出版社，2010年，第27页注释①。

② 樊绰著，赵吕甫校释：《云南志校释》，中国社会科学出版社，1985年，第206页。

③ 李晓岑：《南诏大理国科学技术史》，科学出版社，2010年，第189页。

的文化交融。剑川石窟共有三个窟群 16 个窟 139 躯造像，其中三个洞窟出现了外国人造像，它们分别是第 4 号窟华严三圣中普贤菩萨牵引坐骑六牙白象的昆仑奴、第 10 号窟观音化现梵僧造像中的梵僧、第 11 号窟的波斯国人造像。

第 4 号窟牵象的“昆仑奴”来自昆仑层期国。昆仑层期国地处西南海，连接海岛，盛产象牙、犀角。《岭外代答》昆仑层期国条载：“西南海上有昆仑层期国，连接大海岛，……及产大象牙、犀角。”① 昆仑国距离南诏有八十余日的路程，《云南志》载：“昆仑国，正北去蛮界西洱河八十一日程。”② 昆仑奴是生活在大海岛上的“野人”。他们有较为明显的外貌特征，“又海岛多野人，身如黑漆，拳发，诱以食而擒之，动以千万卖为蕃奴”③。可见昆仑层期国人肤色漆黑，头发卷曲，被诱捕之后往往被贩卖为仆役。《岭外代答》中的记述与第 4 号窟中的昆仑奴造像的特征吻合。这些海岛“野人”被诱捕之后卖为奴，这可以解释为何昆仑奴流落南诏。

图二十一　剑川石窟第 10 号窟观音化现梵僧造像的梵僧。

① 周去非：《岭外代答》，（景印）《文渊阁四库全书》史部三四七地理类，第五八九册，台湾商务印书馆，1986 年，第 589-413 页。

② 樊绰著，赵吕甫校释：《云南志校释》，中国社会科学出版社，1985 年，第 318 页。

③ 周去非：《岭外代答》，（景印）《文渊阁四库全书》史部三四七地理类，第五八九册，台湾商务印书馆，1986 年，第 589-413 页。

第10号窟中的梵僧可视为印度佛教传入及僧侣往来的见证。《云南志》载："大秦婆罗门国，在永昌西北，正东与弥诺江安西城楼接界，东去蛮阳苴哶城四十日程。蛮王善之，往来其国。"① 这里的"大秦""婆罗门国"指的就是今之印度。

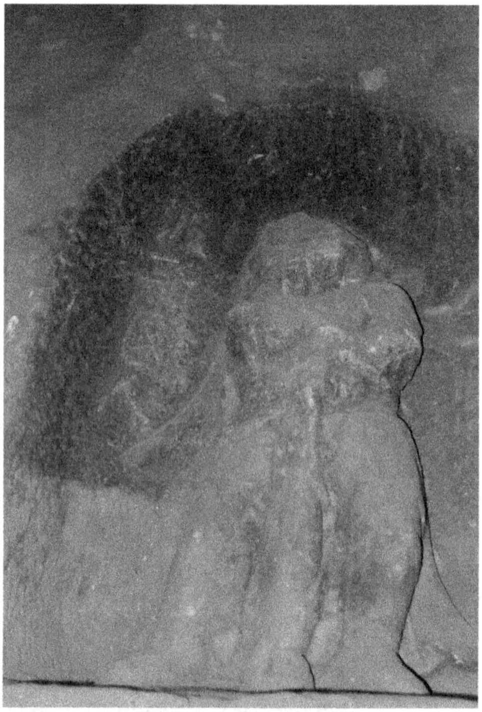

图二十二 剑川石窟第11号窟波斯国人造像。图片为作者拍摄。

关于第11号窟波斯国人造像，学者对"波斯"究竟所指何地讨论较多，迄今尚无定论。美国学者劳费尔认为《云南志》卷六、卷十和《南诏野史》中记载的波斯指的是马来波斯②。法国学者费琅认为"波斯"在缅甸的Bassein和苏门答腊东北岸的Pase，即今天缅甸的勃生一带，这一观点为多数学者接受③。张星烺认为《云南志》中记载的"波斯"是指中东的波斯帝国④。依唐代的史籍记载，唐大和三年（829）南诏攻入成都时，掳掠了一个"医眼大秦僧"⑤，这是一位来自波斯眼科医生。这位波斯眼科医

① 樊绰著，赵吕甫校释：《云南志校释》，中国社会科学出版社，1985年，第321-322页。

② 劳费尔：《中国伊朗编》，商务印书馆，1964年，第295页。转引自李晓岑：《南诏大理国科学技术史》，科学出版社，2010年，第23页注释②。

③ 费瑯：《南海中之波斯》，载冯承钧译：《西域南海史地考证译丛》，第二编，商务印书馆，1995年，第79-95页。转引自李晓岑：《南诏大理国科学技术史》，科学出版社，2010年，第23页注释③。

④ 张星烺：《中西交通史料汇编》第二册，中华书局，2003年，第1141-1146页。转引自李晓岑：《南诏大理国科学技术史》，科学出版社，2010年，第23页注释④。

⑤ 李德裕：《会昌一品集》，（景印）《文渊阁四库全书》集部一八别集类，第一〇七九册，台湾商务印书馆，1986年，第183-1079页。

生在大理的经历如何史书上没有记载。李晓岑认为“剑川石宝山石窟上有‘波斯国人’的造像，是否就是对他的纪念呢?”①

虽然出现在第4、10、11号窟中的外国人造像的真实身份不可详考，但从历史记载可见，南诏确是众多异国人士汇聚之地，可以把第4、10、11号窟中的外国人造像理解为这些异国人士的鲜活身影。

南诏时期南方丝绸之路的通达为南诏的对外交流打开了通道，南诏和境外民族之间政治、经济、宗教、艺术、文化等的多方面有了交流与融合。

综观南诏时期白族金石文献的遗存可见，阁罗凤确立的“阐三教、宾四门”文化纲领，为南诏文化的发展走向丰富多元提供了政策的指引。南诏上层社会对佛教的崇尚推进了佛教与白族的融合，为大理国时期佛教的兴盛奠定了基础。南诏凭借先进的经济、文化成为当时中南半岛的中心，文化影响力辐射东南亚、南亚诸国。

第五节　白族古代金石文献与大理国的文化制度

唐天复二年（902）南诏亡。经过“长和国”“天兴国”“义宁国”三个政权的短暂统治后，段思平于公元938年建立了大理国。这个以白族作为主体民族建立的政权，除去因高升泰建立大中国被中断的二年之外，至公元1254年为元所灭，存在了315年，仅次于同一时期的两宋，而长于辽、金和西夏。

大理国建立后，在政治、经济、宗教、文化等诸多方面承袭南诏，儒释道三教文化继续发展。

一、大理国金石文献概况

以高升泰建立大中国为分界点，大理国被分为前后两个时期。从第一代国主段思平建立大理国至第十四代国主段正明，为大理国前期。第十五代国主段正淳至第二十二代国主段兴智为大理国后期。从金石文献的留存情况来

① 李晓岑：《南诏大理国科学技术史》，科学出版社，2010年，第65页。

看，大理国前期主要有碑刻、摩崖、塔砖等种类，金石文献数量相对较少。后期主要有碑刻、造像、经幢、墓幢、题记及印鉴等，数量较多。

二、学习汉文化

大理国建立后，统治者积极学习汉文化。大理国曾向宋朝索求经籍。宋徽宗崇宁二年（1103），大理国主段正淳遣高泰运奉表入宋，“求经籍得六十九家，自是云南多文学之士矣”。[①] 唐太宗《帝范》一共有1卷12篇，经五代丧乱，“书有录而遂阙”。《渊颖集》言：“今上征云南僰夷，始出以献，而旧十有二篇复完。”[②] 可知，现存的《帝范》为元泰定二年（1325）从云南所得。

大理国重视国史修撰，设有修史机构和史官。《兴宝寺德化铭并序》载：

> 有公子高逾城光者，曾祖相国明公高泰明，祖定远将军高明清，已备国史[③]。

这里提到三个人名，“高逾城光”“高泰明”“高明清”。高明清为高泰明之子，高明清生高逾城生，高逾城光为高逾城生之子。其中，高泰明是大理国段正淳、段正严时期的相国，在位时间为公元1096－1117年。高泰明的曾孙高逾城光重修了兴宝寺。按碑文所载，高泰明子嗣的传承情况在“国史”已有记录，说明大理国时期国史撰修。

在《□□□□忠义臣谥曰忠节园明圆行义帝墓志并序》也提到了大理国史籍的相关情况。碑载：“公之言行志节，恭友孝悌，备在史籍，□□□今但举其□□□□□□□□□□□序。”[④] 这里言碑主高生福的志节“备在史籍”，说明录于史书之意。

---

① 田汝成：《炎徼纪闻》卷四，（景印）《文渊阁四库全书》史部一一〇纪事本末类，第三五二册，台湾商务印书馆，1986年，第352-645页。

② 吴莱撰，宋濂编：《渊颖集·读唐太宗帝范》，（景印）《文渊阁四库全书》集部一四八别集类，第一二〇九册，台湾商务印书馆，1986年，第169-1209页。

③ 杨世钰主编：《大理丛书·金石篇》10，中国社会科学出版社，1993年，第7页。

④ 同上，第11页。

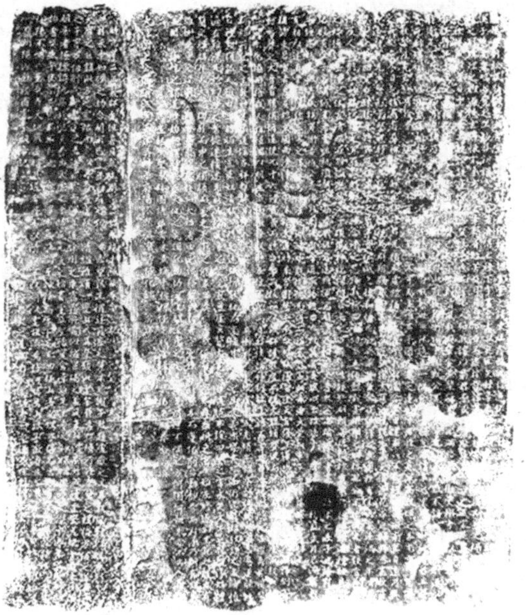

图二十三　兴宝寺德化铭并序。图片来源于杨世钰主编：《大理丛书·金石篇》1，中国社会科学出版社，1993年，第31页。

《□□护法明公德运碑赞摩崖》载碑文的撰者担任了史官之职。撰者为“大宋国建武军进士。”他留居大理国的经历如碑言：“两战□坚，画虎无成，□□南国，十有六年。蒙公清照如族□人，畵命□□□□□□□□□□□□□□囲《史记》，修《春秋》，褒贬合宜，为万世之信书。而发微言曰：知我者其惟春秋乎？罪我者其惟春秋乎？”①这里的“南国”应指大理国，“公”为护法明公高量成。从“囲《史记》，修《春秋》，褒贬合宜，为万世之信书”一句可推知，《□□护法明公德运碑赞摩崖》的撰者应从事修史的工作。联系前后文可知，高量成待之如族人并加以重用，撰者来到大理国有十六年，从事史官一类的工作。

对于普通家庭来说，家谱是记录家庭历史的。《故溪氏谥曰襄行宜德履戒大师墓志并叙》载：“大公护赏白衣以□备彩之黼。家牒行状，乃杨文伯明俊之述词，德业勋庸，则苏神菩□□之墨迹者，即其考也。”②《敕授鹤庆路照磨杨伯□墓志》载：“按杨氏家谱，乃故理扬侯觉诺十七代孙，八代祖曰细师，职司演览。”③《张长老墓碑》：“家谱名绩，未能尽详。”④《故大师白氏墓碑铭并序》：“其家世勋行，具有谱录。”“其谱录中甚详，不复备载。”⑤

① 杨世钰主编：《大理丛书·金石篇》10，中国社会科学出版社，1993年，第7页。
② 同上，第11页。
③ 同上，第22页。
④ 同上，第16页。
⑤ 同上，第13页。

《陈氏墓碑铭并序》："有家谱云，其先自陈霸先"，"自善铎和尚至于满□凡十三世，具见家谱，虽或僧（上阙）而守业志善不怠。"①

三、佛教文化制度

图二十四　□□护法明公德运碑赞摩崖。图片来源于杨世钰主编：《大理丛书·金石篇》1，中国社会科学出版社，1993 年，第 30 页。

大理国时期的佛教文化与南诏一脉相承。若说南诏是源，那么大理国便是流。这两个时期佛教文化的发展层积相续。前文从南诏尊僧为国师，兴建佛寺、佛塔，梵文盛行三个方面论述了佛教文化在南诏的发展。大理国时期佛教文化的发展则表现为：在"禅位为僧"成为大理国段氏传统的同时，多见贵族子弟出家为僧、笃信佛教的情况；大量兴建佛寺、佛塔；南诏时期的"阿嵯耶"观音在大理国时期被普遍供奉；大理国时期对佛教艺术的追求更趋精致。

大理国帝位 22 传，其中有 8 位避位为僧②。不仅如此，大理国贵族子弟出家为僧也较为多见。如高量成之子皎渊在二十岁时出家。《大理国渊公塔之碑铭并序》言："我渊公随缘白地，诞粹于高氏之族。"又言皎渊"英姿卓茂，气韵清远。昂昂若云鹤之处群鸡也，自有不羁之态。视荣贵如幻炎，执身心我人为甚倒。慨然有出世之心，不肯为凡夫。年衄二十，一日，辞父兄出家，知其志不可夺，不得已壮而许之。"③ 皎渊虽诞于世家大族，但未留恋

① 杨世钰主编：《大理丛书·金石篇》10，中国社会科学出版社，1993 年，第 12 页。
② 见朱安女：《文化视野下的白族古代碑刻研究》，巴蜀书社，2012 年，第 83-84 页。
③ 杨世钰主编：《大理丛书·金石篇》10，中国社会科学出版社，1993 年，第 10 页。

尘世富贵，于二十岁慨然出家。在入佛门后，皎渊注重修行，成为大理国禅宗水目山系的“水目四祖”之一。《兴宝寺德化铭并序》载高量成的侄子高逾城光“恨不手布黄金，幸齐肩于善施；日用留心白马，庶接武于汉明”①，其笃信佛教，以广施善缘、救济众生为德。

段思平在位期间“年年建寺”②。《滇史》载：“滇地邻西天竺，故浮屠最盛于大理，其次姚安。思平立国，即建高陀山塔，高十五级。正兴嫌其制卑，又于大宝六年建矣保山塔，去高陀仅五里，而制愈隆盛矣。延僧入内，胡俗习此为常。”③ 可知段思平立国后建了高陀山塔。大宝六年（1154），段正兴于距离高陀山塔五里的地方兴建矣保山塔。《滇史》载：“淳熙十二年，智兴奉佛，建兴宝寺。君相皆笃信佛教，延僧入内，朝夕焚咒，不理国事；于是国中女妇悉赴僧舍受戒。僧亦有置室，名火居僧。”④ 这里淳熙十二年为公元1185年，对应的是大理国元亨年间（1185-?），正值大理国段智兴执政时期，段智兴建了兴宝寺。段智兴与大臣均笃信佛教。段智兴甚至延请僧人进入内宫朝夕念佛，不理国事。上行下效，大理国的妇女也都到僧舍受戒。有的僧人则置有家室，被称为“火居僧”。段氏二十世国主段智祥“尝东泛螳螂川，于洛阳山上凿十六罗汉，建法华寺。山下田亩免租，以供僧人。”⑤ 段智祥建法华寺，并下令洛阳山下的田亩免去租税，以供养僧人。“故大理佛教最盛，而苍洱之间仙释遗迹甚多。如云南一县，有宝华寺、水目寺、龙泉寺、般若寺，皆段氏所建。”⑥ 从这段记述可知，兴宝寺、法华寺、宝华寺、水目寺等均为段氏所建。

大理国时期兴建的佛塔数量不少。这些佛塔多以青砖为建筑材料，风格以密檐式为主。一般的造型为塔身的上下较收小而中部较大，外表的轮廓曲线充分。塔身的形状为方形和八角形两种，基座多为双层，一般没有地宫。

---

① 杨世钰主编：《大理丛书·金石篇》10，中国社会科学出版社，1993年，第7页。
② 尤中校注：《僰古通纪浅述校注》，云南人民出版社，1988年，第100页。
③ 诸葛元声撰，刘亚朝校点：《滇史》，德宏民族出版社，1994年，第232页。
④ 同上，第231页。
⑤ 同上，第232页。
⑥ 同上，第226页。

建筑技术虽不复杂，造型却特别清峻优美。大理崇圣寺南塔和北塔、祥云水目塔、洱源旧州东塔、洱源火焰山塔、景洪曼飞龙塔等均为大理国时期所建。

大理国时期在崇圣寺千寻塔南北两侧各建一座八角形密檐式空心砖塔。这两座塔的形制一样，“均为 10 级，各高 42.19 米。塔身除第一级以外，逐渐收缩至顶部，每级檐面出伸较短，无出挑，上面装饰人物、莲花和卍字图案。从第二级塔身外壁每面开一券龛，每龛置一尊佛像。塔身表面涂一层白色泥皮，塔顶有铜质葫芦、伞形铜铃等”①。

祥云水目塔位于祥云马街水目山上，“塔为方形，15 级密檐式砖塔，高 16 米。塔基为双基座，下基座为方形，用石料砌成；上基座用砖砌成八方形须弥座。塔身四面每面有一龛。塔檐为三层方砖叠涩出挑而成，出檐结构及外形与千寻塔相似”②。

洱源旧州东塔位于洱源旧洲东面，“高约 30 米，是方形密檐式实心砖塔，共 11 级。塔基座为双基座，上层为正方形，边长 5.7 米”③。

洱源火焰山塔位于洱源三营乡北一公里的东山山顶，高 10 米，为八角形密檐式实心 7 级砖塔，造型与崇圣寺南塔和北塔极为相似④。

较为特殊的是景洪的曼飞龙塔。此塔位于景洪大勐龙乡曼飞龙村后山，“由一座大塔和四周八座小塔组成塔群。群塔建筑在圆形巨大基座上，基座高 3.9 米，上面砌出八角，内含八个佛龛，龛上装饰莲花。八角上分别建八座小塔，各高 9.1 米，从空中鸟瞰，呈八瓣莲花形。八座小塔像众星捧月似的拱卫着主塔，主塔高 16.29 米，位于正中”⑤。整个塔犹如群笋破土，故又称“笋塔”。

从大理国时期的佛塔内部还出土了不少佛教器物。从这些佛教器物来看，尤以佛像、塔模、法器为多，独特而精美。

---

① 李昆声：《云南艺术史》，云南教育出版社，1999 年，第 280 页。

② 同上。

③ 同上，第 281 页。

④ 同上，第 282 页。此塔已于 1966 年倒塌，废墟内发现一批大理国时期的珍贵中草药材。

⑤ 同上，第 281 页。

南诏时期的“阿嵯耶观音”为大理国尊奉，南诏、大理国时期的阿嵯耶观音铜像尚存20多尊。现藏美国加尼弗亚州圣地亚哥博物馆的阿嵯耶铜像，高45厘米，宽6.3厘米。铜质红漆鎏金立像，手作安慰摄取印。背部铸阳文，直行楷书，文4行，行10-11字，为“皇帝嘌信段正兴资为太子段易长生、段易长兴等造记。愿采禄筭尘沙为喻保庆，千春孙嗣，天地摽摵，相承万世。”① 1944年8月，在美国纽约出版的《哈佛亚洲研究季刊》第八卷二号上发表了海伦·查平（Helen·B. Chapin）的文章《云南的观音像》，随文刊载了《南诏国史图传》描述的“阿嵯耶观音像”。李东红认为“阿嵯耶观音尽管是到了大理国段氏时才普遍被供奉，但他的出现应该是南诏中期的事”②。

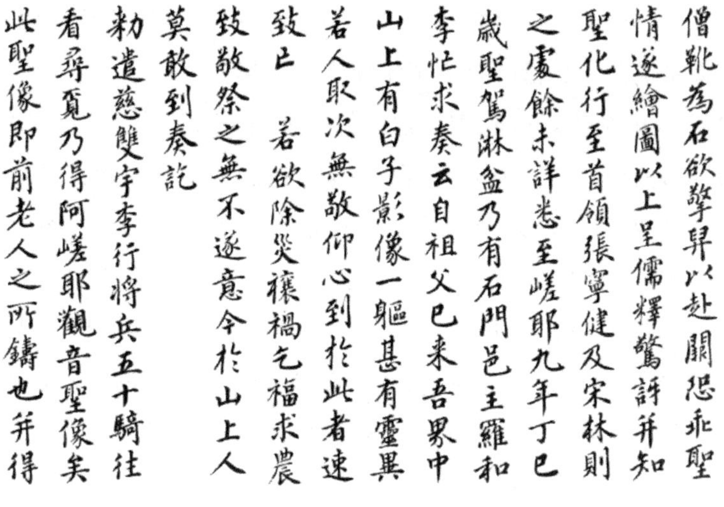
僧靴為石欲擎舁以赴闕恐乖聖
情遂繪圖以上呈儒釋驚訝并知
聖化行至首領張寧健及宋林則
之處餘未詳悉至嵯耶九年丁巳
歲聖駕淋盆乃有石門邑主羅和
李忙求奏云自祖父已来吾界中
山上有白子影像一軀甚有靈異
若人取次無敬仰心到於此者速
致亡　若欲除災禳禍乞福求農
致敬祭之無不遂意今於山上人
莫敢到奏訖
勅遣慈雙宇李行將兵五十騎往
看尋覓乃得阿嵯耶觀音聖像矣
此聖像即前老人之所鑄也并得

图二十五　《南诏国史图传》文学卷局部。图片来源于大理崇圣寺：《云南画报（特辑）》：《宋时大理国描工张胜温画梵像　南诏国史图传》，云南画报社有限责任公司主办，2013年。

《南诏国史图传》之《文字卷》第七化述阿嵯耶观音圣像言：“嵯耶九年丁巳岁，圣驾淋盆，乃有石门邑主罗和、李忙求奏云：‘自祖父已来，吾界中

① 李东红：《白族佛教密宗阿吒力教派研究》，云南民族出版社，2000年，第78页。
② 同上，第79页。

山上有白子影像一躯，甚有灵异，若人取次无敬仰心到于此者，速致亡。若欲除灾禳祸，乞福求农致敬祭之，无不遂意。今于山上人莫敢到。’奏讫，敕遣慈双宇李行，将兵五十骑往看寻觅，乃得阿嵯耶观音圣像矣”①。这里“嵯耶九年”中的“嵯耶”，是南诏第12代王隆舜的年号，“嵯耶九年”为公元897年。“圣驾淋盆”，意指阿嵯耶圣观音像诞生。这时石门邑主罗、李两人来奏，言自从祖父以来三代他们山界就有“白子影像一躯”十分灵异。“白子”为白族男子之古代称呼。隆舜敕遣主礼仪的“慈双”大臣李行，率将兵往看寻找，“乃得阿嵯耶观音圣像矣。”《南诏国史图传》传述的阿嵯耶观音像，是男性观音像。文言“大哉矣！阿嵯耶观音之妙用也！”“化俗设教”“崇入国起因之图，致安邦异俗之化。”又言把阿嵯耶观音“号曰建国圣源阿嵯耶观音”并“敕付慈爽，布告天下，咸使知闻”，表明了南诏王崇尚有“妙用”阿嵯耶观音，其目的是为了实现治国安邦。

在《南诏国史图传》画卷中，题记除“朴信蒙隆昊”“中兴皇帝”之外，又添有“文武皇帝圣真”，为大理国开国皇帝段思平；而在卷首又有“文经元年”的字样。“文经”是大理国第二位皇帝段思英的年号，元年为公元945年。所以这当是一个摹本。摹者十分忠实，所以把前朝皇帝的年号等等一一照抄无遗。由于题记仅记大理国第一、二代帝止，若是摹本应是大理国建国初之作。大理国第十七位皇帝段正兴时期的《段正兴铸铜观音像铭文》载：“千春孙嗣，天地摽摵，相承万世。”这带有诏令国民崇奉阿嵯耶观音的意味。由此可以看出大理国段氏对阿嵯耶观音的崇信程度。

文物工作者曾在大理崇圣寺顶发现一件装有经卷的鎏金铜函，长32.5厘米，宽12.5厘米，高12厘米，盖作抽板式，制作工艺极精。此函完全采用锻打的薄铜片制成，打制和铆焊技术水平很高。此外，崇圣寺塔中还发现一件鎏金三塔佛会铜片，高20.7厘米，宽15厘米②。其锻打工艺之精自不必说，令人惊奇的是铜片上用比头发丝还细的线条，生动流畅地刻画出塔、佛

① 大理崇圣寺《云南画报（特辑）》：《宋时大理国描工张胜温画梵像　南诏国史图传》，云南画报社有限责任公司主办，2013年。

② 云南省博物馆提供。

像和菩萨像数十尊以及各种花纹图案。这些佛教文物一方面体现了大理国时期的青铜铸造工艺非常发达，锻打和线刻技术也极高超；另一方面也反映了人们对佛教艺术的追求精益求精。

大理国时期写本佛经从书法、纸质到装帧都有很高水平。写经字体均系行书，就其书体而言，大多类似，属于当时流行的写经体，结构严谨，用笔挺拔犀利，劲秀兼长，结构布局自然大方。纸质分为两种：一种类似宋代的“藏经纸”；一种与敦煌发现的唐代经纸大体一样，纸色黄褐如茶，略有绵性，质地较厚，不透明，系以构皮为原料制成的构皮纸，或称绵纸。多数经卷经过“入潢”加工。经卷“界行”“丝栏”都“界以铅栏”，画得相当精致、古朴大方。装帧多为“卷轴装”，间有“蝴蝶装”“经折装”“旋风装”①。《文献通考·南诏》载：“其人皆有礼仪，擎诵佛书，碧纸，金银字相间。”② 这里所言的“碧纸”，说明它的非同一般。据有的学者研究，这些写本佛经多是用白棉纸裱褙的③。

四、道教的发展

依据《宋史》所载，大理国的道教与南诏时期相似。《宋史·黎州诸蛮传》载：“黎州诸蛮，凡十二种”，“夷俗尚鬼，谓主祭者鬼主，故其酋长号都鬼主。”④ 这里的“黎州”所指的就是灵关道一线。《宋史·泸州蛮传》载：“淯水夷者，羁縻十州五囤蛮也，杂种夷獠散居溪谷中。庆历初……诏复建姚州，以得盖为刺史，铸印赐之。得盖死，其子窃号‘罗氏鬼主’。鬼主死，子仆夜袭其号，浸弱不能令诸族。”⑤ 由此可知，“大理国时鬼教的分布大体亦

① 李孝友：《南诏大理的写本佛经》，云南省文物管理委员会编：《南诏大理文物》，文物出版社，1992 年，第 172 页。侯冲：《从凤仪北汤天大理写经看旋风装的形制》，侯冲著：《“白密”何在——云南汉传佛教经典文献研究》，广西师范大学出版社，2017 年，第 197-211 页。

② 马端临：《文献通考》，中华书局，1986 年，第 2586 页。

③ 李晓岑：《中国纸和造纸法传入印巴次大陆的路线》，《历史研究》，1992 年第 2 期。

④ 脱脱等撰：《宋史》，中华书局，1977 年，第 14231 页。

⑤ 同上，第 14244 页。

是在由宜宾取道昭通至于曲靖的五尺道与由西昌取道大姚至于昆明的灵关道沿线。”① 大理国五世国主段素顺“好黄老，慕恬静无为之教，于是道教始盛，黄冠遍满国中。然恭俭自持，下人奉令守职，国中称为贤明。”② 可知段素顺执政时期道教兴盛。

五、剑川石窟——白族宗教信仰世界的投影

剑川石窟是南诏、大理国时期佛教文化的产物，在中国古代的石窟网络中处于南线的末端。剑川石窟中佛陀菩萨与世俗凡人 139 躯造像形成了对南诏、大理国时期“妙香佛国”的形象写照，体现了白族对南诏历史的自我体认，折射出白族宗教信仰菩萨世界与凡俗人生两极和谐共生的体系建构，成为认知白族佛教信仰世俗化的缩影和范本。

源于古代印度的雕刻石窟活动在传入中土后，形成了遍布各地的石窟网络，这些中国化的石窟大致可分为南北两大线路发展。产生于南诏末期、大理国初期的云南剑川石窟，远承天水麦积山、永靖炳灵寺风格，处于四川广元、巴中、乐山和大足石刻等组成的南线末端。

剑川石窟距离剑川县城西南 25 公里，幽闭在石钟山的崇山峻岭之中。由于这些石窟造像均雕造在裸露的红砂质土岩上，依山顺势，颇具天成之感。从石窟的空间布局而言，其造像分布在以石钟山为中心方圆 3 平方公里的石钟寺、狮子关和沙登箐三个区域。佛陀菩萨、南诏帝王造像、女阴造像、波斯国人造像等混杂地分布在这三个区域中。这种看似无序的混杂不是一种临时的安排或者是偶然的巧合，而是体现了造像者在对石钟山地势有效利用的基础上，对白族佛教世俗信仰空间领域的设置和秩序的安排，这其中，包含了对佛教主流思想的继承，留下了南诏、大理国时期白族对佛教民族化改造的深深烙印。

（一）妙香佛国的生动写照

南诏、大理国时期佛教文化盛行，剑川石窟正是南诏中后期到大理国初

① 段玉明：《大理国史》，云南民族出版社，2003 年，第 392 页。

② 诸葛元声撰，刘亚朝校点：《滇史》，德宏民族出版社，1994 年，第 217 页。

期佛教文化发展鼎盛阶段的产物。

首先，剑川石窟造像以佛菩萨为主体，数量众多。剑川石窟16个窟139躯造像中，除了第1号窟、第2号窟、第8号窟、第9号窟以及第11号窟之外，第3、4、5、6、7、10、12、13、14、15、16号石窟全都是由佛陀或是菩萨造像构成。它们分别是第3号窟地藏王菩萨造像，第4窟华严三圣，第5窟《维摩诘经变》中的“问疾品”造像，第6号窟明王堂，第7号窟甘露观音（俗称“剖腹观音”），第10号窟观音化现梵僧造像，第12号窟佛、菩萨造像，第13号窟阿嵯耶观音造像，第14号窟一佛二弟子造像，第15号窟毗沙门天王造像，第16号窟大黑天神造像。

其次，这些佛教造像反映了当时佛教信仰以大乘佛教为宗，多种宗派并行不悖的事实。大乘佛教信仰的众多佛陀、菩萨、天王造像在剑川石窟中均可见，如地藏王菩萨、华严三圣、《维摩诘经变》中的“问疾品”造像、八大明王造像、观音菩萨造像、释迦牟尼佛、弥勒佛、毗沙门天王、大黑天神造像等等。细看这些佛教造像，第4号窟是华严三圣的造像，构成了华严佛会的生动写照；再如第6号窟明王堂则取材于佛教密宗，雕刻完备的八大明王造像，是全国石窟中独一无二的，也是云南所有石刻中最大的一窟。

再次，剑川石窟的佛教造像对大乘佛教的信仰并非原封不动地搬用，而是对其进行了本土化的改造。佛教神祇的体系繁杂而有序，各个神祇都有细致的分工，剑川石窟的佛教造像将其中一部分神祇纳入自己的神系当中，同时对佛教造像进行了创新。如第5号窟《维摩诘经变》中的“问疾品”造像。我国佛教造像中，维摩诘的形象极多，但剑川石窟中的维摩诘形象却独具风采。“佛教艺术中的维摩诘造像，在中原云冈、龙门和西北的敦煌，邻近的四川大足（今属重庆，下同）等石窟中都曾出现。而敦煌莫高窟晚唐时期所出现的四个维摩诘造像，都是奢华富贵，资财无量，坐于帐中，神情娴雅，娓娓而谈，有美髯。文殊师利穿着华贵。龙门古阳洞、四川大足北山的维摩诘均有美髯，凭几坐床，虽面带病容但精神矍铄，整个造型安详而宁静。唯剑川石窟的维摩诘面带愁容，无美髯，也未凭几坐床，而是坐在山间岩石上；文殊师利只披袈裟，脚穿拖鞋，形若苦行僧。左右附属龛又是观音菩萨和大势至菩萨，这在中国其他石窟当中是绝无仅有的。”①

图二十六　剑川石窟第5号窟《维摩诘经变》中的“问疾品”造像。图片为作者拍摄。

又如观音造像，在剑川石窟中一共雕造了三个不同的观音造像，分别为第7号窟的甘露观音、第10号窟的观音化现梵僧和第13号窟的阿嵯耶观音。

第7号窟的甘露观音造像束发戴珠冠，双耳坠珠环，胸前挂坠铃项圈、璎珞，臂部和腕部以钏、镯为装饰。仪态丰满端庄，嘴角上翘，流露出微妙的笑容，显得极为尊贵。而这尊观音造像最为独特的莫过于其胸口开凿了一方形空洞，刻画出观音菩萨为了普度众生掏心挖肺的形象。

第10号窟观音化现梵僧造像，在外形上独具特色，凝视站立，像的头顶作两层台式的方棱形冠，头后作一圆光，眉间作白毫像，面目慈祥，披袈裟，左手提瓶，右手结印，足穿靴，左足旁有一犬。犬躬身回首而双目圆睁，项系铃。

① 云南省剑川县文化体育局编：《南天瑰宝——剑川石钟山石窟》，云南美术出版社，1998年，第25页。

图二十七　剑川石窟第 13 号窟阿嵯耶观音造像。图片来源于云南省剑川县文化体育局编：《南天瑰宝——剑川石钟山石窟》，云南美术出版社，1998 年，第 59 页。

第 13 号窟阿嵯耶观音造像。造像姿态端庄，袒胸，露臂，细腰，为云南所独有，因此也被称为“云南福星”。与前文所论的阿嵯耶观音铜像属同款。

剑川石窟之所以雕造了如此丰富的佛教造像，与佛教在南诏、大理国的传播密切相关。

南诏时期，阁罗凤向天下昭告“阐三教，宾四门”① 的治国方略，对佛教持以开放的态度，佛教影响日益扩大。“南诏时期，净土、密宗、禅宗与律宗诸宗或修持体系均已传入云南，而尤以密、禅二宗为盛。”② 其中“密宗是南诏时期最具影响的佛教宗派。由于云南独有的区位优势，‘印密’‘汉密’‘藏密’交会于此，并与云南特异的区域文化结合”③。到了劝丰佑时期，佛教在南诏境内的发展进入鼎盛阶段。“保和九年（832）高将军于赵州建遍知寺（景泰《云南通志》）；李成眉建感通寺（张忱《荡山志》）；王嵯巅于善阐（昆明）创建觉照、慧光二寺及双塔（东寺塔、西寺塔）以为浮屠（《纪古滇说》）；劝丰佑母出家，

① 《南诏德化碑》，杨世钰主编《大理丛书·金石篇》10，中国社会科学出版社，1993 年，第 3 页。

② 段玉明：《大理国史》，云南民族出版社，2003 年，第 393-394 页。

③ 同上，第 394 页。

法名惠海，太和二年（829），僧梦岛造永昌卧佛，长六丈；大中二年（847）劝丰佑得一罗部（罗茨）美女，女好佛，建罗茨寺（均见《南诏野史》）等。可见当时所建之寺宇，而是几乎遍及南诏所统辖的地区。”① 在唐敬宗宝历二年（826）到宣宗大中十三年（859），劝丰佑遍建佛寺，备置佛经，迎请天竺僧人，开设五密道场，密宗信仰成为主导，将密教的发展推向了高峰。大理国初期，佛教影响继续深入。前文已述，此处不赘言。

（二）南诏历史的自我体认

正如这些佛教造像依山而建，在空间上形成开放的结构一样，南诏、大理国时期佛教信仰体系的建构也具有开放性。剑川石窟缔造了妙香佛国的缩影，其松散的佛陀菩萨神祇结构，为以第1号窟、第2号窟、第8号窟、第9号窟及第11号窟代表的神祇腾挪出了空间。

图二十八　剑川石窟第9号窟南诏第一代国王细奴逻、后妃及男女从者造像（俗称全家福）。图片来源于云南省剑川县文化体育局编：《南天瑰宝——剑川石钟山石窟》，云南美术出版社，1998年，第47页。

第1号窟、第2号窟、第9号窟的造像主体均为南诏的君王，分别为第9

① 赵橹：《论白族神话与密教》，中国民间文艺出版社，1983年，第50页。

号窟南诏第一代国王细奴逻，第2号窟南诏的开国之君阁罗凤，第1号窟阁罗凤之孙南诏的第二代国王异牟寻。这三窟造像是在南诏历史发展中极为重要的三位王者，造像对三位王者统治最具代表意义的历史瞬间进行了凝固。

首先第9号窟细奴逻全家福的造像极有寓意。该窟正中雕造一高台，南诏第一代国王细奴逻及其后妃造像端坐正中，他们中间雕刻一手持拨浪鼓嬉闹的幼童坐像。紧挨他们两侧分别雕造一男童和一女童端坐之像，二童年纪长于细奴逻夫妇造像中间的幼童。在男童和女童的左右两侧分别雕造了一男一女从者造像。细奴逻夫妇造像为三个童子环绕，极富生活气息，表现了细奴逻作为南诏第一代国王一家庭子孙繁衍、其乐融融的景象。

其次，作为细奴逻的后继者，第五代国王阁罗凤与第六代国王异牟寻的历史功绩显著。阁罗凤结束了南诏与唐朝的羁縻关系，于公元752年称帝，南诏与唐朝、吐蕃形成三足鼎立的格局。“阁罗凤死，寿七十一，伪谥神武王。长子凤伽异未嗣而死，孙异牟寻立，伪追赠凤伽异为悼惠王。蒙氏六世异牟寻，唐代宗大历十四年立”①。异牟寻为阁罗凤之孙，其在位期间南诏社会稳步发展。第2号窟“阁罗凤出巡图”和第1窟“异牟寻议政图”设计极具政治色彩，以下将两窟对比，细论差异。

一者，从二窟所占的空间及人物造像数量可以看出，第2号窟“阁罗凤出巡图”规模比第1号窟“异牟寻议政图”规模更加宏大，昭示了两位君王不同的历史地位。

第2号南诏第五代国王阁罗凤出巡图为佛殿窟，高1.95米，宽1.53米，深0.70米，窟檐刻为三重，分别刻有花纹和连珠纹，檐下垂帷幔呈现人字形，窟门边刻有连珠纹。底座为长方形低坛，其上刻像16躯②。

---

① 诸葛元声撰，刘亚朝校点：《滇史》，德宏民族出版社，1994年，第146页。

② 刘长久：《中国西南石窟艺术》，四川人民出版社，1998年，第171页。

图二十九　剑川石窟第2号南诏第五代国王阁罗凤出巡图。图片来源于云南省剑川县文化体育局编：《南天瑰宝——剑川石钟山石窟》，云南美术出版社，1998年，第12页。

第1号窟南诏第六代国王异牟寻议政图为佛殿窟，高1.68米，宽1.66米，深0.40米，窟檐刻为三重，均有纹饰图案，窟门边刻有连珠纹，顶左右为圆角。底座为长方形低坛，上刻9像①。

从造像大小、数量和洞窟规模的比较可见，第2号窟“阁罗凤出巡图”较为宏大，凸显了阁罗凤作为开国之君的气派。阁罗凤为政以德，于公元766年将《南诏德化碑》立于皇城太和城门，以“德化”名碑，鲜明标举“德化”治世理念。在其统治期间，其为君正己，修文习武，亲仁善邻，南诏社会稳步发展，百姓深受教化熏陶。“虽然他面临极为困难的选择，而他对此做出的反应是令人钦佩的。他讲求实效而又果敢决断。他可以说是南诏历史上最为英雄的人物。”② 异牟寻21岁继位，执政29年，南诏的政治稳步发展，

① 刘长久：《中国西南石窟艺术》，四川人民出版社，1998年，第172页。

② 查尔斯·巴克斯著，林超民译：《南诏与唐代的西南边疆》，云南人民出版社，1988年，第78页。

其不朽的功绩集中体现在两个方面：一是将南诏社会的经济、政治、军事、文化等方面继续推进，稳步发展；二是，通过“苍山会盟”恢复了南诏与唐朝的邦交关系，开创了双方关系的新纪元，促进了西南少数民族经济文化的进步。因此，“阁罗凤出巡图”蕴含对阁罗凤实现南诏立国并开疆拓土的赞美之意，而“异牟寻议政图”则更多突出了异牟寻将南诏实力发展壮大之功。

图三十　剑川石窟第1号窟南诏第六代国王异牟寻议政图。图片来源于云南省剑川县文化体育局编：《南天瑰宝——剑川石钟山石窟》，云南美术出版社，1998年，第9页。

南诏立国之后，国力不断壮大发展，势力达到今天怒江以西的大片土地，向东将势力推及今曲靖与建水，并在昆明新筑了拓东城，周边南亚、东南亚各国的朝贡络绎不绝。第11号窟出现的“波斯国人”造像，反映了南诏与异域、民族文化的交流。虽然无法确知该造像的年代，但可以肯定的是，正是因为南诏与周边民族的交往日盛，才有“‘大食国’来华的商人兼贡使充当了大理工匠雕刻‘波斯国人’像的模特儿”，“云南出现伊斯兰信徒滥觞于唐宋，他们沿着海上‘香料之路’、西南‘丝绸古道’入滇，从而雕像成为西亚、东南亚各国同云南进行友好接触的见证。”①

透过二者人物造像的比较，可见在两代君王执政时期南诏不同的文化发展状态。从第 2 号窟“阁罗凤出巡图”造像中可见：

> 王者右侧刻阁陂和尚，头部已残损，身着袈裟，右手作禅定印，左手当胸持一串念珠，端坐于椅上。身后右侧刻一站立侍者持曲柄伞遮于阁陂和尚头上。身后左侧刻站立二武士各执一旗，均身着甲胄，再左侧刻一女侍双手持遮牌（即长柄大扇）。其前刻二羽仪长双手握长剑而立。王者左侧近前刻二羽仪长双手握长剑而立（最前者头和右手残）。其后刻一女侍双手持遮牌。再左侧刻三武士各双手执旗，均身着甲胄，头饰有椎髻者、兜鍪者、山形冠者。窟左右两侧壁刻清平官（相当于唐王朝之宰相）袖手，垂腿而坐于椅上，均身着宽袖长袍，头部均已毁②。

阁陂和尚端坐的造像在这里出现，是一个极为鲜明的象征，象征了南诏政权对佛教文化的融合。阁陂和尚身后的侍从持极富吐蕃特点的曲柄伞，这是阁罗凤执政时期与吐蕃交往的见证。《南诏德化碑》载：“即差首领杨利□等于浪穹参吐蕃御史论若赞。御史通变察情，分师入救。……既而合谋曰：小能胜大祸之胎，亲仁善邻国之宝。遂遣男铎传旧、大酋望赵佺邓、杨传磨侔及子弟六十人，赍重帛珍宝等物，西朝献凯。属赞普仁明，重酬我勋效。遂命宰相倚祥叶乐持金冠、锦袍、金宝带、金帐床、安杠伞、鞍银兽及器皿、珂贝、珠毯、衣服、驼马、牛鞍等，赐为兄弟之国。天宝十一载正月一日，于邓川册诏为赞普钟南国大诏。授长男凤迦异大瑟瑟告身、都知兵马大将。凡在官僚，宠幸咸被。山河约誓，永固维城。改年为赞普钟元年。”③ 依据碑文记载，天宝战争中，阁罗凤得到吐蕃的支持，大败唐军，天宝战争最终促

---

① 叶桐：《剑川石窟“波斯国人”雕像辨析》，《云南民族学院学报》（哲学社会科学版），1998 年第 1 期。

② 刘长久：《中国西南石窟艺术》，四川人民出版社，1998 年，第 171-172 页。

③ 《南诏德化碑》，杨世钰主编：《大理丛书·金石篇》10，中国社会科学出版社，1993 年，第 4 页。

成了南诏与吐蕃的联合。吐蕃向南诏赠送“安杠伞”作为礼物，而“安杠伞”即“曲柄伞”。《南诏野史》载：“唐兵屡败，王遂与唐绝，遣弟阁皮和尚结好吐蕃。阁陂有神术，人马十骑，往来不过朝夕。吐蕃以南诏为弟，封为赞普钟，赐金印。唐兵三至三败，乃其术也。”①可见，在南诏与吐蕃的友好往来中，阁陂和尚担任了交流的使者，因而阁陂和尚造像在第2号窟“阁罗凤出巡图”中出现极具象征意义。

图三十一　剑川石窟第2号窟南诏第五代国王阁罗凤出巡图中的“阁陂和尚”。图片来源于云南省剑川县文化体育局编：《南天瑰宝——剑川石钟山石窟》，云南美术出版社，1998年，第14页。

第1号窟中，异牟寻身边的官员造像中，手持红藤杖的清平官造像较为独特。

王者右侧前面刻一羽仪长，头饰椎髻，右手当胸握书卷，左手置腰握一长剑；其右侧刻一羽仪长，头饰椎髻，双手置胸前握一曲柄长剑而立；其后刻一武侍，头戴搭耳帽，身着戎装，右手同时握一长柄扇和一长柄麈尾，左手微屈前伸持一长颈瓶。王者左侧前刻一侍者，头戴帷帽，双手捧一盒；其后刻一清平官，头饰椎髻，身背斗笠，右手持长赤藤杖，左手下垂握汗巾。窟左右两侧壁各刻一清平官，均头戴短

① 木芹：《南诏野史会证》，云南人民出版社，1990年，第75页。胡蔚本《南诏野史》载：“遣弟阁陂和尚及子铎传、酋望赵佺邓、杨传磨牟等，并子弟六十人献凯吐蕃。陂有神术，人马往来吐蕃不过朝夕之顷。……凤因进取嶲州会同郡，据清溪关，以破越析。此二役也，皆凤弟阁陂和尚及凤妃白氏，行妖术，展帕拍手而笑，韩陀僧用钵法，以故唐兵再败。”见杨慎编辑，胡蔚订正：《南诏野史》（罗振常藏本二卷），杨世钰、赵寅松主编：《大理丛书·史籍篇》卷三，云南民族出版社，2012年，第177-179页。

翅高幞头，身着圆领宽袖长袍，袖手端坐于椅上①。

南诏清平官相当于唐朝的宰相之职，在南诏的政治体系中有着极为重要的地位。《云南志》载："清平官六人，每日与南诏参议境内大事。其中推量一人为内算官，凡有文书，便代南诏判押处置。有副两员同勾当。又外算官两人，或清平官或大军将兼领之。六曹公事文书成，合行下者，一切是外算官，与本曹出文牒行下，亦无商量裁制。"② 南诏王为南诏的最高权威，其下设清平官六人，又设大军将若干，可谓文武兼备。联系第1窟"异牟寻议政图"，清晰可见当时的朝堂之上皇帝与大臣议政的情景。在唐代诗人白居易的《蛮子朝》一诗中，红藤杖成为南诏使团出使唐朝的重要标志：

谁知今日慕华风，不劳一人蛮自通。诚由陛下休明德，亦赖微臣诱谕功。德宗省表知如此，笑令中使迎蛮子。蛮子导从者谁何？摩挲俗羽双隈伽；清平官持赤藤杖，大将军系金呿嗟。异牟寻男寻阁劝，特敕召对延英殿。上心贵在怀远蛮，引临玉座近天颜。冕旒不垂亲劳俫，赐衣赐食移时对。移时对，不可得，大臣相看有羡色。可怜宰相拖紫佩金章，朝日唯闻对一刻③！

贞元二十年（804），德宗热烈欢迎到访的南诏使团，亲自召见了使团的成员，破格邀请异牟寻的儿子寻阁劝到御座前交谈。南诏使团享受到如此隆重的款待，引得唐朝大臣们羡慕不已。诗中描绘的这一场景正是唐朝和南诏"苍山会盟"之后双方重建友好关系的见证。

（三）菩萨世界与凡俗人生的两极呈现

剑川石窟的奇特之处就在于它将佛陀菩萨与世俗凡人这两个相对而截然不同的存在置于同一系统之中。这也使得千载而下，无论是佛陀菩萨还是世

① 刘长久：《中国西南石窟艺术》，四川人民出版社，1998年，第172页。
② 樊绰著，赵吕甫校释：《云南志校释》，中国社会科学出版社，1985年，第306页。
③ 顾学颉校点：《白居易集》（卷一），中华书局，1979年，第70-71页。

俗凡人都接受了人们的顶礼膜拜，成为人们信仰世界中的和谐存在。

从宏观角度而言，剑川石窟 16 个洞窟中佛陀菩萨与世俗凡人的造像是交错出现的，在这种交错中体现了菩萨世界与凡俗人生的两极观照的空间意识。

第一个层面为世俗人物与佛陀菩萨造像的对比。如剑川石窟最大的石钟寺窟群中，第 1 至第 8 号窟中，第 1 号窟“异牟寻议政图”、第 2 号窟“阁罗凤出巡图”和第 8 号窟“阿姎白”为世俗造像。如前所述，第 1 号窟“异牟寻议政图”、第 2 号窟“阁罗凤出巡图”生动地再现了南诏政治历史的瞬间，而第 8 号窟“阿姎白”女阴造像则是白族寄托女性生殖崇拜及子孙繁衍的独特象征。这三窟构成的类组与第 3 号窟“地藏王菩萨”、第 4 号窟“华严三圣”、第 5 号窟《维摩诘经变》中的“问疾品”造像、第 6 号窟“明王堂”、第 7 号窟“甘露观音”构成的佛陀菩萨系统形成了第一个层面的对比。世俗造像表达了人们对历史的体认，寄托了现实人生的欲求，而佛陀菩萨造像则为人们超越现实，摆脱欲望束缚的象征。它们的对立并存使得剑川石窟造像在题材的组合上形成巨大张力。其所容纳的两极对立意识，反映了白族佛教信仰走向世俗化的必然趋势，正是这种理念的存在，才使得佛教能够真正植根于白族宗教信仰的世界中。

图三十二　剑川石窟第 3 号窟地藏王菩萨。图片为作者拍摄。

图三十三　剑川石窟第 6 号窟明王堂。图片来源于云南省剑川县文化体育局编：《南天瑰宝——剑川石钟山石窟》，云南美术出版社，1998 年，第 30-31 页。

第二个层面，在分属世俗造像与佛陀菩萨造像系统内部，可见两极对比继续延伸。在世俗造像中，有男性与女性的对比。如第 1 号窟“异牟寻议政图”、第 2 号窟“阁罗凤出巡图”的造像庄严肃穆，凸显了南诏帝王在南诏发展史上重要的地位。而第 8 号窟“阿央白”女阴造像乃女性的象征，突出女性的繁衍之功。男性造像与女性造像的对比，体现了白族对世俗世界建构的理性认知，即男性与女性乃社会最基本的性别，为社会得以演进最为基础的单位。与其他民族不同的是，第 8 号窟“阿央白”女阴造像还寄托了白族对女性对族群繁衍的肯定及女性地位的崇高评价。（这一点将在第三章中展开论述。）

在佛陀菩萨造像系统中，对比关系普遍存在。一是菩萨的善恶化身同时显现。如第 3 号窟“地藏王菩萨”、第 4 号窟“华严三圣”、第 5 号窟《维摩诘经变》中的“问疾品”造像、第 7 号窟“甘露观音”、第 12 号窟“佛、菩萨”造像、第 14 号窟“一佛二弟子”造像均慈眉善目。而第 6 号窟则塑造了八大明王愤怒时的化身，分别为除盖障菩萨的化身（不动尊明王）、普贤菩萨的化身（步掷明王）、虚空藏菩萨的化身（大笑明王）、观世音菩萨的化身

(马头明王)、弥勒菩萨的化身（大轮明王)、地藏菩萨的化身（无能胜明王)、金刚手菩萨的化身（降世明王)、文殊菩萨的化身（六足尊明王)。这些明王的造型青面獠牙，手持兵器，身挂骷髅，有的呈怒吼状，显得威武而恐怖。

佛陀菩萨造像善恶化身布局的巧妙安排，有机地将佛教的感化力和威慑力集于同一空间中，集中体现了佛教扬善惩恶的双重功能。又如第 3 号窟的地藏王菩萨乃释迦佛祖冥度后至弥勒诞生前现身六道，救度天上以至地狱一切众生方能成佛的菩萨。而第 4 号窟中间坐者为释迦佛的“法身佛”造像大日如来，其乃被认为是宇宙万物的开创者。地藏王菩萨与大日如来并列于一个系统中体现了白族对生死认知完整的观念。再如，第 5 号窟《维摩诘经变》中的“问疾品”造像俗语称“愁面观音”，第 7 号窟甘露观音被誉为“东方的蒙娜丽莎”，前者以愁容面世，表达了对世间悲苦和苦难众生的怜悯；后者以喜悦的面容俯视众生，体现出端详温和的气息，形成鲜明对比。

剑川石窟吸纳大乘佛教文化并进行了本土化的改造，将佛陀菩萨与白族历史上的帝王、女阴“阿姎白”造像等并立供奉，体现了南诏、大理国时期白族对于本土文化、佛教文化与石窟艺术三者的融合，为后人勾画出白族宗教信仰在属于自己的道路上前行的轨迹，昭示出佛教文化与白族本土世俗信仰结合产生的新的生命力。

第六节　白族古代金石文献与元代的文化制度

1253 年，忽必烈攻下太和城，大理国政权结束。至元十三年（1276)，元朝在云南设置行省。云南地处西南边疆，少数民族众多，对于元朝这个新建立的王朝来说，文化方面的重建是当务之急。元代的统治者面对云南特殊的地域、民族特点，采取开放的文化政策。

一、元代白族金石文献概况

元代留存的最早的白族金石文献为至元二十五年（1288）的《大理路兴举学校记》碑，最晚为北元宣光九年（1379）的《大光明寺住持瑞岩长老智照灵塔铭并序》，若以这两通碑为时间的起止，元代白族金石文献的发展历时近一个世纪，金石文献种类丰富且数量多。

二、兴建学校，树立儒家文化正统

元代统治者采取了具体措施推进儒家文化在云南的发展。一方面，统治者多次颁布圣旨，宣扬尊崇儒家文化；另一方面，儒学成为地方教育的核心内容。

至元三十一年（1294）七月，世祖忽必烈颁布的孔庙圣旨被大理地方官员镌刻于石碑之上，树立于孔庙前。《大理孔庙圣旨碑》原文如下：

> 上天眷命，皇帝圣旨，谕中外百司官吏人等：孔子之道，垂宪万世，有国家者，所当崇奉。曲阜林庙上都大都诸路府州县邑庙学书院，照依世祖皇帝圣旨，禁约诸官员使臣军马，毋得于内安下，或聚集理问词讼，亵渎宴饮，工役造作，收贮官物等。其赡学地土产业，及贡士庄田，外人毋得侵夺，所出钱粮，以供春秋二丁朔望祭祀，及师生廪膳，贫寒老病之士，为众所尊敬者，月支米粮，优恤赡养。庙宇损坏，随即修完。作养后进，严加训诲。讲习道艺，务在成材。若德行文学高出时辈者，有司保举，肃政廉访司体覆相同，以备选用。本路总管府提举儒学肃政廉访司宣明教化，勉励学校，凡庙学公产，诸人毋得沮坏。据合行儒人事理，照依已降圣旨施行。彼或恃此非理妄行，国有常宪，宁不知惧！宜令准此。
>
> 至元三十一年七月□日。
>
> 大理路军民总管府立石。①

这道圣旨中明确规定所有官员及其他人等均应该尊崇孔子圣教，尊山东

① 《大理孔庙圣旨碑》，杨世钰主编：《大理丛书·金石篇》10，中国社会科学出版社，1993年，第12–13页。文中“孔子之道，垂宪万世，……邑庙学书院”句读应为：“孔子之道，垂宪万世，有国家者，所当崇奉。曲阜林庙，上都、大都、诸路、府、州、县、邑庙学书院”。

曲阜为国家林庙。同时，明确要求各级官员要维护庙学书院。圣旨中具体要求：一是庙学书院的土地田产等不得被侵夺；二是田亩所出钱粮为庙学书院春秋两个季节举行祭祀和师生的膳食、贫寒老病的士子养老之用；三是应及时修缮损坏的庙学书院建筑；四是在庙学书院求学之士，若能在德行和学业方面出类拔萃，可由有司保举，经肃政廉访使的考察合格者，直接作为官员备选之用；五则强调各路的总管府提举、儒学肃政廉访司负有“宣明教化，勉励学校”的责任，明言“德行文学”出众者为肃政廉访司备选人员。

图三十四　大理孔庙圣旨碑。图片来源于杨世钰主编：《大理丛书·金石篇》1，中国社会科学出版社，1993年，第44页。

综观《大理孔庙圣旨碑》，可见元代尊崇孔子为圣人；其次，对庙学的权属、职能进行具体要求。这些要求条款详细、明确而全面，具有较强的可操作性。依据碑文所载，大理路军民总管府将圣旨刻石树立，由云南诸路行尚书省令史韩敬撰、承务郎同知茫部路总管府事王如珪书丹、奉政大夫云南诸路行尚书省左右司郎中也舍奴题额，反映了大理地方官员对圣旨的重视。

大德十一年（1307）成宗铁穆耳颁布圣诏追封孔子。圣旨言：

大元统天继圣钦文英武大章孝皇帝诏：上天眷命，皇帝圣旨。盖闻先孔子而圣者，非孔子无以明；后孔子而圣者，非孔子无以法。所谓祖述尧舜，宪章文武，仪范百王，师表万世者也。朕纂承丕绪，敬仰休风，循治古之良规，举追封之盛典，加号大成至圣文宣王。遣使诣阙里，祀以太牢。於戏！父子之亲，君臣之义，永惟圣教之尊。天地之大，日月之明，奚罄名言之妙。尚资神化，祚我皇元。主者施行。①

图三十五　加封孔子圣诏碑。图片来源于杨世钰主编：《大理丛书·金石篇》1，中国社会科学出版社，1993年，第49页。

圣旨中，成宗先赞颂孔子圣德，之后追封孔子为“大成至圣文宣王”，遵儒教为圣教，号令时人以圣教为尊，遵照其纲常为行为准则。

两年之后，即至大二年（1309），大理的地方官员奏请朝廷将成宗圣旨刻石立碑。碑言：

皇帝圣旨里，云南诸路行尚书省，准尚书省咨，该至大二年五月十九日太保三宝奴丞相奏：在先孔夫子汉儿帝王虽是封赠了，不曾起立碑石来，如今各处行与文字封赠了。于赡学地土子粒钱内教立碑石呵。今后学本事的人，肯用心也者。奏呵，奉圣旨是有那般者，钦此。照得先据御史台呈亦为此事，已经遍行去讫，都省咨请

① 《加封孔子圣诏碑》，杨世钰主编：《大理丛书·金石篇》10，中国社会科学出版社，1993年，第14页。

照验，钦依施行，准此省府合下，仰照验钦依施行，须议札付者。

至大二年五月十九日①。

碑言孔子虽被帝王封赠，但未曾立碑石镌刻圣旨。现在奏请将加封孔子的圣诏刻碑立石，目的就是要让学子用心学习孔子圣教，推进儒教的地方影响力。该碑由“奉议大夫佥云南诸路肃政廉访司事张元题额并书丹，镇国上将军大理金齿等处宣慰使都元帅段阿庆、明威将军大理路军民总管段信苴政等立石。武略将军大理路军民总管府治中忽都卜花监造。云南诸路肃政廉访司书吏郭志监造。云南诸路肃政廉访司书吏白贲监造。大理路军民总管府知事卢闰监造。大理路军民总管府照磨杨珑监造。大理路云□□教授史昌裔监造。蒙化州州判刘成监造。”在圣旨的最后镌刻了多位大理路的官员题名，“大理路录事司达鲁花赤□兰。大理路录事司录□□□□安。进义校尉大理路太和县达鲁花赤乞台不花。录事司典史张升。太和县典史李明。”② 大理地方官员合立孔子圣诏碑，保持了地方与中央在推行儒教思想与行动上的高度一致。

图三十六　大理路兴举学校记。图片来源于杨世钰主编：《大理丛书 · 金石篇》1，中国社会科学出版社，1993 年，第 42 页。

① 《加封孔子圣诏碑》，杨世钰主编：《大理丛书 · 金石篇》10，中国社会科学出版社，1993 年，第 14 页。

② 同上。

世祖忽必烈、成宗铁穆耳是元代立国初期的两位帝王，他们所颁布的关于孔庙及孔子的圣诏，表明了元代统治者对儒家文化的尊崇。这为地方官员推进儒家教化做出了明确的指示。官员们把圣旨镌刻为碑文树立于庙学之前，明确地表达了与中央文化教育思想的一致性，这对于明确儒家文化在地方社会中的地位具有重要意义。

另一方面，元代官员积极建设地方庙学，以实际行动推进儒家文化对地方文化的影响。

至元十三年（1276），赛典赤揭开元代在云南开展尊孔读经和创建学校的序幕。赛典赤首先在大理多地设学馆，带动地方兴建庙学。“临安府儒学，在府治西，元平章王惟勤创建。”① “澄江府儒学，旧在金莲山麓，元大德间总管魁纳建。”② 至元丁亥（1287）年，郝天挺当任云南省参知政事，增建大理路庙学东西弟子两庑，对大理路庙学进行修缮③。

赛典赤去世后，荣禄大夫平章政事脱脱木儿继任赛典赤之职，继续推进大理的儒学教育。至元二十五年（1288）《大理路兴举学校记》中记载了郝天挺等人与脱脱木儿的一番对话：

暇日，召中奉大夫参知政事郝天挺、嘉议大夫签省张汝贤、承务郎员外焦徵语曰：皇孙云南王，仁民爱物，甚得远人之心，越乾□□□□□□缅酋逃窜入海，尽收其地，献捷而还。边境之国既已平，心服之民何以治？郝张曰：云南之地，诸种□□□□□□□□□□中白人者，本汉之遗裔也。昔汉武伐西南夷，汉末，蜀相诸葛亮渡泸水讨定之，由是汉人□□□□□□□□□□□□□□□□□□□□□□□人之风，盖质美而通学者也，其惟设立学校。推其通□□□□□□□□□□□□□□□□□□之道以明□□□□化服，化成俗定，其政可不严而治也。平章公

① 刘文征撰，古永继点校，王云、尤中审订：《滇志》，云南教育出版社，1991 年，第 304 页。

② 同上，第 320 页。

③ 同上，第 294 页。

曰：若斯□□□□□□□□□郝张曰：□□□民逸居无教，□□□之亦由此道，学校如林，多士乃号吾道一贯天下也。何□□□□□□□□嘉纳之，□蜀士赵传弼充大理□学□□□□生员，许复其身，余者路府亦皆然。①

这段碑文中不少文字缺失，从留存的记述可以看到，新上任的脱脱木儿向郝天挺等人咨询治理云南的方略。在论及云南教育现状时，碑言“云南西陲，俗通天竺，徒事释氏之书，虽有设科取士，未得其正”，认为云南地处西南边陲之地，深受印度佛教的影响，大理国时期选拔士子采取儒释并举的方式失却正统。如何改变云南的教育现状，脱脱木儿采纳了中奉大夫参知政事郝天挺、嘉议大夫签省张汝贤、承务郎员外焦征提出的在云南设立学校的建议。从郝天挺等人的回答可得知原因主要为：一是，在云南众多的民族中，白族即“白人”（被误认为是汉人的后代），汉文化的程度较高。“白人”是元代实现对云南统治的重要民族基础。二是，通过建设学校，普及汉文化，产生化服云南本土民族的巨大作用，可以达到利于统治的目的。碑文言“学校如林”，表达了他们对未来云南学校建设的展望。可以说，脱脱木儿与郝天挺等人在云南建立学校这一问题上达成了一致。为了建设学校，脱脱木儿任命专人当任地方教育官员。蜀士赵傅弼是充任大理地方第一批教育官员的代表。

至元丁丑春（1337），宣威将军前大理金齿等处宣慰使都元帅授中庆路达鲁花赤当道间重修安宁文庙。《重修安宁州文庙记》载“于大德壬寅就于州阴隅三百余步，创建文庙，尊宣圣之道像教也。”② 这里“大德壬寅”即 1302 年，始建文庙的地点在州阴隅附近。碑中述及达鲁花赤重修文庙的原因，碑言：“天历己巳寓因兵历业祸连，黎民散亡，庙宇损坏，古殿灵光，生于荒草。孔林残树，噪于暮鸦。礼乐不兴八九年矣。”可知天历己巳即 1329 年因兵燹百姓逃散，庙宇损坏，庙学废弃多年。当道间为忠孝之人，崇尚儒学，

① 《大理路兴举学校记》，杨世钰主编：《大理丛书·金石篇》10，中国社会科学出版社，1993 年，第 12 页。

② 杨世钰主编：《大理丛书·金石篇》10，中国社会科学出版社，1993 年，第 20 页。

为了“劝教官民，敦厚风俗”，后遂重修孔庙。当道间集结了安宁州的官员重修孔庙，具体参与者有“承务郎安宁州达鲁花赤火即，安宁州知州高庆，忠显校尉同知安宁州事张思恭兼（监）造。敕授安宁判官李必禄，吏目李君裕，仓使赵铭，司吏董崇、杨君、张庆、董坚，监司提领罗清，大使李君，副使施贤，税官提领李均，大使杨君，副使谢伯珍。”①

三、元代崇佛

南诏、大理国时期崇信佛教，佛教在云南根基深厚。元代开国之君忽必烈在保持云南地方佛教文化传统方面做出了表率。

崇圣寺作为南诏、大理国时期的皇家寺院，有着庄严的寺宇、高耸的佛塔，弥漫着浓郁的宗教氛围。

忽必烈两次到崇圣寺礼佛，一次为平定云南之后，一次为其登极之后。大理国最后一代国王段兴智的叔父段福曾两次陪同忽必烈到崇圣寺瞻礼②，并用诗歌记述了当时的情形。忽必烈对大理的佛教文化如此青睐，与元代上层社会多元信仰并存的氛围相关。元代以藏传佛教为国教，对汉地佛教、儒教、道教，乃至外来的伊斯兰教、基督教等采取宽容的态度。忽必烈在推动佛教传布方面有诸多的业绩。他个人“万机之暇，自持数珠，课诵，施食”，1261年建大乾元寺、龙光华严寺，1285年“发诸卫军六千八百人，给护国寺修道”，于西京普恩寺集全国僧侣4万人举行资戒会7日，并令帝师于各大寺庙做佛事19会。1287年，命西藏僧侣在宫廷以及万寿山、五台山等地举行佛事33会。忽必烈“自有四海天下，寺院田产二税尽蠲免之，普令缁侣安心办道”③，免除了寺院田产的税收，目的是令僧侣安心修持。

此后元代诸帝对待佛教多依从世祖之例办理。成宗于大德元年（1297）建临洮寺，又在五台绝境建万寿佑国寺。大德五年（1301），“赐昭应宫、兴教寺地各百顷，兴教仍赐钞万五千锭；上都乾元寺地九十顷，钞皆如兴教之

① 杨世钰主编：《大理丛书·金石篇》10，中国社会科学出版社，1993年，第20页。

② 朱安女：《文化视野下的白族古代碑刻研究》，巴蜀书社，2012年，第99-101页。

③ 《佛祖历代通载》卷二二，转引自杜继文主编：《佛教史》，江苏人民出版社，第444页。

数；万安寺地六百顷，钞万锭；南寺地百二十顷，钞如万安之数”①，对昭应宫、兴教寺、乾元寺、万安寺、南寺大量赐地、赐田。

至大四年（1311）武宗颁大崇圣寺圣旨，圣旨被刻石立碑。碑言：

长生天气力里，大福荫护助里。皇帝圣旨：军官人每根底，军人每根底，管城子达鲁花赤官人每根底，来往使臣每根底，宣谕的圣旨。成吉思皇帝、月吉歹皇帝、薛禅皇帝、完泽笃皇帝、曲律皇帝圣旨里：和尚、也里可温、先生、不拣甚么差发休着者。告天祝寿者道来，如今依在先圣旨体例里，不拣甚么差发休着者。告天祝寿者，么道。哈剌章有的大理崇圣寺里，有的释觉性、释主通和尚每根底，执把的圣旨与了也。这的每的寺院房舍，使臣休安下者。铺马只应休与者，税粮休与者。但属寺家的产业、园林、碾磨、店铺、席、浴房、人口、头疋，不捡甚么休夺要者。更这和尚每拟着有圣旨么道，无体例的勾当休做者。若做呵，不怕那甚么？圣旨②。

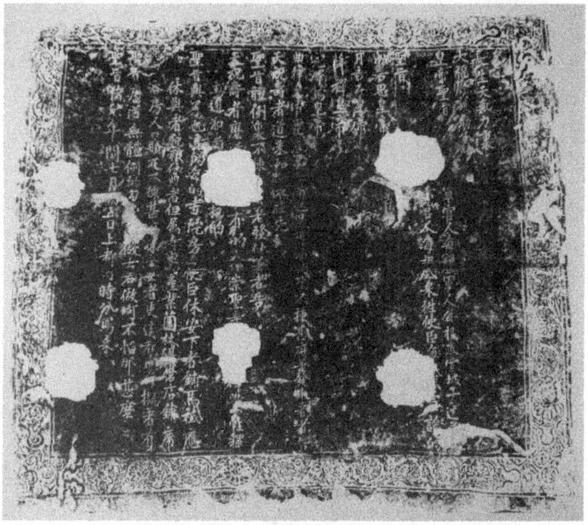

图三十七　元大崇圣寺圣旨碑。图片来源于杨世钰主编：《大理丛书·金石篇》1，中国社会科学出版社，1993年，第67页。

这道圣旨用“差发”一词概括兵役、劳役及各种赋税。圣旨明确规定，在社会各阶层的人都需要承当役务，唯一能得豁免“差发”的是佛教僧侣。

① 宋濂等撰：《元史》，中华书局，1976年，第434页。

② 《元大崇圣寺圣旨碑》，杨世钰主编：《大理丛书·金石篇》10，中国社会科学出版社，1993年，第19-20页。

崇圣寺的房舍、田产、园林等寺产皆不能侵夺，受到官方保护。

图三十八　昆明筇竹寺圣旨碑。左图为汉文（碑阳），右图为蒙古文（碑阴）。图片来源于杨世钰主编：《大理丛书·金石篇》1，中国社会科学出版社，1993年，第60–61页。

延祐三年（1316）《昆明筇竹寺圣旨碑》中，仁宗明确规定筇竹寺的产业不得侵占。碑言："圣旨宣玄坚，教修本寺里藏经殿，并寺院房舍。完了者，差发铺马一应休当者，税粮休当。但系寺院的田园、地双、人口、头疋、铺面、典咨堂不拣甚么的。是谁休夺要者，休倚气力者。更者，和尚每有圣旨，么道没体例依勾当做呵，他更不怕非甚么。"① 依圣旨的汉语译文，寺院中的僧侣、田产等均受到保护。

① 杨世钰主编：《大理丛书·金石篇》10，中国社会科学出版社，1993年，第18页。

元代云南地方官员积极修缮佛教寺庙，新建了不少佛寺。

大胜寺本为大理国时期的一处道场，至元二十一年（1284）云南省参政段昔苴日请奏朝廷复归僧司，其后大胜寺经多位官员修缮。《大胜寺修造记》碑载：

> 中庆府大胜寺者，昔段氏偏据之时，乃一道场。圣元癸丑，天兵南下，混一之后，此道场为外道夺居者数载。至元二十一年甲申岁，云南省参政段昔苴日闻奏朝廷，圣恩准奏，复归僧司。至元庚寅，前总统唆南编，与云南行中书省平章也先卜花，钦奉薛禅皇帝圣旨，创开故基建立大殿一所，塑三身化佛。大功未就，三四年间鞠为茂草。迄甲午岁，梁王镇于兹土，都总统节思朵以王师之重，掌释教之权，宣演法门，护持僧众。元贞乙未，都总统律积速南巴继来莅事，下车之初，一乃心力修葺云南诸寺，大小一千余所。特于大胜寺躬为主盟，化檀那而增工食，倾囊钵以置地双，撤旧从新。丹楹刻桷，莲座俨紫金之相，顶轮耀众宝之光。绘诸佛千百化身，图华严五十三会，二位上师善财童子咸在焕焉①。

从这段记载中可知，在大胜寺复归僧司管辖之后，公元1290年云南总统唆南编与行中书省平章也先卜花奉元世祖的圣旨，在大胜寺旧址上新建大殿一座，塑三身化佛，但未完成。“甲午岁”即1294年梁王统率云南，都总统节思朵掌管释教护法。“乙未”即1295年，都总统律积速南巴继任，修葺云南诸寺达一千多所。其中在修复大胜寺的过程中“化檀那而增工食，倾囊钵以置地双”，可谓不遗余力。经过修缮，大胜寺不仅建筑雄伟，而且绘诸佛千百化身和华严五十三会，更显庄严盛大。

元贞元年（1295）中顺大夫中庆路总管李公和信士张成升、杨成奴等人一起修建妙应兰若塔。《妙应兰若塔记》载：“今有信士张成升、杨成奴等三十五人，近因中顺大夫中庆路总管李公建此梵宇之事而发信心，共结良缘，

① 杨世钰主编：《大理丛书·金石篇》10，中国社会科学出版社，1993年，第14页。

建兹宝塔。使人天之瞻仰，念念发心，得神明之护持，时时增福。”①

图三十九　大胜寺修造记。图片来源于杨世钰主编：《大理丛书·金石篇》1，中国社会科学出版社，1993年，第48页。

延祐七年（1320）资善大夫云南行中书省左丞阿昔思建滇城圆通寺。《创修圆通寺记》载：“滇城之北陬一里许有岩曰盘坤，谽谺珑玲，万石林立，一峰屏峙，势如偃箕，极幽胜所也。下且衍可广可栖，有寺曰圆通，资善大夫云南行中书省左丞阿昔思之所新也。”② 依碑文所载，此寺本为南诏蒙氏所建。碑言：“往昔蒙氏窃有兹土，严有洞穴，蛟潜其中，大为民害，蒙即严而寺，曰‘补陀罗’，以填之而蛟害息。”可知这座寺因镇蛟患而建，最初名为“补陀罗”。后来元世祖平云南时，补陀罗寺毁于兵燹。碑载：“岁甲寅世祖皇帝天戈南指，十赕六诏犂颡厥角望风来庭。六飞既北，明年余寇陆梁，而寺毁于兵燹矣。”此后寺院荒芜三四十年。资善大夫云南行中书省左丞阿昔思曾与叔父武德将军临安路治中阿的术谋划重修之事，无奈未开工前阿的术于大德五年（1301）去世。也在这一年，阿昔思一人承担并发起补陀罗寺的重修一事，直至延祐六年（1319）落成。“乃基严之巅创观音大士殿三楹，由西术蹑虚而登，高朗雄丽，山川城郭，一目可得。岩之南建殿三楹以庋藏经，经舟玫于杭，上所赐也。又南为殿三筵像释迦如来其中，又南为重屋栖钟其上，树两塔其傍，金碧丹臒，焜耀夺目，门闳斋寮，庖湢庾庴，丈室云堂跂翼左右，后土有祠，常住有田，汤沐有室，卉木

① 杨世钰主编：《大理丛书·金石篇》10，中国社会科学出版社，1993年，第13页。
② 同上，第18页。

篁竹，果林蔬圃，映带后前。”① 可见重建的圆通寺依山势而设，布局有序，建造了观音大士殿、藏经殿、释迦如来殿、钟楼等，常住田种植粮食作物、蔬菜果林，十分完备。

泰定二年（1325），中顺大夫大理军民总管段隆重修崇圣寺。《大崇圣寺碑铭并序》：“大理崇圣寺者，在郡之点苍山下，蒙氏之所创也。寺既灾，武定公为大檀越，出己财缮治，庄严经像，殿庑焕然复新。三塔峙立，金碧交辉，巨丽与山埒，望之如昆阆间物。舍田供僧，日百许人。”② 经过重修，崇圣寺恢复了往日皇家寺庙的雄伟壮丽，僧侣的人数也达百余人。

对于佛教高僧，元代统治者通过敕授玺书彰表、授职、修造寺院助其布道等方式加以笼络，给予极高的礼遇。

一是对高僧敕授玺书，彰表德行。崇圣寺住持觉性曾两次受皇帝表彰。《大崇圣寺碑铭并序》载：“住持僧曰觉性也，两被玺书覆护，寺益显矣。”③《雄辩法师塔铭》载：“梁王云南王以天属之尊，事师甚严。”④ 可以看出梁王、云南王对雄辩法师极为尊敬，尽心崇奉。

二是赏赐高僧并授予官职。张明，释号道真，因祈雨有功受云南王赏赐，并任碑殿长老。《张长老墓碑》载：“皇庆元年春，中奉大夫肃政廉访使玄庭张子元临按大理，（下阙）云南王因命祈晴祷雨，莫不立应，累锡赏赉。夏四月，敬奉（上阙）命□充平云南碑圞长老，复蒙云省札，榜谕提调碑殿，仍（下阙）生三嗣，明、连、福也。”⑤ 皇庆元年即1312年，为仁宗执政时期。春季中奉大夫肃政廉访使玄庭张子元巡按大理，命张明祈晴祷雨无不立应，因此受到封赏。四月，张明奉命充云南碑殿长老一职。《段氏长老墓碑铭并序》载：“福生成，今之长老，则成之子也。幼怀贞德，日进忠孝之心，长乃贤良，时思懋德之志。时大理总管段忠顺见其忠信，善行精专，荐其材于宣

---

① 杨世钰主编：《大理丛书·金石篇》10，中国社会科学出版社，1993年，第18页。
② 同上，第19页。
③ 同上。
④ 同上，第15页。
⑤ 同上，第16页。

政院，号为大师，亦以其主功□□事则神人□风行化合，无所不宜矣。”① 段成自幼贞德，成人后因贤良忠信，精专于释事，被大理总管段忠顺举荐于宣政院，号为大师。

三是为高僧建造寺院，助其传法布道。如宣慰安举宗、亦佐，土县朱龙海等曾为玄鉴禅师建造法正寺。《太华山佛岩寺无照玄鉴禅师行业记》（一）载：“宣慰安举宗、亦佐土县朱龙海等，感师德化，建正法寺以居之。”② 后来玄鉴禅师为百姓平息了正法寺南十里许的龙湫之患，声闻王庭，后梁王向玄鉴禅师亲自问道，并为禅师建佛岩宝刹。碑言：“又寺南十里许，有山名天马，下有龙湫，叶落触波，则风雨竟夕不止，民甚畏之。师至龙湫，振锡旋绕，举世尊化迦叶因缘种种说法，龙闻法徙去不复为患。遂建寺名安国，山曰真峰。”此后，梁王又为其建佛严寺。碑言：“未几，法席大振，皈投者众，声闻王庭。梁王讳甘剌麻，遣使迎师问道。师将法席付席徒镜中等，随使入对，首开心地法门，次

图四十　段氏长老墓碑铭并序。图片来源于杨世钰主编：《大理丛书 · 金石篇》1，中国社会科学出版社，1993年，第88页。

① 杨世钰主编：《大理丛书 · 金石篇》10，中国社会科学出版社，1993年，第25页。
② 同上，第16–17页。

举惟心净土。王不甚欢忻，时大德丙午春。命平章也先不花，同御史陈师廉等卜斯地以建梵刹，一载而成。赐寺额曰：佛严。山曰太华。延师为开山第一祖。”① 玄鉴禅师任佛严寺开山第一祖之后，声名远播。碑言：“王公贵人，或登山问道，或入内授法，均获胜益。如平章也先不花、御史陈师廉、参政也罕的斤、安南使宁端甫、同知杨立义，暨清远居士等，该得洞明心地，直达无为者也。”② 平章也先不花、御史陈师廉、参政也罕的斤、安南使宁端甫、同知杨立义、清远居士等王公贵人先后登太华山向玄鉴祥师问道，入佛严寺礼佛，或是请禅师入内授法。

在中央与地方的合力推动之下，佛教在元代得到了发展。

一是禅宗盛行。如大觉禅师、玄鉴禅师、瑞岩长老均为当时知名的禅师，这些禅师法席昌盛，法嗣绵延。

盘龙庵大觉禅师乃晋宁段氏，为大理白选官之苗裔，在二十九岁时投昆阳普照山大休禅师高弟云峰和尚，祝发受具，讳崇照，号莲峰。“后至正辛巳年间，云游江湖，参谒知识，首投空庵和尚，受三聚大戒”，投空庵受戒之后与无文等七道友开盘龙庵于晋宁之东峤，“缁白辐辏，门徒数百有余，成大宝刹”，盘龙庵成为僧俗汇聚之地。他的门徒多达几百人，盘龙庵也成为一大宝刹。后来，“滇宪监司益德弥实卜花执弟子礼，叩问心要，钦受大戒，确请师住本郡之圆通寺，力辞不获。合郡官民，铙鼓幢盖喧埒填郭，嗟叹迎接。住四载，欲倡化大理路，经禄丰，檀越倾信，结庵县治之东山。经二载，乃入理郡，驻舄崇圣。明年，平章政事段敏斋阶品甸大王宝花，延住云南水目山，亦经二载。”③ 这段文字记述了大觉禅师驻水目山前后的经历。滇宪监司益德弥实卜花请求大觉禅师纳自己为徒，并请玄鉴禅师住持圆通寺，禅师推辞。后在该郡军民竭力邀请下住持圆通寺四年。后来，大觉禅师想倡化大理路的佛教，途经禄丰时又在此地结庵。二年后，住崇圣寺，第二年延住祥云水

① 杨世钰主编：《大理丛书·金石篇》10，中国社会科学出版社，1993 年，第 17 页。

② 同上。

③ 《大盘龙庵大觉禅师宝云塔铭》，杨世钰主编：《大理丛书·金石篇》10，中国社会科学出版社，1993 年，第 26 页。

目山。

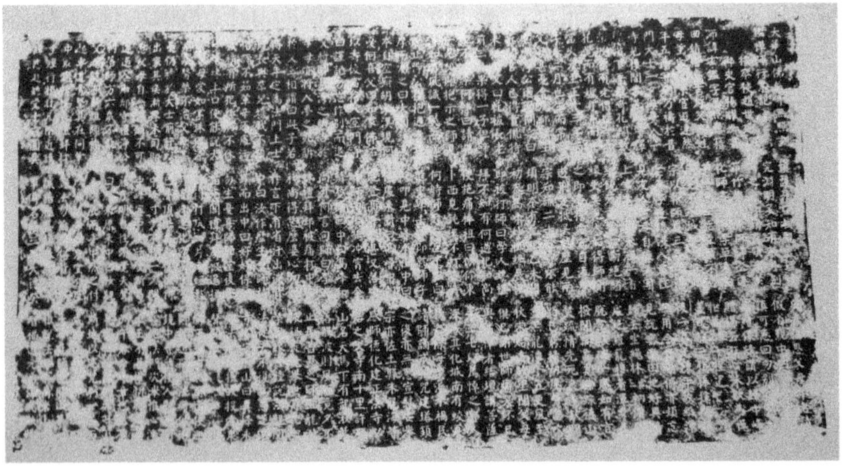

图四十一　太华山佛岩寺无照玄鉴禅师行业记。图片来源于杨世钰主编：《大理丛书·金石篇》1，中国社会科学出版社，1993年，第59页。

玄鉴禅师父姓高，母董氏。“父母自念前愿不可违，送入虎邱寺，礼净公剃落。……十六圆具慎护身口教，观义理，博究渊明，及知有教外别传之旨，即请益领，参于筇竹雄辩法师。”① 可知玄鉴禅师年少时入虎邱寺剃落，之后又参于筇竹雄辩法师。其后玄鉴自滇黔云游荆楚，抵吴越，参高峰妙祖、中锋和尚，先后住持正法寺、安国寺，成为佛岩寺的开山第一祖。后来玄鉴禅师受大理世守段忠公之邀就崇圣寺②。

瑞岩长老本为怯薛官兀鲁氏子，“至治初，年甫十四，投中庆妙高山月禅长老，祝发为僧，初受沙弥戒法，学习经文，侍师左右。”瑞岩长老十四岁时投月禅长老祝发为僧，受沙弥戒。之后，“蒙土官高侯延之以金轮寺。既经年，遍谒苍珥间，时总管段奉训，复任以大光明寺。权数十年，僧徒供馔，

① 《太华山佛岩寺无照玄鉴禅师行业记》（一），杨世钰主编：《大理丛书·金石篇》10，中国社会科学出版社，1993年，第16页。

② 《太华山佛岩寺无照玄鉴禅师行业记》（二），杨世钰主编：《大理丛书·金石篇》10，中国社会科学出版社，1993年，第17页。

院宇修葺，大有功效，远近□□□□”①。经过八九年的修行，瑞岩禅师受高侯延请住持金轮寺。后又到大光明寺任住持，经过十年的努力，大光明寺院宇得到修葺，佛法隆盛。

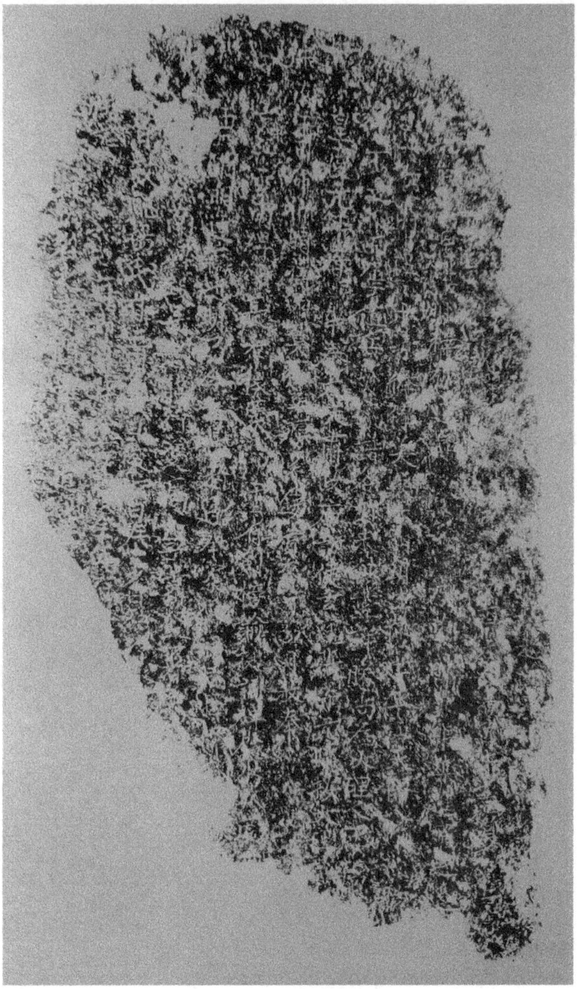

图四十二　张长老墓碑。图片来源于杨世钰主编：《大理丛书·金石篇》1，中国社会科学出版社，1993年，第54页。

二是，密宗也得到发展。《张长老墓碑》载：“皇庆元年春，中奉大夫肃政廉访使玄庭张子元临按大理，（下阙）云南王因命祈晴祷雨，莫不立应，累锡赏赍。夏四月，敬奉（上阙）命□充平云南碑䢸长老，复蒙云省札，榜谕提调碑殿，仍（下阙）生三嗣，明、连、福也。明乃今之长老，遵奉家传，洞晓释儒，（下阙）（上阙）云南碑殿长老解行双高，学业益著，而（下阙）以百数。”② 从碑文可知，《张长老墓碑》的碑主为张明。张明的父亲张子元在皇庆元年（1312）担任碑殿长老一职，张明继承父业成为碑殿长老。从碑文可知张子元被任命为碑殿长老的程序。碑文

① 《大光明寺住持瑞严长老智照灵塔铭并序》，杨世钰主编：《大理丛书·金石篇》10，中国社会科学出版社，1993年，第27–28页。

② 杨世钰主编：《大理丛书·金石篇》10，中国社会科学出版社，1993年，第16页。

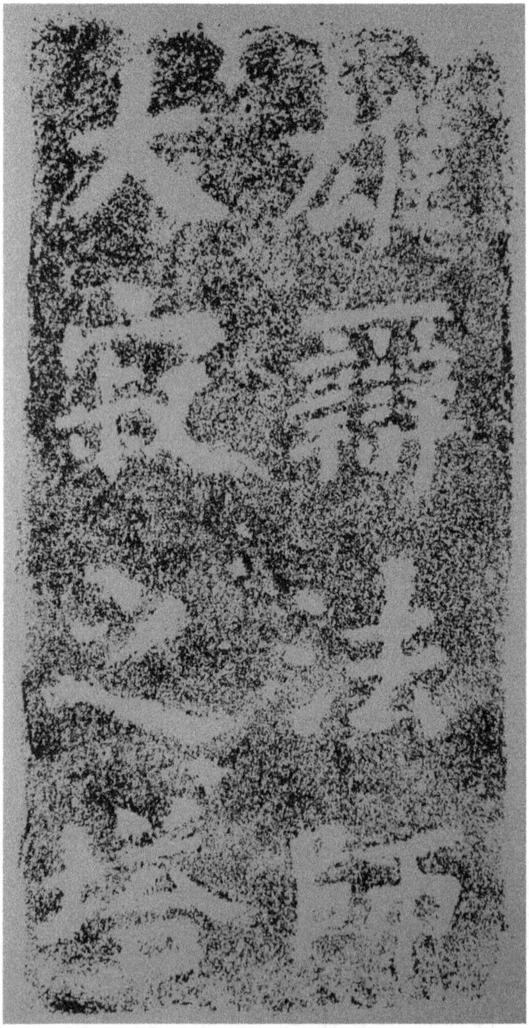

图四十三　雄辩法师塔铭。图片来源于杨世钰主编：《大理丛书·金石篇》1，中国社会科学出版社，1993 年，第 50 页。

言“敬奉（上阕）命□充平云南碑殿长老”，又言“复蒙云省札，榜谕提调碑殿”。可知张子元先是得到云南王的任命，经上报朝廷审批后，进行了榜谕公示，才提调碑殿任职。碑殿长老应为元朝的正式官职。其次，从张明父子行状可知，二人能够充当碑殿长老一职，具备了相应的修养条件。碑文言张子元“祈晴祷雨，莫不立应，累锡赏赉”，言张明“遵奉家传，洞晓释儒，（下阕）（上阕）云南碑殿长老解行双高，学业益著”。说明张子元具备能够控制天象变化的超凡能力，其子张明则通晓释、儒文化。可以说良好的家庭教育和文化背景以及个人丰富的学识修养是朝廷任命碑殿长老的条件。

另外，还可以看到，元代的墓碑上除了书刻汉字之外，同时刻有梵文经咒。如五华楼碑殿遗址发现这种类型的碑 33 件，另有 8 件金石文献有梵文而无汉字。佛教经典也被翻译为白文。《雄辩法师塔铭》载：“□乌爨人说法，□□□□严经、维摩诘经，□□□□□以爨人之言，于是其书盛传，解者益众”①，可

① 杨世钰主编：《大理丛书·金石篇》10，中国社会科学出版社，1993 年，第 14-15 页。

知佛教经典也译为白文。

元代佛教的发展使得民风淳化。《雄辩法师塔铭》载："六诏之俗悍而好□□于死亡，虽□□之威不知畏也。自归我大元，合为一家，数十年间无征伐之祸，□□壮老者□，去□出暴，□□由仁，果孰使之然哉！维大雄氏之教至□□，大千世□□□□□□于不杀害。"① 这里言原来的六诏之民风彪悍。自元朝统一天下后，六诏合为一家，彼此之间无战争，佛教功在使人心归仁，免于杀戮。

第七节　白族古代金石文献与明清时期的文化制度

明代在继承元代行省制的同时采取诸多措施，加速云南融入大一统的政治轨道。随着清代中央集权的统治进一步加强，白族文化进一步向汉文化转型。

一、明清时期白族金石文献概况

明代留存的白族金石文献最早的为洪武十六年（1383）的《明征邓川战殁官军遗骸碑》，最晚的为南明永历十二年（1658）的《明孝廉遂初杨公墓志铭》，时间跨越了275年，留存碑刻、摩崖、官印等三百余件。

清代留存的白族金石文献最早的为顺治二年（1645）的《赠瑞宇上人室碑记》，最晚为宣统三年（1911）的《向湖屯赵氏宗祠碑记》，时间跨越了266年，留存碑刻、摩崖、官印等共计二百余件。

明清时期无疑是白族古代金石文献留存数量最多的阶段②。明清时期尊经兴教，产生了不少宣扬儒家教化的金石文献；从中央到地方对文庙、寺院、桥梁、城池等建筑进行了修建复兴，产生了大量记录修复情况的碑记；墓葬文献兴盛，汉化色彩浓厚；白族与汉、蒙、满、回等多民族进一步融合，白族金石文献中出现多语种、多文体、多元文化交汇的新气象。

---

① 杨世钰主编：《大理丛书·金石篇》10，中国社会科学出版社，1993年，第14-15页。

② 以上数据统计根据杨世钰主编《大理丛书·金石篇》，中国社会科学出版社，1993年版。

二、尊经兴教

明朝建立后，视儒学为文化的正统。明代宣宗发表儒学箴言，这篇专文被刻于石碑上，并于宣德七年（1432）树立。碑言："君国子民，教之育之。有育无教，或沦于夷。置吏俾育，建学俾教。为教之方，本乎师道。清修实践，正学博闻。成己成物，师道用尊。为学之方，体仁由义。诵法周孔，亦致文艺，化民成俗，以善其乡。成德达材，以资于邦。本末循循，用臻实效。勗尔师生，毋忝学教。"① 在宣宗看来，"教"和"育"是不可或缺的两个部分，崇尚教育可以化成民俗，引导乡里向善；可以培养德才兼备之人，成为国之栋梁，这是国家的根本，他殷切希望师生勿使教育蒙尘。

图四十四　儒学箴碑。图片来源于杨世钰主编：《大理丛书・金石篇》3，中国社会科学出版社，1993 年，第 34 页。

这一思想得到了清代统治者的认同与回应。

康熙四十八年（1709）《训饬士子文》碑立，碑言："国家建立学校，原以兴行教化，作育人才，典至渥也。朕临驭以来，隆重师儒，加意庠序。"② 这里，康熙皇帝强调了建立学校、发展教育的重要性，表明自己即位后加强儒学教育，倡导尊师重教的风气。

---

① 《儒学箴碑》，杨世钰主编：《大理丛书・金石篇》10，中国社会科学出版，1993 年，第 86 页。

② 同上，第 156 页。

公元1780年《钦命刊立雍正训饬士子文卧碑》树立。这通碑书刻了雍正皇帝、乾隆皇帝训饬士子的八条规范：

一、生员之家，父母贤智者，子当受教。父母愚鲁，或有非为者，子既读书明理，当再三恳告，使父母不陷于危亡。

二、生员立志，当学为忠臣清官。书史所载忠清事迹，务须互相讲究。凡利国爱民之事，更应留心。

三、生员居心忠厚正直，读书方有实用，出仕必作良吏。若心术邪刻，读书必无成就，为官必致祸患，行害人之事者，往往自杀其身，当宜思省。

四、生员不可干求官长，交结势要，希图进身。若果心善德全，上天知之，必加以福。

五、生员当爱身忍性。凡有司官衙门，不可轻入。即有切己之事，止许家人报告，不许干预他人词讼；他人亦不许牵连生员作证。

六、为学当尊敬先生。若讲说皆须诚心听受。如有未明，从容再问。毋妄行辩难。为师长者，亦当尽心教训，勿致怠惰。

七、军民一切利病，不许生员上书陈言。如有一言建白，以违制论，黜革治罪。

八、生员不许纠党多人，立盟结社，把持官府，武断乡曲。所作文字，不许妄行刊刻，违者听提调官治罪①。

这八条训文承袭了康熙皇帝《训饬士子文》的精神，同时结合时代特点，对士子的道德与行为提出了更为明确的要求：一是生员之家，如果父母贤明而有智慧，其子应当接受父母的教育。如果父母愚昧而粗鲁，做了不该做的事，士子既然已读书明理，应该再三恳求父母不要再做错，并忠实相告利害关系，让父母不至于陷于危险的处境或是因此丧生。二是生员应当立志并学

① 杨世钰主编：《大理丛书·金石篇》10，中国社会科学出版社，1993年，第171-172页。

习成为忠诚、清廉的官员。士子之间应该经常谈论和学习历史记载的忠诚、清廉官员的事迹。但凡利国爱民的事情，士子应该更加留心。三是生员为人应该忠厚正直，只有这样读书才能有用，入朝为官才能成为良吏。若是心术邪恶尖刻，读书也必定无所成就，为官也必定导致祸患。做出害人的事情，往往还会祸及己身，所以应当好好反思自省。四是生员不可以巴结官长，为了晋升而结交权贵势要。如果心地善良、道德修养高，上苍是会知情并降福于人的。五是生员应当自爱而有忍耐性。凡是司官衙门不可以随便进入。即使有关乎切身利害的事情，只允许家人报告。不允许生员干涉他人的词讼，其他人也不允许牵连生员作证。六是生员应该尊敬先生。如果先生教育应该虚心听取。如果有不明白的地方，生员应该慢慢向先生询问，不要乱说或是与先生争辩。作为师长，也应该尽心教训士子，不要让他懈怠懒惰。七是有关军队、百姓的利病，不允许生员上书陈言。如果提出建言，违背规定，就要罢黜或是革职惩处。八是生员不允许纠集党派，结盟结社，把持官府，武断是非曲直。生员的文章不允许随意刊刻发行，违背这些规定的生员交由官府查办治罪。

以上三通圣旨碑是明清时期统治者提倡尊经兴教，宣扬儒学正统地位的重要碑刻。与此同时，明清时期地方官员积极修建文庙、尊经阁、书院，形成了地方对中央政策的响应，推进了儒学教育的发展。

成化十九年（1483）秋，中宪大夫土官知府左瑛重修蒙化府学校殿堂斋舍，建尊经阁三间。《新建尊经阁记》载：

> 中宪大夫土官知府左瑛，素歆慕圣道，崇尚儒术，累欲修治，念民穷财匮，不忍兴作。成化十九年秋，乃劝谕本府蒙城乡东葵里义官张聪字仲谋者，出白金千余两，鸠工集材，陶灰运甓，朽者易之，欹者正之，漫漶缺漏者涂墍而黝垩之。殿中炉瓶，铸之以铜。殿前阑干，琢之以石。又鼎建尊经阁三间，贮书柜一座。五彩绚耀，金碧辉煌。舍田地十数双，以给师生之会馔，建廪廒以贮岁入之稻粱①。

① 杨世钰主编：《大理丛书·金石篇》10，中国社会科学出版社，1993年，第65页。

图四十五　新建尊经阁记。图片来源于杨世钰主编：《大理丛书·金石篇》2，中国社会科学出版社，1993年，第93页。

碑中“蒙化府”即今之大理巍山。从这段碑记中可知，这次修建蒙化府学校的殿堂、斋舍、尊经阁等是由地方知府左瑛主事，义官张聪出资修建完成的。奉议大夫云南按察司提督学校佥事郴易何俊撰写了碑文，奉议大夫云南按察司洱海道佥事豫章邹儒篆额，奉议大夫云南按察司金沧道佥事宛陵董纲负责书丹，可见蒙化府学校的修建得益于官员们的分工协作。

明朝正德一年（1506），鹤庆尊经阁创建。《鹤庆军民府创建尊经阁记》载：“鹤庆为郡，又在滇之西南陬。学舍肇于往昔，岁久倾陋，漫无可观。而尊经一阁，比之内地，尤为缺典。”① 鹤庆知府刘钰、通判王景祥、同知杨金、推官胡田，照磨方登，经历陈銮，检校白璧、教授吕尚功、训导谢□□，□□□□□□正房吏段守中、杨资□经过筹划，捐出俸资，合力修葺了尊经阁。碑载：

① 杨世钰主编：《大理丛书·金石篇》10，中国社会科学出版社，1993年，第70-71页。

殿庑门堂，次第修举。朽者易之，隘者拓之，旧者新之。明伦堂之后，创作尊经阁，为楹若干，为栋若干，高广益称是。上肖宣圣遗像，翼以本笥□□降制书及经籍若干卷于其中。下至廨舍碑亭垣墙之类，布置精密，焕然改观①。

通过维修，鹤庆府舍学的殿庑门堂焕然一新，正是腐朽的被换新，狭窄之处被开拓，陈旧的得到更换。尊经阁中供奉了孔子圣像，经籍置于阁中。不但经卷藏书得到充实，而且学舍整体布局变得井然有序。

图四十六　鹤庆军民府创建尊经阁记。图片来源于杨世钰主编：《大理丛书·金石篇》2，中国社会科学出版社，1993年，第112页。

正德十四年（1519），推官陶滋、儒学教官景云、郝凤朝、李兴、吴崇儒、陈汝明重修大理文庙。《重修文庙塑诸贤像记》② 载，正德乙亥（1515）地震，建于元代的文庙殿庑倾倒，殿中圣像的四配像、十哲像皆剥落塌毁过半，两庑殿中的诸像也被毁坏。陶滋到任后，见文庙破坏严重，心有不安。于是倡导众官僚捐出俸禄修葺文庙，对百姓分文不取。在官员的带动下，百姓也积极参与修缮，大理文庙为之一新。

嘉靖六年（1527）大理府同知周儒协同教谕白远、训导温信、张洁等人创建太和县文庙，建大成殿三楹、东西庑各三楹、大成门五楹，前为泮水，外为棂星门。《创建太和县学文庙记》碑载：

① 杨世钰主编：《大理丛书·金石篇》10，中国社会科学出版社，1993年，第70-71页。

② 同上，第75页。

图四十七　创建太和县学文庙记。图片来源于杨世钰主编：《大理丛书·金石篇》3，中国社会科学出版社，1993年，第10页。

□□定云南，始置郡县，立学校，风教被育百年，而大理遂为名郡。诗书文物，比于诸华，人才彬彬，兴□□□□□□，洪武二十七年，而庙制犹缺，葺仍一厦，设先圣燕居之像，仰瞻弗称。前议建者累矣，而竟弗就。嘉□□□□□澄江以更贤来守，始谒庙视学，即曰：此甚非右圣灵，重教本也。乃进教谕白远，训导温信、张洁诸□□□□□拓明伦堂东隙地二亩许，曰：是足基矣。乃白兵宪太仓姜公龙，嘉允之。计苍山书院田租之入，得五□□□□构矣。姜公适按玄真观道流之罪，毁观撤材益之。时通判周昆承毁观事，综理其间，择委太和所千户□□□张守成董其役。无何，姜公谢政去。适兵宪蜀灌周公崇义代之，先后继作，益经厥心。乃命新任太和县□□□增，百尔咸具。建大成殿三楹，东西庑各三楹，大成门五楹，前为泮水，外为棂星门。役不逮时，费不过计，□□□华。经始于岁乙酉冬，考成于丁亥春。遂举菜祀，士类欣蹈，远迩改观①。

嘉靖六年，葛恒治大理，见太和县没有建立文庙，便向兵宪姜龙禀明情

① 杨世钰主编：《大理丛书·金石篇》10，中国社会科学出版社，1993年，第79页。

况，获准建立文庙。之后，葛恒与教育白远、训导温信、张洁等合力筹建文庙。丁亥春（1527），文庙建成，举行莱祀。

雍正十三年（1735），黄文相捐金二百，中宪大夫知鹤庆军民府事姚应鹤请示上司应允后重修鹤庆府学宫，并撰写碑记。儒学教授赵淳、训导余鲲、绅士候选州同黄坤一起树立了学宫石碑①。

光绪二十三年（1897），安义镇总兵蒋宗汉等捐资重修鹤庆文庙，壬午科举人吏部拣选知县邑人杨金监敬庭撰写碑文，赐进士出身诰授奉政大夫翰林院庶吉士邑人赵鹤龄、孟云书写碑文②。

从以上碑记可见，明清时期，地方各级官员兴修文庙，振兴学校教育蔚然成风。通过这些碑记，可见修建者的初衷。

在《新建尊经阁记》中，可以看到人们对孔子圣教的尊崇、对巍山地方教育发展的寄望。记言：

> 圣人之道，神化之速，捷于影响，无古今之异，无彼此之殊，顾在上者崇信之何如耳。苟从信之，何华夷不可化之有。子贡谓：立之斯立，道之斯行，绥之斯来，动之斯和。子思谓：譬如天地之无不持载，无不覆帱。譬如四时之错行，如日月之代明。诚不我诬也③。

从这段文字可知，在修建者看来，儒家文化是化解华夷矛盾的重要资源，理应尊崇。基于这样的认识，蒙化府官员中宪大夫土官知府左瑛，劝谕蒙城乡东葵里义官张仲谋捐资修葺尊经阁，捐赠学田供给师生。记又言："蒙化僻在滇南一隅，诸夷杂处，自昔强梗难化。国朝设置府卫以控制之，建立学校以化导之，故百余年，气习丕变，风俗淳美。父子兄弟，各尽其道。士农工贾，各精其业。衣冠文物，彬彬然与中国齿，无复向日浇漓漓偷薄之风矣。

① 《修鹤庆府学宫碑记》，杨世钰主编：《大理丛书·金石篇》10，中国社会科学出版社，1993年，第163页。

② 《鹤庆重修文庙碑记》，杨世钰主编：《大理丛书·金石篇》10，中国社会科学出版社，1993年，第228-229页。

③ 杨世钰主编：《大理丛书·金石篇》10，中国社会科学出版社，1993年，第65页。

非圣化之神速而何？然蒙化学校虽建，学政虽举，学子虽盛，而殿堂斋舍久而弗葺，渐以脱落攲邪，弗完弗备。”① 这里谈到了巍山地处偏远，少数民族杂居，明代专门设立府卫加以控制并建立学校化导民风。通过教育，人们知晓父子之仪，各司其职。此地虽已建学校，学政已举荐，学子也多，但殿堂斋舍失修。又言“学者登斯尊经阁，睹斯贮书柜，食斯会馔田，遂感发兴起，敏勉进修，读圣人之经书，遵圣人之言行，出入乎礼门，翱翔乎义路，居乎广居，立乎正位，推明乎道德性命之理，讲求乎修己治人之方。他日出为世用，笙镛治化，霖雨苍生，其功名事业，岂不亦广大而悠久哉！若然，则圣人之神化愈彰，吾儒之文风益振，而于仲谋建阁舍田之美意，亦不姑亦。”② 这段话强调了修建尊经阁的重要意义在于使学子们可以登尊经阁阅读丰富的藏书。圣人之书，圣人言行是学子学习的典范和楷模，通过学习可以培养知礼仪、有道德、品格端正的人才。通过激发学子勤勉进修，可以实现彰显圣人教化、振兴本土学风的双重目的。

在《鹤庆军民府创建尊经阁记》中，碑文从三个层面论述了创建尊经阁的必要性。首先，“昔人谓学校者，政事之本，道德之归，不可一日废者”。言学校是一国政治的根本，对学校教育的重要意义予以充分肯定。进而碑言：“今刘君创建斯阁，一新学校，使郡之士，服方领，习矩步，而委蛇于其中者，仰列圣之制作，想宣圣之仪形，睹六经之垂训，争自濯磨，愈以通经学古为高，以明道虑德为急，以无负于圣明化导之恩为心。朝而读之，夕而玩之，尊所闻，行所知，以之发于文章，则侈为道德之英华。以之布于政事，溥为道德之膏泽。以之垂名竹帛，则溢为道德之声誉。”③ 从这里可以看出，创建尊经阁是新兴学校教育的一个部分，对于地方文化的发展来说，六经是记录圣人的言行和道德修养的经典，学习六经可以学习圣人的言行。通过学习熏陶既能够促使士子写出好文章，还可以提升个体的道德修养，进而培养成为通经、明道之士，为国效力、名垂青史。最后，修建尊经阁的意义还在

① 杨世钰主编：《大理丛书·金石篇》10，中国社会科学出版社，1993 年，第 65 页。
② 同上。
③ 同上，第 71 页。

于续接鹤庆自古重视教育的传统。碑言："故今滇南虽僻在荒徼，百叁十余年间，道德之一，政事之平，风俗之厚，人才之出，可与中州伍。盖崇重学校，经明道化之功，实不可诬者。鹤庆为郡，又在滇之西南陬。学舍肇于往昔，岁久倾陋，漫无可观。而尊经一阁，比之内地，尤为缺典。"① 鹤庆府虽地处滇南，但地方教育发展历史悠久，人才培养可与中州抗衡。无奈学校日渐破陋，尤其是校内的尊经阁，因此知府刘钰等地方官员萌生修缮之心。

在尊经兴教热潮的影响之下，不少书院得以修建。不少建于明代的书院在清代得以重修。据碑文记载，清代重修的书院多因咸丰年间杜文秀起义被毁或是受到破坏。《修中和书院始末序》载："咸丰丙辰年，杜逆倡乱，至丁巳已被焚。"② 这里言中和书院因杜文秀起义被焚毁。《玉龙书院告示碑》言玉龙书院学田因杜文秀起义而残毁③。

清代碑记中载述了重修情况。同治癸酉（1873）秋中和书院开始重建，光绪二年（1876）建成④。同年，又增建翼园⑤。光绪二年（1876），玉龙书院改建完成⑥。光绪三年（1877），位于大理迤西的西云书院建成⑦。光绪辛卯年（1891），在龙溪书院的旧址上玉屏书院建成。⑧

修建书院者除了在朝官员之外，也有地方绅士。如西云书院由"钦赐黄马褂头品顶戴记名提督前署云南提督前云南开化镇总兵调补广西右江镇总兵

① 《鹤庆军民府创建尊经阁记》，杨世钰主编：《大理丛书·金石篇》10，中国社会科学出版社，1993年，第70-71页。

② 《修中和书院始末序》，杨世钰主编：《大理丛书·金石篇》10，中国社会科学出版社，1993年，第203页。

③ 杨世钰主编：《大理丛书·金石篇》10，中国社会科学出版社，1993年，第202页。

④ 《修中和书院始末序》，杨世钰主编：《大理丛书·金石篇》10，中国社会科学出版社，1993年，第202页。

⑤ 《翼园碑》，杨世钰主编：《大理丛书·金石篇》10，中国社会科学出版社，1993年，第202页。

⑥ 《玉龙书院告示碑》，杨世钰主编：《大理丛书·金石篇》10，中国社会科学出版社，1993年，第202页。

⑦ 《西云书院序》，杨世钰主编：《大理丛书·金石篇》10，中国社会科学出版社，1993年，第203页。

⑧ 《新修玉屏书院碑记》，杨世钰主编：《大理丛书·金石篇》10，中国社会科学出版社，1993年，第222页。

瑚松额巴图鲁世袭二等男”[①] 杨玉科修建。位于大理下关的玉龙书院由五品衔云南尽先补用道大理府正堂毛，为□□□□□□□下关绅士李光裕、杨旭、杨逊、赵宾、杨景升、杨泰、苏恒、苏元荫、苏梧荫、苏嘉穗、马氏常、李廷、何文昞等一共四十余人修建。[②]

在书院修复的过程中，人们通过文书条款的形式对书院的田产进行了清理和明确，对书院的经济开支等方面的情况进行了规划，形成了书院与地方在财产、地界等方面的约定，为书院的正常运行提供了保障。

如《西云书院序》中对书院主讲、膏火、各地就读于书院的人数规划、管理人员、各种资费等诸多方面皆列成条款进行详细的规定[③]。《西云书院地产碑》对书院的田产、经济等方面的情况进行了通告[④]。《蒙化房铺田亩归入书院碑记》记录了当地官府立案审理后房铺田亩归入蒙化书院的详细情况[⑤]。

在修复书院的实际行动中，人们寄托的是复兴文化的良苦用心。

《修建中和书院始末序》言“愿后之肆业者，常抱中和二字，读书为人，显之在履中蹈和。至于中和位育，虽极之希望达天，亦不过满其量也，岂不懿欤。”[⑥] 这里表达了修建者希望来书院的读书人，能够怀抱中和之意，以中和之美德为人处世。

《翼园碑》记录了杨景修修建翼园的愿景。碑言：“但愿同窗朋友及后之君子勉为读书中人，则庠序人才，无非庙堂硕辅；诗书义蕴，即是宇宙鸿功，将来羽翼经传，辅翼盛朝，岂不懿欤。”[⑦] 他希望到书院读书之人能够成为国

---

① 《西云书院序》，杨世钰主编：《大理丛书·金石篇》10，中国社会科学出版社，1993年，第203页。

② 《玉龙书院告示碑》，杨世钰主编：《大理丛书·金石篇》10，中国社会科学出版社，1993年，第202页。

③ 杨世钰主编：《大理丛书·金石篇》10，中国社会科学出版社，1993年，第203页。

④ 同上，第200页。

⑤ 同上，第206页。

⑥ 《修中和书院始末序》，杨世钰主编：《大理丛书·金石篇》10，中国社会科学出版社，1993年，第203页。

⑦ 《翼园碑》，杨世钰主编：《大理丛书·金石篇》10，中国社会科学出版社，1993年，第202页。

之栋梁，把诗书经义传扬下去。

《新修玉屏书院碑记》言："良以国家之元气在乎人才，人才之本原在乎学校。书院者，所以辅学校之不及，而为国家培育人才地也。"① 明确表达出书院是国家培育人才的基地，对学校教育具有辅助和补充作用。

随着中央与地方对教育的重视，学习之风盛行，士子科举热情高涨。大明嘉靖三十四年（1555）的《大理府卫州县历科进士题名记》"大理进士，自永乐壬辰，迄今嘉靖庚戌，杨荣而下，凡三十有三人。比诸列藩名郡之盛为不足，较诸滇省各郡之第，亦庶乎其不乏。"②

三、佛教的复兴

明初云南许多佛教寺院被焚毁，南诏、大理国时期较为重要的寺院崇恩寺、大法藏寺等遭到焚毁。《崇恩寺常住碑记》载："洪武壬戌，天兵南伐而火于军前，僧流俱失其所，田庄俱绝其缘，佛图法器寂然荡尽。"③《赵州南山大法藏寺碑》载："今之法藏，乃赵州知州段信苴祥请平老比丘并杨善等，前来钱唐印造三乘大藏之经文，置于本州大华藏寺。至大明圣世，洪武壬戌春，天兵入境，经藏毁之。"④

在明代人的印象中，南诏、大理国时期佛教尤为兴盛。《崇恩寺常住碑记》载：

> 南诏为西南之极郡，其俗颇尚佛教。自蒙氏以来，于苍山一派，创立梵刹，其丽不千。厥后，高段二家酋长承之，或广衮其舍宇，或增益其田庄，或置造其法器，使其愈流而愈隆不乏者，迨今二百余年⑤。

---

① 杨世钰主编：《大理丛书·金石篇》10，中国社会科学出版社，1993年，第222页。

② 《大理府卫州县历科进士题名记》，杨世钰主编：《大理丛书·金石篇》10，中国社会科学出版社，1993年，第92-93页。

③ 《崇恩寺常住碑记》，杨世钰主编：《大理丛书·金石篇》10，中国社会科学出版社，1993年，第29页。

④ 杨世钰主编：《大理丛书·金石篇》10，中国社会科学出版社，1993年，第32页。

⑤ 同上，第29页。

图四十八　崇恩寺常住碑记。图片来源于杨世钰主编：《大理丛书·金石篇》1，中国社会科学出版社，1993 年，第 102 页。

这里言南诏时期佛教文化兴盛，蒙氏在苍山山麓所建的佛教寺宇不下千座。大理国时期，段氏和高氏对这些寺宇进行扩建，或是增加田产，或是制造法器，促进了佛教的发展。碑记中还追溯了段思平避难崇恩寺的故事。《崇恩寺常住碑记》载："粤若佛顶峰麓药师佛寺者，其壮丽尤倍蓰于诸寺。田庄繁广，殿宇崇阿，卉木葱蓊，为何如耶？昔段氏酋长曾逃难于本寺，感得门罗蛛网，庭杂鸟巢，追者见之，允无人迹而旋踵，由是竟得存焉。特以深厚其恩而倍隆之，表名为崇恩圣寺。"① 碑言崇恩寺比其他寺庙壮丽是因为段思平曾经在此避难。段思平立国后对其进行修缮扩建。

从永乐为始，明朝地方修建寺院形成风气。

永乐戊戌（1418）年，土官左伽等人舍金资助姜无用建成昭觉寺大成殿，正统丁巳（1437）又建盖方丈后堂、西廊寝室②。

成化元年（1465）亚中大夫蒙化府土官知府左侯琳之新造等觉寺双宝塔③。

嘉靖三十二年（1553），崇圣寺得到修复④。

嘉靖三十二年（1553），大理竹林寺重建⑤。

隆庆三年（1569），镇宁寺建成⑥。

万历三十二年（1604），遍知寺重修⑦。

---

① 杨世钰主编：《大理丛书·金石篇》10，中国社会科学出版社，1993年，第29页。

② 《明昭觉寺碑》，杨世钰主编：《大理丛书·金石篇》10，中国社会科学出版社，1993年，第43页。

③ 《新造等觉寺双宝塔记》，杨世钰主编：《大理丛书·金石篇》10，中国社会科学出版社，1993年，第57-58页。

④ 《重修崇圣寺碑记》，杨世钰主编：《大理丛书·金石篇》10，中国社会科学出版社，1993年，第90页。

⑤ 《重建竹林寺记》，杨世钰主编：《大理丛书·金石篇》10，中国社会科学出版社，1993年，第90页。

⑥ 《镇宁寺碑记》，杨世钰主编：《大理丛书·金石篇》10，中国社会科学出版社，1993年，第103页。

⑦ 《重修遍知寺碑记》，杨世钰主编：《大理丛书·金石篇》10，中国社会科学出版社，1993年，第117-118页。

万历三十五年（1607），等觉寺重修①。

万历四十八年（1620）新建鸡足山祝国悉檀禅寺②。

天启二年（1622），新建昭应寺。③

清代对失修衰败的佛教寺院建筑进行了修缮。

康熙戊辰年（1688）寸衷义、吴晚景、李昆然三公一起重修了石钟寺玉阁，又于乙亥年（1695）重铸至尊塑像，后住持海瑱又进行了重修④。

同治壬申年（1872）冬天，宫保岑公、爵爷杨会商筹款对观音塘殿阁进行复新。修建未半之时，岑公、杨公调任，修复工作停止。乙亥年（1875），杨公升任提督，竭力筹款，修建了观音塘的大殿、中殿、两厢罗汉殿及大门戏台、客堂、僧舍，并于1876年一一完善如初⑤。

同治十三年（1874），提督杨玉科等重修了观音寺⑥。

光绪年间修葺的佛教寺院建筑较多，如上文所述，光绪二年（1876）重修完成观音塘殿阁⑦，光绪六年（1880）新建南山观音寺⑧，光绪九年（1883）重修万寿寺⑨，光绪十六年（1890）重修观音寺⑩，光绪十九年

---

① 《重修等觉寺碑记》，杨世钰主编：《大理丛书·金石篇》10，中国社会科学出版社，1993年，第119页。

② 《新建鸡足山祝国悉檀禅寺碑铭》，杨世钰主编：《大理丛书·金石篇》10，中国社会科学出版社，1993年，第123-124页。

③ 《新建昭应寺碑记》，杨世钰主编：《大理丛书·金石篇》10，中国社会科学出版社，1993年，第125页。

④ 《重修石钟寺常住记》，杨世钰主编：《大理丛书·金石篇》10，中国社会科学出版社，1993年，第201页。

⑤ 《重修观音塘殿阁碑记》，杨世钰主编：《大理丛书·金石篇》10，中国社会科学出版社，1993年，第202页。

⑥ 《肃清迤西重建点苍圣应峰麓观音寺序碑》，杨世钰主编：《大理丛书·金石篇》10，中国社会科学出版社，1993年，第199页。

⑦ 《重修观音塘殿阁碑记》，杨世钰主编：《大理丛书·金石篇》10，中国社会科学出版社，1993年，第201-202页。

⑧ 《新建南山观音寺碑记》，杨世钰主编：《大理丛书·金石篇》10，中国社会科学出版社，1993年，第211页。

⑨ 《重修万寿寺碑记》，杨世钰主编：《大理丛书·金石篇》10，中国社会科学出版社，1993年，第213页。

⑩ 同上，第217页。

（1893），重修文武二宫观音阁①，光绪二十一年（1895），银相寺修葺②，光绪二十六年（1900），重修谷女寺③、谷女寺观音阁④。

明清时期的帝王给予了地方宗教领袖优渥的政策。洪武二十七年（1394）朱元璋敕封白族密宗阿吒力教传人董贤。《赐国师董贤圣旨碑》表彰了董氏一族的功绩，碑言："历朝护国，累代神通。有德有行，克始克终。延及国师，不亚其宗。三次赴诏，有劳有功。军免军差，民免民役。尔子尔孙，永体朕意。右赐国师董贤遵守。"⑤ 盛赞董氏历朝护国有功，德行高尚。董贤作为阿吒力教世家的传人，三次应诏入京护国，创立功绩。因而朝廷给予免军差、免役的待遇。《董氏族谱碑》（一）载宣德七年（1432）四月二十二日，董贤之子董寿、董勋继承父业，奉诏进京，受到皇帝的恩赏和敕封。董寿之子董荣世袭大理阿吒力都纲司职，董茂世袭赵州法官。天顺五年（1461）正月，皇帝召董贤后人董慧智进京做法事，"皇帝钦信，令其荣归。着大理府每年白米八十斛供养"⑥，皇帝每年赐以八十斛白米作为嘉奖。

康熙十一年（1672）的《皇明钦赐紫衣大戒沙门法润禅师实行序》记述了法润禅师受康熙皇帝敕封的情况。碑言："入都孤守八载，旅泊京华，感动九重，蒙恩赐紫。不唯喜获法宝，兼承巽命，敕授获藏僧录司佐觉义，师徒亦并有荣施也。"⑦

---

① 《重修文武二宫观音阁碑》，杨世钰主编：《大理丛书·金石篇》10，中国社会科学出版社，1993年，第221页。

② 《周城合村重修银相寺功德碑叙》，杨世钰主编：《大理丛书·金石篇》10，中国社会科学出版社，1993年，第227页。

③ 《重修谷女寺碑文》，杨世钰主编：《大理丛书·金石篇》10，中国社会科学出版社，1993年，第233页。

④ 《重修谷女寺观音阁序》，杨世钰主编：《大理丛书·金石篇》10，中国社会科学出版社，1993年，第233页。

⑤ 杨世钰主编：《大理丛书·金石篇》10，中国社会科学出版社，1993年，第29页。

⑥ 同上，第219页。

⑦ 同上，第144页。

第二章

白族古代金石文献与帝王治世思想的边地阐释

本章从前一章白族古代金石文献与文化制度层面的考察转向历代帝王治理边地社会的探索。当我们从白族古代金石文献出发，阐释历代帝王治世思想时，需要提出二个中心观点。

第一，南诏、大理国这两个政权统治的时期是白族吸纳儒家正统思想、佛教思想并将两者运用到政权建构中的重要时期。南诏提出“德化”治世，大理国标举“德运”治世。“德化”与“德运”只有一字之差，但都不离儒释通融的理念，并且前后相续。这些理念的形成不但与白族大姓贵族在个人及家族文化中崇尚儒释兼修有直接联系，而且与他们通过文化成就上升到政权核心的显著地位，同时又通过大姓贵族之间相互通婚，最终牢牢占据雄厚的政治文化资本，联合为社会统治力量有着密切关联。南诏、大理国儒释融通的治世理念推进了西南边疆民族凝聚力和向心力的生成，为元明清时期西南边疆融入大一统奠定了重要的政治基础。

第二，元代云南实行行省制和总管制度并举，保留了以大理国段氏为代表的白族大姓氏族在区域政治、军事等方面的权力，为南诏、大理国以来白族政治文化精英群体在云南地方社会的实力保存和继续发展提供了保障。明清时期，中央政权以儒学为正统，标举“家国同构”“家学同构”的主流意识，并从个体、家庭到家族三个层面进行系统建构，有效地推进了明清时期多民族的融合。

第一节　白族古代金石文献与南诏蒙氏的治世思想

唐代初年，世居于洱海周围的白族形成了蒙巂诏、蒙舍诏、越析诏、浪穹诏、邓赕诏、施浪诏六个较大的部落。以麟德元年（664）为始，唐朝在洱海周围施以羁縻政策。与此同时，吐蕃势力也向剑川、浪穹（今洱源）扩张。唐朝为了抵制吐蕃，积极扶植六诏中的蒙舍诏。开元二十六年（738），在唐朝的支持下蒙舍诏主皮逻阁统一洱海地区，皮逻阁接受唐朝的敕封，被封为云南王，赐名蒙归义。开元二十七年（739），南诏从巄屿图城迁都太和城。公元750年，唐朝与南诏之间爆发天宝战争，历时5年结束。公元765年，南诏第五世主阁罗凤“坐南面以称孤，统东偏而作主”①，宣告南诏与唐朝的羁縻关系终结，以白族为主体建立的南诏独立，南诏与唐朝、吐蕃正式形成三足鼎立的格局。

南诏从公元765年立国至公元902年国灭，蒙氏共历9位国君。开国之君阁罗凤以儒家德政为理想，将“德化”作为治世的基本理念，建立了南诏的政治体系。第二代国君异牟寻继承阁罗凤“德化”治世精神，恢复了与唐朝的正常邦交，完成了阁罗凤在天宝战争之后提出的“册汉帝而继好”的愿望，全面推进了南诏社会的发展。南诏后期，政权内部矛盾斗争激烈，对外战争频繁。从第六代国君劝丰佑开始，南诏君王前后相继，倾力建造妙香佛国，却未能挽救南诏的衰落。南诏第九代国主舜化贞去世，郑买嗣正式篡蒙自立，“杀蒙氏亲族八百人于五华楼下”②，南诏的历史画上了句号。

一、阁罗凤：“德化”立国

公元765年，南诏第五世主阁罗凤宣布南诏独立。唐代宗大历元年（766），阁罗凤将《南诏德化碑》立于南诏皇都太和城北门。《南诏德化碑》全文6500余字，回顾了南诏立国的历史，描述了南诏建国的现状及对未来的

① 杨世钰主编：《大理丛书·金石篇》10，中国社会科学出版社，1993年，第4页。

② 倪辂撰，杨慎校：《南诏野史》（清佚名校补传钞本一卷），杨世钰、赵寅松主编：《大理丛书·史籍篇》卷二，2012年，第342页。

展望。阁罗凤旗帜鲜明地提出了“德化”治世的理念，并对“德化”精神进行了系统阐释，充分彰显了儒家德政思想在南诏政治思想中的核心地位。

在《南诏德化碑》中论德的语句共有13处，列举如下：

> 我赞普钟蒙国大诏，性业合道，智睹未萌。随世运机，观宜抚众。退不负德，进不惭容者也。
>
> 既御厚眷，思竭忠诚。子弟朝不绝书，进献府无余月。将谓君臣一德，内外无欺。
>
> 天恩降中使孙希庄、御史韩洽、都督李宓等，委先诏招讨。诸爨畏威怀德，再置安宁。
>
> 佥曰：汉不务德，而以力争，若不速除，恐为后患。
>
> 赞普差御史赞郎罗于恙结赍敕书曰：树德务滋长，去恶务除本。
>
> 我王气受中和，德含覆育。才出人右，辩称世雄。
>
> 夫德以立功，功以建业。业成不纪，后嗣何观。
>
> 可以刊石勒碑，志功颂德，用传不朽，俾达将来。
>
> 赖先君之遗德，沐求旧之鸿恩，改委清平，用兼耳目。
>
> 汉不务德，而以力争。兴师命将，置府层城。
>
> 汉德方衰，边城绝援。御我兵戎，攻彼郡县。
>
> 观兵寻传，举国来宾。巡幸东爨，怀德归仁。
>
> 德以建功，是谓不朽。石以刊铭，可长可久①。

前9句有关“德”的语句出现在南诏回顾天宝战争的历史和南诏立国现状的描述中。后4句在四言赞词部分出现，是对前文叙述的再次赞颂。这13处与德有关的话语贯穿在《南诏德化碑》中，成为串联起南诏“德化”立国全过程的线索，可以看出阁罗凤对“德化”治世理念的系统思考。具体来说，南诏“德化”治世理念可分为三个层次理解：从个人层面提出“德含覆育”，

---

① 杨世钰主编：《大理丛书·金石篇》10，中国社会科学出版社，1993年，第3-4页。

这是对个体内在修养的要求；内政中则追求“君臣一德”；对外邦交时以“因时而化”为准则。通过以上三个层面的实践，最终实现阁罗凤“德化”治世的政治理念。

（一）德含覆育

阁罗凤作为开国之君，在“德含覆育”的内在修养方面做出了表率。《南诏德化碑》载：

> 王姓蒙，字阁罗凤，大唐特进云南王越国公开府仪同三司之长子也。应灵杰秀，含章挺生。日角标奇，龙文表贵。始乎王之在储府，道隆三善，位即重离。不读非圣之书，尝学字人之术。抚军屡闻成绩，监国每著家声①。

儒家有云：“政者，正也。子帅以正，孰敢不正?” “子欲善，而民善矣。”② “其身正，不令而行；其身不正，虽令不从。”③ 这些话语强调国君的为政之道，首先要端正自己的言行举止，将国君实现道德修养的高尚境界视为治国、安人的资本。《南诏德化碑》言阁罗凤“不读非圣之书”，说明阁罗凤学习的是圣人之书。又言其“道隆三善”，说明阁罗凤深谙“亲亲”“尊尊”“长长”的道理，这也说明阁罗凤具备了良好的儒家道德修养。

为了扩大儒家伦理道德文化对上层社会的影响，阁罗凤积极任用儒士担任贵族子弟的老师，对南诏贵族子弟施以儒学教化。《新唐书》载：“郑回者，唐官也，往巂州破，为所虏。阁罗凤重其惇儒，号‘蛮利’，俾教子弟，得箠搒，故国中无不惮。后以为清平官。”④ 郑回本为唐朝官员，阁罗凤攻陷巂州时将其俘虏。阁罗凤重其学识，委以清平官要职，并赐蛮利之名，特派其担任白族子弟的老师。“唐代宗广德元年，主思武既盛，所乏者文。于是命郑回

---

① 杨世钰主编：《大理丛书·金石篇》10，中国社会科学出版社，1993年，第3页。
② 朱熹：《四书章句集注》，中华书局，1983年，第137、138页。
③ 同上，第143页。
④ 欧阳修、宋祁：《新唐书》，中华书局，1975年，第6272页。

训教爨子弟汉儒书籍。事体礼貌风俗，较昔尤胜。”① 郑回教白族子弟学习儒家典籍，南诏社会的礼仪之风明显超过前代。史称异牟寻“颇知书，有才智”②，其子寻阁劝的诗作《星回节游避风台》蜚声诗坛，被收入《全唐诗》。

（二）君臣一德

南诏立国后，阁罗凤模仿唐朝建立政体。首先，明确文武分治，各有所司，形成规范而均衡的官僚体制。这为阁罗凤实现“君臣一德”的政治理想提供了体制保障。

《南诏德化碑》言：

> 修文习武，官设百司。列尊叙卑，位分九等③。

这段话包含了三重含义：一是明确建立南诏官僚体系的基本指导思想，即“修文习武”；二是概述建立官僚体系的规模及分工，即“官设百司”；三是规定了官僚体系有尊卑等级之别，即“列尊叙卑，位分九等”。

联系史书可知南诏政体的诸多细节。“修文习武”，即文武并重之意。《云南志》载：“清平官六人，每日与南诏参议境内大事。”④ 并且“决国事轻重，犹唐宰相也。”⑤ 这里“清平官”相当于唐朝的宰相一职，南诏王是最高权威，清平官为其下设最高行政长官，共 6 人，主文职。又设大军将若干，主武职，“大军将一十二人，与清平官同列。每日见南诏议事。出则领要害城镇，称节度。有事迹功劳殊尤者，得除授清平官”⑥。由此可知，大军将分派到地方掌控军事，称为节度使。

清平官和大军将构成了南诏官僚体系文武分治的第一级。在此之下，“官

---

① 尤中校注：《爨古通纪浅述校注》，云南人民出版社，1988 年，第 50 页。

② 刘昫等撰：《旧唐书》，中华书局，1975 年，第 5281 页。

③ 杨世钰主编《大理丛书·金石篇》10，中国社会科学出版社，1993 年，第 4 页。

④ 樊绰著，赵吕甫校释：《云南志校释》，中国社会科学出版社，1985 年，第 306-307 页。

⑤ 欧阳修、宋祁：《新唐书》，中华书局，1975 年，第 6268 页。

⑥ 樊绰著，赵吕甫校释：《云南志校释》，中国社会科学出版社，1985 年，第 305 页。

设百司”具体情况又如何呢？

《云南志》载：“清平官六人，每日与南诏参议境内大事。其中推量一人为内算官，凡有文书，便代南诏判押处置。有副两员同勾当。又外算官两人，或清平官或大军将兼领之。六曹公事文书成，合行下者，一切是外算官，与本曹出文牒行下，亦无商量裁制。又有同伦判官两人，南诏有所处分，辄疏记之，转付六曹。”① 可知清平官中，有“内算官”1人，掌管机密，代王判押处置文书，威权最重；另有“副内算官”2人，协助内算官处理政务；“外算官”掌领“六曹”。“六曹”为南诏的国务行政机构，分别为兵曹（掌管军事）、户曹（掌管户籍）、客曹（掌管礼宾外交）、刑曹（掌刑律）、工曹（掌管官吏调遣）、仓曹（掌管财政）。②

武职方面，南诏有七个节度使，分别掌控弄栋、永昌、银生、剑川、拓东、丽水、铁桥，另有二都督，为会川都督与通海都督，共计有九个治外单位。此外，在政治核心区洱海四周设计赕，概括原有八诏势力，再从中划分十个行政单位，包括了阳赕（阳苴咩）、史赕（大厘）、邆赕（邆川）、蒙舍赕、勃弄赕（白崖）③、太和赕、品澹赕、云南赕、蒙秦赕、赵川赕④。十赕设置完成应在于9世纪末，最晚在南诏王隆舜时期。十赕直属于王室，以十赕为一区，加上七节度使，二都督，总主计十个区域。也就是说，在洱海四周直接受王室管辖的有十赕，而被南诏所控制的地区也被划分为十个行政军事单位⑤。《云南志》载：“每家有丁壮，皆定为马军，各据邑居远近，分为

---

① 樊绰著，赵吕甫校释：《云南志校释》，中国社会科学出版社，1985年，第306-307页。

② 同上，第304页。

③ 同上，第183-184页。

④ 十赕的出现，见《新唐书》卷二二二“南蛮传”之“南诏”。樊绰《云南志》记载的南诏行政设置，时间约在贞元十年（794），而《新唐书》所据的材料为徐云虔的《云南录》，时间在乾符六年（879），所以两书所记的南诏的设置有所变化。方国瑜《中国西南历史地理考释》上册第四篇“唐代后期云南安抚司地理考释”（台湾商务印书馆，1990（1974）年，第422、444-499页）对此有详细的考释。

⑤ 方国瑜：《中国西南历史地理考释》（上），台湾商务印书馆，1990（1974）年，第421-444页。

四军；以旗幡色别其东南西北，每面置一将，或管千人，或五百人。四军又置一军将统之。”① 可以看出，大军将对军事的管辖借鉴了唐朝的府兵制。

综上所言，清平官主要在南诏宫廷中担任南诏王的备询、参谋一职，大军将则分派到地掌控地方军事。清平官与大军在整个官僚体系中是相对平行的关系，职属各有偏重，形成了对王权的有效拱卫和辅佐。

另外，阁罗凤爱惜人才、求贤若渴，南诏官僚阶层中多有忠诚之士。《南诏德化碑》的撰者蛮盛本是汉人，其自叙身世：“蛮盛家世汉臣，八王称乎晋业。钟铭代袭，百世定于当朝。生遇不天，再罹衰败。赖先君之遗德，沐求旧之鸿恩，改委清平，用兼耳目。”② 蛮盛入南诏后，深受阁罗凤重用，担任清平官之职，而且受命负责撰写《南诏德化碑》。据《故杨公孝先墓志铭》载，杨蛮祐本是华阴人，后随鲜于仲通征云南，兵败失陷大理。阁罗凤爱其才，不杀而授清平官等职。③

（三）《南诏德化碑》碑阴封赏辨析

《南诏德化碑》言百官“列尊叙卑，位分九等”，可知在南诏职官体系内部，文武官员不但分工详细，而且尊卑有序。《南诏德化碑》碑阴部分是阁罗凤立国后对官员的敕封，可见南诏官衔序列的基本情况，与“列尊叙卑，位分九等”形成互证。碑载：

（上阙）带段忠国　清平官大军将大金告身赏锦袍金带（下阙）

（上阙）虫皮衣杨傍佺　清平官小颇弥告身赏锦袍金带（下阙）……

（上阙）诏亲大军将赏二色绫袍金带放苴　诏亲（下阙）

（上阙）金告身赏锦袍金带独磨（下阙）④

① 樊绰著，赵吕甫校释：《云南志校释》，中国社会科学出版社，1985年，第301页。

② 杨世钰主编：《大理丛书·金石篇》10，中国社会科学出版社，1993年，第4页。

③ 同上，第23页。

④ 同上，第5页。

碑阴列出的封赏大臣名诰至今可辨41项，每项2行列2人，约82人，名诰字数约2850字。从可辨的文字信息来看，在每个受封者名字前和后对应的是其受封前身份和受封后身份的表述。如“（上阙）带段忠国　清平官大军将大金告身赏锦袍金带（下阙）”中，“（上阙）带”应为段忠国受封前的身份，而“清平官大军将大金告身赏锦袍金带（下阙）”应为受封后的身份。段忠国名列受封者的榜首，应为功劳最大者。

但由于碑文残缺，对解读封赏的原意产生了一些影响。对于封赏名录历来有两种不同的看法：一说是吐蕃对南诏群臣的封赏，一说这是阁罗凤对南诏立功之臣的赏赐。究竟哪一种说法更符合碑文的原意，这里有必要进行辨析。

认为《南诏德化碑》碑阴是吐蕃对南诏群臣的封赏之说以清代李亨特为代表。嘉庆三年（1798），李亨特任迤西观察使。一日，他游访南诏太和城故址，见《南诏德化碑》沉埋于野土，便将其侧卧，覆瓦亭以避风雨，还撰写了《南诏碑亭记》一文记述修建碑亭一事。李亨特将《南诏碑亭记》镌刻于石碑上，立于《南诏德化碑》旁。

《南诏碑亭记》言“碑言凡在官僚，宠幸咸被。即碑阴所列段忠国等受吐蕃封赏者”[①]，其中“凡在官僚，宠幸咸被”引用《南诏德化碑》原句。其言“即碑阴所列段忠国等受吐蕃封赏者”表明他认为《南诏德化碑》碑阴记录的是吐蕃封赏的南诏官员。

那么，李亨特认为《南诏德化碑》碑阴所列群臣名诰为吐蕃封赏究竟是否属实，需要考察一下《南诏德化碑》记载的南诏接受的两次册封。南诏曾经先后接受过唐朝和吐蕃的册封，这两次册封发生于阁罗凤执政期间。

《南诏德化碑》记载了唐朝册封南诏的情况。碑言：“天宝七载，先王即世。皇上念功旌孝，悼往抚存，遣中使黎敬义持节册袭云南王。长男凤迦异时年十岁，以天宝入朝，授鸿胪少卿。因册袭次，又加授上卿兼阳瓜州刺史

---

① 杨世钰主编：《大理丛书·金石篇》10，中国社会科学出版社，1993年，第176页。

都知兵马大将。”① 这里“先王”指皮逻阁。天宝七载皮逻阁死，唐朝册阁罗凤袭云南王，阁罗凤接受唐朝册封的地点在南诏王都太和城。其子凤迦异十岁时入朝，“因册袭次”，授予上卿、阳瓜州刺史、都知兵马大将之职。

南诏接受吐蕃的册封发生在天宝战争中。《南诏德化碑》载：“属赞普仁明，重酬我勋效。遂命宰相倚祥叶乐持金冠、锦袍、金宝带、金帐床、安扛伞、鞍银兽及器皿、珂贝、珠毯、衣服、驰马、牛鞍等，赐为兄弟之国。天宝十一载正月一日，于邓川册诏为赞普钟南国大诏。授长男凤迦异大瑟瑟告身、都知兵马大将。凡在官僚，宠幸咸被。山河约誓，永固维城。改年为赞普钟元年。”② 回溯历史可知，天宝十载（751）一月，天宝战争爆发。鲜于仲通取道南溪路（今四川宜宾），分三路南下进兵南诏，发动“点苍山战役”。南诏处在“腹背交袭”③ 危境之下，阁罗凤“差首领杨利□等于浪穹参吐蕃御史论若赞。御史通变察情，分师入救。”阁罗凤派首领杨利□等联络吐蕃，吐蕃援战，吐蕃和南诏联军大败唐军，唐将“王天运悬首辕门，中丞逃师夜遁。”④ 事实证明，南诏要对抗唐朝必须与吐蕃联盟。随后，阁罗凤“遂遣男铎传旧、大酋望赵佺邓、杨传磨侔及子弟六十人，赍重帛珍宝等物，西朝献凯”⑤，派遣男铎传旧等子弟六十人向吐蕃献礼。与此同时，吐蕃也有意与南诏结盟抗唐，即碑文所载“属赞普明仁，重酬我勋效……凡在官僚，宠幸咸被。山河约誓，永固维城。改年为赞普钟元年”，吐蕃册南诏为“南国大诏”，官僚也受其恩泽。

可以看出，吐蕃对南诏的册封，是在天宝战争背景之下，吐蕃借机对南诏的拉拢，南诏则意在和吐蕃联合反击唐军，是出于战略防御的迫切需要。南诏“赍重帛珍宝等物，西朝献凯”，表达与吐蕃交好之意，吐蕃“重酬南诏勋效”并“赐为兄弟之国”，表明了双方结盟的关系为兄弟盟国。在这一结盟关系中，即吐蕃王明仁为兄王，阁罗凤为弟王。为了纪念这次结盟，阁罗凤

---

① 杨世钰主编：《大理丛书·金石篇》10，中国社会科学出版社，1993年，第3页。
② 同上，第4页。
③ 同上。
④ 同上。
⑤ 同上。

以“赞普钟”纪年。吐蕃对南诏的册封地点在邓川，不在南诏王都。

将唐朝册封南诏与吐蕃册封南诏进行比较可知，双方的关系不同。唐朝册封南诏，确认南诏是其“臣属”；吐蕃册封南诏，则视南诏为“赞普钟”兄弟，实现的是吐蕃和南诏两个政权的“结盟”。因此，在《南诏碑亭记》中，李亨特认为南诏是“北臣”吐蕃，显然与史实不符。

此外，李亨特认为《南诏德化碑》是南诏的“洗罪碑”。《南诏碑亭记》载：“案唐书南诏传，阁罗凤败鲜于仲通于白崖城，遂北臣吐蕃，揭碑国门，明不得已而叛，尝曰：若唐使者至，可指碑澡祓吾罪，则此碑也。”① 李亨特这里所言的“若唐使者至，可指碑澡祓吾罪，则此碑也”与唐代樊绰《云南志》中的记述极为相近。《云南志》言：“阁罗凤尝谓后嗣悦归皇化，但指大和城碑，及表疏旧本，呈示汉使，足以雪吾前过也。”② 《云南志》史料多摘自已佚的袁滋《云南志》。其后宋代欧阳修、宋祁《新唐书·南诏传》又多摘录自樊绰《云南志》、徐云虔《南诏录》诸书。司马光《资治通鉴》云：“阁罗凤刻碑于国门，言不得已而叛唐，且曰：‘我世世事唐，受其封爵，后世容复归唐，当指碑以示唐使者，知吾之叛非本心也。’”③ 这些记述，对《南诏德化碑》立碑原旨的释读一脉相承，直至《南诏碑亭记》。

现代著作中亦不乏沿用此说的凡例：《白族文学史》言《南诏德化碑》“又着重表明‘自古及今，为汉不侵不叛之臣’，辩白‘不得已而叛’的苦衷，尽管不免有揄扬及回护之处，但既可与史籍文献相印证，补两《唐书》及《蛮书》之不足，又可从碑文探索南诏初年的一些社会历史发展的状况。”④《大理古碑研究》也言《南诏德化碑》碑阴封赏乃“吐蕃封赏”。⑤

就此，是不是可以说《南诏德化碑》的旨意是为了向唐朝洗刷自己的罪责呢？

---

① 杨世钰主编：《大理丛书·金石篇》10，中国社会科学出版社，1993 年，第 175 页。

② 樊绰著，赵吕甫校释：《云南志校释》，中国社会科学出版社，1985 年，第 115 页。

③ 司马光撰，胡三省音注：《资治通鉴》，中华书局，1956 年，第 6907 页。

④ 张文勋主编：《白族文学史》（修订版），云南人民出版社，1983 年，第 161 页。

⑤ 周祜：《大理古碑研究》，云南民族出版社，2002 年，第 4-5 页。

图四十九　南诏碑亭记。图片来源于杨世钰主编：《大理丛书·金石篇》5，中国社会科学出版社，1993年，第16页。

回顾《南诏德化碑》立碑前的历史背景，唐朝于代宗广德元年（763）平息了安史之乱，吐蕃在广德元年攻陷长安，但次年郭子仪联合回纥击退吐蕃收复了长安，吐蕃势力退回到王都逻些城（今拉萨）。与此同时，阁罗凤开始统一云南。《南诏德化碑》载："十二年冬，诏候隙省方，观俗恤隐。次昆川，审形势。言山河可以作藩屏，川陆可以养人民。十四年春，命长男凤迦异于昆川置拓东城，居二诏，佐镇抚。于是威慑步头，恩收曲、靖。颁诰所及，翕然俯从。"① 这里"十二年"指的是公元763年，"十四年"指公元765

① 杨世钰主编：《大理丛书·金石篇》10，中国社会科学出版社，1993年，第4页。

年。至此，阁罗凤完成了云南疆域的统一，随即视察并筹谋了行政区划，置拓东城，并命王子凤迦异镇守。

这是南诏在接受唐朝册封为“云南王”臣属时期之后，经历天宝战争中与吐蕃兄弟结盟并接受吐蕃册封为“南国大诏”时期，最终自立为“蒙国大诏”的封建化新时期。《南诏德化碑》载：“绍开祖业，宏覃王猷。坐南面以称孤，统东偏而作主。”这是阁罗凤发表的建立独立政权的宣言。在这一宣言之下，阁罗凤以“德化”为治世思想建立了完备的政治体制。南诏“修文习武，官设百司。列尊叙卑，位分九等。阐三教，宾四门。阴阳序而日月不僭，赏罚明而奸邪屏迹。通三才而制礼，用六府以经邦”，采取的这一系列德化举措，使南诏民富国强。碑言：“信及豚鱼，恩霑草木。戹塞流潦，高原为稻黍之田；疏决陂池，下隰树园林之业。易贫成富，徙有之无。家饶五亩之桑，国贮九年之廪”，“西开寻传，禄郫出丽水之金；北接阳山，会川收瑟瑟之宝。南荒泲凑，覆诏愿为外臣；东爨悉归，步头已成内境。建都镇塞，银生于黑嘴之乡；候隙省方，驾憩于洞庭之野。”① 这段文字从内外两个方面描述了南诏立国后社会的繁荣景象。一方面，南诏君王阁罗凤恩信遍及草木虫鱼，人们发展农业生产，通过改造山川形势，耕种田地，生活富足。另一方面，南诏对外开疆拓土，引得周边民族纷纷归附。碑言：“有国而致理，君主之美也。有美而无扬，臣子之过也。夫德以立功，功以建业。业成不纪，后嗣何观。可以刊石勒碑，志功颂德，用传不朽，俾达将来。”② 《南诏德化碑》的撰写者蛮盛言自己“心怀吉甫，愧无赞于周诗；志效奚斯，愿齐声于鲁颂，纪功述绩，实曰鸿徽。自顾不才，敢题风烈。”这些话语表达了蛮盛对阁罗凤的颂赞之意。可以看出，《南诏德化碑》碑阴大臣的封赏正是基于南诏立国历史背景下，阁罗凤作为开国之君对大臣的封赏。可以说，阁罗凤此番封赏大臣的目的不仅是诵德铭勋，更主要是“诰以敷政”，一方面，宣布南诏君王对臣下的册封，这是政权内部的封赏。另一方面宣告蒙国大诏对辖地实施政治一统，宣扬德治理念。

---

① 杨世钰主编：《大理丛书·金石篇》10，中国社会科学出版社，1993 年，第 4 页。
② 同上。

综上所言，《南诏碑亭记》把《南诏德化碑》界定为“洗罪碑”并不符合历史的真相。《南诏德化碑》是阁罗凤作为南诏开国之君的立国宣言，对开国功臣的封赏亦是展示国权自主的重要内容。《南诏德化碑》中受到封赏的官员是南诏的开国功臣。在后来的碑刻中还记录了一些功臣后人的情况。

明代正统二年（1437）《故处士段公墓志铭》载：“段为南诏之著姓，尝按其谱系，自皇唐历宋元以来，享禄位名势者比比焉。厥后子孙蔓延兹土，有曰忠国者初名俭魏，喜脸之定子邑人，即其始祖也。自幼好武骑，蒙氏据有邦时，阁罗凤举为清平官，而子孙皆袭其爵甫。六世孙思平，生有英质，豪杰迈人，徙居通海，拜节度使。后杨干贞继蒙为诏，暴虐无道，思平举兵入河尾关讨平之，竟以立位，号神武先帝，国号大理，改元文德。传至二十二世孙曰兴智，以德服人，相继为君长，故封神之号，授龙之敕自此始。”① 这里提及的“段忠国”为大理国段氏之始祖，其在《南诏德化碑》碑阴受封官员名录中位列榜首。在阁罗凤时期任清平官，其子孙世袭了他的爵禄。段忠国的六世孙为段思平，即大理国的开国之君。

明代正统二年（1437）《李益墓志铭》记载碑主李益即李克铎之后。碑载：“□□益字伯谦，姓李氏，世居大理海东孟州之高兴。按郡志，昔蒙氏肇，细奴逻称奇王，主宰斯土。迄□□阁罗凤神武王立太和赞普钟碑，书李克铎为将。克铎即公之远祖也。殊勋伟绩，不乏贤。曾大父□，大父兴，仕前元，初授海东等处民义军千户。再迁从仕郎缥甸军民长官。三升丽江佥宣慰事。……□□运，车书一统。洪武壬戌春，遣将入境。随兄李公珠，效忠纳款，出奇计，运粮草有功，实授珠为□□等处土官千户。”② 这里提及的“李克铎”也是阁罗凤开国封赏官员之一，李克铎被封为“将”。此后李氏代不乏贤。李益的曾大父、大父均为元朝官员。明朝建立，李益与兄长因立功被授以官职。

（四）因时而化的外交策略

南诏在处理与唐朝、吐蕃之间的关系中将“因时而化”的变通精神体现

① 杨世钰主编：《大理丛书·金石篇》10，中国社会科学出版社，1993年，第42页。
② 同上，第41-42页。

得淋漓尽致。

南诏从立国至国灭，与唐朝、吐蕃两大政权的关系可谓风云变幻。唐朝与吐蕃对南诏的争夺从未停止过。唐朝建立之初开始经营南诏及周边地区。七世纪初，松赞干布建立吐蕃政权，势力直达今天云南北部地区。唐朝采取扶持以南诏为代表的地方势力的方式抗御吐蕃。《旧唐书·南蛮西南蛮传》载："盛逻皮死，子皮逻阁立。二十六年，诏授特进，封越国公，赐名曰归义。其后破洱河蛮，以功策授云南王。归义渐强盛，余五诏浸弱。先是，剑南节度使王昱受归义赂，奏六诏合为一诏。归义既并五诏，服群蛮，破吐蕃之众兵，日以骄大。"① 开元二十四年（736），蒙舍诏在剑南节度使的支持下，兼并越析诏；开元二十六年（738），剑南节度使联合河西、陇右节度使合力共讨吐蕃，削弱了吐蕃在云南的势力。唐朝对南诏在声势和军事上扶助，促成了公元738年南诏统一六诏。这也迫使吐蕃的势力退守到浪穹（今云南洱源）一带。

南诏与唐朝建立羁縻关系后，南诏接受唐朝册封，派王子入质唐朝，每年向唐朝进贡。依史所载，南诏一世祖细奴逻被唐朝任命为"阳瓜州刺史"；阁罗凤的父亲皮逻阁在开元二十六年（738）被唐玄宗"诏授特进，封越国公，赐名归义。会有破渳河蛮之功，策授云南王，赐紫袍金钿带七事。"阁罗凤授"右领军卫大将军兼阳瓜州刺史"，"加左领军卫大将军，寻拜特进、都知兵马大将"。② 阁罗凤长男凤伽异十岁入朝觐见，"授鸿胪少卿"。③ 南诏一世王细奴逻派其子罗盛入质唐朝后，南诏王子入质唐朝成为了传统，盛逻皮、阁罗凤及其子凤伽异均入质唐朝。公元750年左右，南诏成为洱海地区最强大的地方势力。

然而，唐朝并不满足于此，而是想吞并南诏，将南诏纳入"皇化"④ 的大一统政治格局中。为了实现这一政治目标，唐朝采取了武力征服的方式。

① 刘昫等撰：《旧唐书》，中华书局，1975年，第5280页。

② 樊绰著，赵吕甫校释：《云南志校释》，中国社会科学出版社，1985年，第113-114页。

③ 同上，第115页。

④ 同上，第115页，第186-187页。

天宝九年（750），唐朝派节度使鲜于仲通统大军从南溪路下攻打南诏，天宝战争爆发。《南诏德化碑》载：

岂意节度使鲜于仲通已统大军取南溪路下，大将军李晖从会同路进，安南都督王知进自步头路入。既数道合，势不可守株。乃宣号令，诫师徒，四面攻围，三军齐奋。先灵冥祐，神炬助威。天人协心，军郡全拔。虔陀饮酖，寮庶出走。王以为恶止虔陀，罪岂加众，举城移置，犹为后图。即便就安宁再申衷恳。城使王克昭执惑昧权，继违拒请。遣大军将李克铎等帅师伐之。我直彼曲，城破将亡。而仲通大军已至曲、靖。又差首领杨子芬并云南录事参军姜如之赍状披雪。往因张卿谗构，遂令蕃汉生猜。赞普今见观衅浪穹，或以众相导，或以利相导。倘若蚌鹬交守，恐为渔父所擒。伏乞居存见亡，在得思失。府城复置，幸容自新。仲通殊不招承，劲至江口。我又切陈丹款，至于再三①。

从这段记载可见，在整个天宝战争中，南诏为了阻止战争，多次上书唐朝表明是非曲直。在战争爆发前，阁罗凤向唐朝上报唐将张虔陀的不端之举，唐明皇遣中使贾奇俊辨查是非，但因贾奇俊收受张虔陀贿赂，反而上奏南诏背反唐朝，唐朝轻信贾奇俊的谎言。战争爆发后，南诏与唐朝首次交锋便击败张虔陀的军队。南诏以为“恶止虔陀，罪岂加众”，于是再次上奏朝廷申诉冤屈，“就安宁再申哀恳”，并停止继续攻打唐军。安宁城使王克昭却拒绝了南诏的奏书。当鲜于仲通大军至曲靖时，南诏又一次上书，向唐朝剖析吐蕃准备坐收渔翁之利的局势。然而，“仲通拂谏弃亲”，“唯言屠戮”，鲜于仲通拒绝纳谏，唐朝对此无动于衷，进一步以武力进逼南诏。这使南诏最终明白唐朝的屠戮之意。在与唐朝决战前，南诏王阁罗凤“具牲牢，设坛墠，叩头流血曰：我自古及今，为汉不侵不叛之臣。今节度背好贪功，欲致无上无君之讨。敢昭告于皇天后土。”② 在这段誓词中，南诏申明尊唐朝为国君，视自

① 杨世钰主编：《大理丛书·金石篇》10，中国社会科学出版社，1993年，第3页。
② 同上，第4页。

己为臣下的信念不变。但因"至忠不可以无主，至孝不可以无家"①，南诏迎战唐朝实属被逼无奈。又言"彼若纳我，犹吾君也。今不我纳，即吾仇也"，表明了决战信念。

综上所论，阁罗凤执政时期，是南诏经历了从"羁縻国"到政权独立巨大变化的关键时期。可以看出，一方面阁罗凤以德为治，建立了南诏的内政体制，从根本上保障了南诏社会内部有序而稳步的发展。另一方面，在面对唐朝和吐蕃时，南诏能够调整亲疏关系择机而变。尤其是天宝战争中，在面对唐朝武力攻打的严峻形势下，阁罗凤能清醒分析局势，调整应对方略，坚决反击，抓住了实现南诏政权的独立的机会，将南诏引上独立自主的发展道路。

二、异牟寻："德化"治世的深化

公元779年阁罗凤去世，其孙异牟寻继任国主之位，使用见龙（780-783）、上元（784-?）和元封（？-808）三个年号。异牟寻在位三十年间，继续推进阁罗凤"德化"治世的理念。内政方面，异牟寻在阁罗凤建立的官僚体系基础上深化分工，对南诏境内的山川进行了封禅，树立国威。外交方面，异牟寻积极恢复与唐朝的邦交关系，最终与唐朝签署盟约，一致对抗吐蕃，将南诏社会的发展推上新的台阶。

（一）内政：官僚体系的扩充

异牟寻执政时期对南诏的官僚体系进行了改革。"贞元二年，设官立九爽三托，考疆域。其地东至于铜柱、铁桥、蟠桃、玉榆，东南至于交趾国，南至于骠国，西南至于木落山，西至于太石，西北至于吐蕃，北至于神川，东北至于黔巫，八方之地属以八賨，皆中国。"② 阁罗凤时期设"六曹"为兵、户、客、刑、工、仓曹。这里"九爽"为幕（兵）、琮（户）、慈（礼）、罚（刑）、劝（士）、厥（工）、万（财）、引（客）、禾（商）爽。异牟寻对"九爽"进行分工，其中幕爽主兵、琮爽主户籍、慈爽主礼仪、罚爽主刑律、

---

① 杨世钰主编：《大理丛书·金石篇》10，中国社会科学出版社，1993年，第3页。

② 杨慎编辑，胡蔚订正：《南诏野史》（罗振常藏本二卷），杨世钰、赵寅松主编：《大理丛书·史籍篇》卷三，云南民族出版社，2012年，第183页。

劝爽主人事、厥爽主建筑、万爽主财政、引爽主宾客、禾爽主商业。九爽一般由清平官、酋望、大军将兼任。

异牟寻调整了行政建制。将原来的六赕增加至十赕，六节度增加至七节度①。十赕即云南赕，在今祥云云南驿；白崖赕，也称为勃弄，在今弥渡红崖；品澹赕，在今祥云城区；邓川赕，在今洱源邓川；蒙舍赕，在今巍山城一带；大厘赕，也称喜玡，在今大理喜洲；羊咩赕，也称阳赕，在今大理古城；蒙秦赕，在今漾濞一带；大和赕，在今洱源县境内；赵州赕，在今大理凤仪一带②。设立“七节度”，分别为弄栋节度，治所在弄栋城（今姚安），辖境相当于今天楚雄州大部分地区；永昌节度，治所在永昌城（今保山），辖境相当于今德宏、保山、临沧及缅甸北部地区；银生（开南）节度，治所在银生城（今景东），辖境相当于今思茅、版纳及缅甸、泰国、老挝、越南部分地区；剑川节度，治所在剑川城（今剑川），辖境相当于今大理州北部和丽江、怒江部分地区。贞元十年（794），南诏破吐蕃神川都督府，增设铁桥节度，治所在铁桥（今丽江塔城），辖境相当于今丽江、迪庆及四川凉山部分地区。铁桥节度与剑川节度辖境相连，后又合并于剑川节度。拓东节度，治所在拓东城（今昆明），辖境相当于今昆明、曲靖、昭通、玉溪、楚雄部分地区。丽水节度，治所在丽水城（今缅甸打罗），辖境相当于今缅甸北部伊洛瓦底江上游地区③。

德宗甲子兴元元年（784），异牟寻迁居史城，改号大理国，自称日东王。同年，异牟寻封岳渎，以叶榆点苍山为中岳，乌蛮乌龙山为东岳，银生府蒙乐山为南岳。又封南安州神石亦为南岳，越赕高黎贡山为西岳，巂州雪山为北岳，封金沙江祀在武定州，兰沧江祀在丽江府，黑惠江祀在顺宁府，怒江祀在永昌府，为四渎。各建神祠，又立三皇庙。④

① 樊绰著，赵吕甫校释：《云南志校释》，中国社会科学出版社，1985年，第205页。

② 同上，第183-184页。

③ 同上，第205-254页。

④ 杨慎编辑，胡蔚订正：《南诏野史》（罗振常藏本二卷），杨世钰、赵寅松主编：《大理丛书·史籍篇》卷三，云南民族出版社，2012年，第181-183页。

（二）外交："西南藩屏"的政治新定位

贞元十年（794），异牟寻终止了与吐蕃兄弟国的关系，恢复了南诏与唐朝的外交关系，双方盟誓联合抗击吐蕃，南诏成为唐朝的"西南藩屏"，南诏与唐朝进入到外交关系的"蜜月期"。南诏、唐朝与吐蕃关系的变迁是导致这一历史转折的重要背景，南诏与唐朝建立"西南藩屏"政治联盟的过程一波三折。

1. 吐蕃：与南诏交恶

天宝战争后，南诏与吐蕃一直保持兄弟之国的身份，然而吐蕃"征求无厌"令异牟寻极为苦恼与不满，遂生断绝与吐蕃往来的念头。《新唐书》记述了南诏对吐蕃的"四忍四难忍"。《新唐书》载：

> 神川都督论讷舌使浪人利罗式眩惑部姓，发兵无时，今十二年。此一忍也。天祸蕃廷，降衅萧墙，太子弟兄流窜，近臣横污，皆尚结赞阴计，以行屠害，平日功臣，无一二在。讷舌等皆册封王。小国奏请，不令上达。此二忍也。又遣讷舌逼城于鄙，弊邑不堪。利罗式私取重赏，部落皆惊。此三忍也。又利罗式骂使者曰："灭子之将，非我其谁？子所富当为我有。"此四忍也。
>
> 今吐蕃委利罗式甲士六十侍卫，因知怀恶不谬。此一难忍也。吐蕃阴毒野心，辄怀搏噬。有如媮生，实污辱先人，辜负部落。此二难忍也。往退浑王为吐蕃所害，孤遗受欺；西山女王，见夺其位；拓跋首领，并蒙诛刈；仆固志忠，身亦丧亡。每虑一朝亦被此祸。此三难忍也。往朝廷降使招抚，情心无二，诏函信节，皆送蕃廷。虽知中夏至仁，业为蕃臣，吞声无诉。此四难忍也①。

南诏对吐蕃的"四忍四难忍"是异牟寻时期南诏与吐蕃关系的一个折射。吐蕃依靠兄弟之国的名义，向南诏征收赋税，时常征用南诏军队，导致南诏

① 欧阳修、宋祁：《新唐书》，中华书局，1975年，第6272-6273页。

兵役负担沉重。为了进一步控制南诏，吐蕃“悉夺其险立营候”①，在南诏境内险要位置安置军营。此外，吐蕃为了对南诏实施孤立政策，笼络南诏周边的部落并进行封王。《云南志》卷四施蛮条载：“施蛮，本乌蛮种族也。铁桥西北大施赕、小施赕、剑寻赕，皆其所居之地。……部落主承上，皆吐蕃伪封为王。”②《云南志》顺蛮条言：“顺蛮，本乌蛮种类，初与施蛮部落参居剑、共诸川。咩罗皮，铎罗望既失邓川、浪穹，退而逼夺剑、共，由是迁居铁桥已上，名剑羌。其地在剑赕西北四百里，男女风俗与施蛮略同。其部落主吐蕃亦封王。”③《新唐书》中所言南诏之一难忍还包括神川都督公开利用矣罗识（即利罗式）招诱浪人（凡道赕、浪穹、施浪三诏总谓之浪人），想把矣罗识立为诏主。很明显，吐蕃此举的目的是以此分化南诏的力量。此外，吐蕃强迫南诏质子，吐蕃自以为是很明智的做法，却起了反作用，导致南诏更加怨恨吐蕃。

2. 唐朝：南通云南

吐蕃尽占陇右，兵锋直指长安。如何消除吐蕃对长安的威胁是令唐朝颇为苦恼的问题。公元787年，唐朝宰相李泌提出“北和回纥，南通云南，西结大食、天竺”④ 的外交政策。自此，唐朝开始了联合吐蕃周围的政权，实行对吐蕃环攻包围的战略措施。南诏成为这一外交战略中唐朝需要争取的最重要的力量，韦皋是唐朝实施这一战略的关键人物。为了联合南诏，唐朝采取离间南诏与吐蕃的关系和军事上打击吐蕃双管齐下的策略。

一方面，唐朝对吐蕃进行武力打击。

大历四年（769）唐朝破吐蕃万余众。

大历十年（775）西川节度使崔宁攻破吐蕃数万于西山，并斩首万余，俘虏千余人。

大历十一年（776）吐蕃在今川滇地区发动一次大规模的军事行动，出兵

① 欧阳修、宋祁：《新唐书》，中华书局，1975年，第6272页。
② 樊绰著，赵吕甫校释：《云南志校释》，中国社会科学出版社，1985年，第150页。
③ 同上，第151-152页。
④ 司马光编著，胡三省音注：《资治通鉴》，中华书局，1956年，第7502页。

二十万，由四节度统领，内有突厥、吐浑、氐、蛮、羌、党项等部人马，被唐将崔宁打败，死万余人，大量牛羊及军资器械落入唐军手中，吐蕃损失惨重①。

大历十二年（777），吐蕃进攻黎（四川汉源县北）、雅州（四川雅安），无功而退。阴历十月崔宁在吐蕃望汉城（城在西山）打败吐蕃。

另一方面，韦皋主动接洽南诏，得到了南诏的回应，双方经过“五步曲”最终实现苍山会盟。

贞元元年（785），韦皋代替张延赏为西川节度使。韦皋多方招徕剑南西南群蛮，异牟寻遣人寄言群蛮请求内附。

贞元四年（788）阴历4月，异牟寻先派东蛮鬼主骠旁、苴梦冲、苴乌星等入唐，间接与唐建立关系②。

同年阴历十月，吐蕃发兵十万攻西川，同时让南诏发兵数万驻扎于泸北（泸水之北）。韦皋写信给异牟寻，内中叙述南诏反叛吐蕃而归唐朝之事，并故意让这封信通过东蛮转交到吐蕃手里。吐蕃的统帅见信，对南诏产生怀疑，派兵二万人驻扎于会川（四川会理县西）阻止南诏军队入蜀之路。吐蕃此举引起南诏不快，异牟寻班师回朝，从此吐蕃与南诏互相猜忌。

贞元五年（789），韦皋写信给异牟寻，言：“回鹘屡请佐天子共灭吐蕃，王不早定计，一旦为回鹘所先，则王累代功名虚弃矣。且云南久为吐蕃屈辱，今不乘此时依大国之势以复怨雪耻，后悔无及矣。”③ 韦皋劝谏南诏尽早与唐朝结盟，若为回鹘占了先，便会遗恨无穷。

贞元七年（791）阴历六月，韦皋派遣原南诏使者段忠义回到南诏，劝说异牟寻归唐，“六月，丙申，皋遣忠义还云南，并致书敦谕之。”④

贞元九年（793），异牟寻遣三批使者，各携带表文、生金和丹砂，分别

---

① 《旧唐书·吐蕃传》《资治通鉴》皆有载。此次参战的突厥是吐蕃从西域征发而来或为蕃军俘虏，从吐蕃战。吐浑即吐蕃属部吐谷浑，氐指氐族，羌指剑南西山诸羌，党项指未迁移北上的党项羌部。

② 司马光编著，胡三省音注：《资治通鉴》，中华书局，1975年，第7513页。

③ 同上，第7517页。

④ 同上，第7524页。

经戎州、黔州、安南至成都诣韦皋。韦皋遣使者诣长安，德宗赐异牟寻诏书，命令韦皋遣使慰抚异牟寻，“云南王异牟寻遣使者三辈，一出戎州，一出黔州，一出安南，各赍生金、丹砂诣韦皋，金以示坚，丹砂以示赤心，三分皋所与书为信，皆达成都。异牟寻上表请弃吐蕃归唐，并遗皋帛书，自称唐云南王孙、吐蕃赞普义弟日东王。皋遣其使者诣长安，并上表贺。上赐异牟寻主诏书，令皋遣使慰抚之。”①

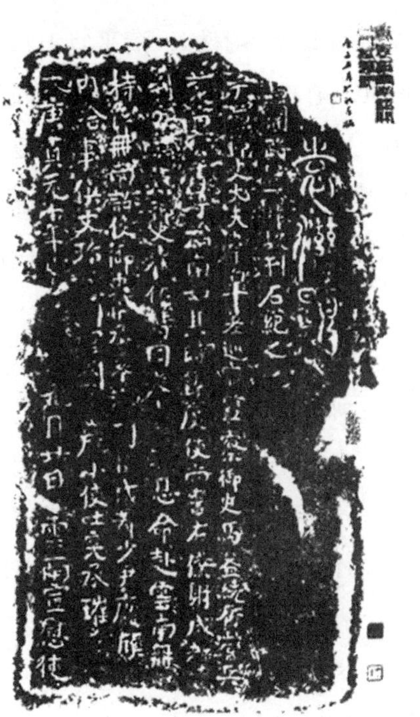

图五十　袁滋奉旨册封南诏开石门路题记摩崖。图片来源于杨世钰主编：《大理丛书·金石篇》1，中国社会科学出版社，1993年，第9页。

贞元十年（794）正月，韦皋遣节度巡官崔佐时携带诏书，至南诏都城阳苴咩城。此时有吐蕃使者数百人在阳苴咩城。异牟寻听从崔佐时之劝，尽斩吐蕃使者，去吐蕃所立“日东王”之号，献出金印，复归南诏旧名。异牟寻率子寻梦凑等与崔佐时盟于点苍山神祠，正式达成南诏归唐协议。《资治通鉴》载：“冬，十月，甲子，韦皋遣其节度巡官崔佐时赍诏书诣云南，并自为帛书答之。”② “崔佐时至云南所都羊苴咩城，吐蕃使者数百人先在其国，云南王异牟寻尚不欲吐蕃知之，令佐时衣牂柯服而入。佐时不可，曰：‘我大唐使者，岂得衣小夷之服！’异牟寻不得已，夜迎之。佐时大宣诏书，异牟寻恐惧，顾左右失色；业已归唐，乃嘘唏流涕，俯伏受诏。郑回密见佐时教之，故佐时尽得其情，因劝异牟寻悉斩吐蕃使者，去吐蕃所立之号，献其金印，复南诏旧名；异牟寻皆从之。仍刻金契以献。异牟寻帅其子寻梦凑等与佐时盟于点苍山神祠。”③ 八月，异

① 司马光编著，胡三省音注：《资治通鉴》，中华书局，1975年，第7547页。

② 同上，第7549页。

③ 同上，第7552页。

牟寻遣其弟凑罗栋，清平官尹仇宽等 27 人入唐，献地图、方物及吐蕃所给印 8 纽，请复号“南诏”。《资治通鉴》载：“云南王异牟寻遣其弟凑罗栋献地图、土贡及吐蕃所给金印，请复号南诏。”① 德宗封尹仇宽为高溪郡王，其余使者亦授官不等。唐朝遣祠部郎中袁滋为使者，前往册封南诏。9 月，袁滋等人途经石门关道，在石门关道摩崖书刻了此事。摩崖全文为：

大唐贞元十年[岁][次][甲][戌]九月廿日，云南宣慰使内给事俱文珍、判官刘幽严、小使吐突承璀，□持节册南诏使御史中丞袁滋、副使成都少尹庞颀、判官监察御史崔佐时，同奉恩命，赴云南册蒙异牟寻为南诏。其时节度使尚书右仆射成都尹兼御史大夫韦皋，差巡官监察御史马益，统行营兵马，开路置驿，故刊石纪之。袁滋题②。

这段文字记述了唐朝册封使团途径石门关的时间以及使团官员的相关信息。此行的人员一共有 8 名官员，俱文珍、刘幽严、吐突承璀、袁滋、尹庞颀、崔佐时为使团成员，韦皋、马益则负责统兵开路。

《云南志》中记载了南诏与唐朝“苍山会盟”的细节。《云南志》言：

贞元十年，岁次甲戌，正月乙亥，朔，五日己卯，云南诏异牟寻及清平官、大军将与剑南西川节度使判官崔佐时谨诣玷苍山北，上请天、地、水三官，五岳、四渎及管川谷诸神灵同请降临，永为证据。

念异牟寻乃祖乃父忠赤附汉。去天宝九载，被姚州都督张乾陀等离间部落，因此与汉阻绝，经今四十三年。与吐蕃洽和，为兄弟之国。吐蕃赞普册牟寻为日东王，亦无二心，亦无二志。去贞元四年，奉剑南节度使韦皋仆射书，具陈汉皇帝圣明，怀柔好生之德。七年，又蒙遣使段忠义等招谕，兼送皇帝敕书。遂与清平官、大军将、大首领等密图大计，

① 司马光编著，胡三省音注：《资治通鉴》，中华书局，1975 年，第 7561 页。

② 《袁滋奉旨册封南诏开石门路题记摩崖》，杨世钰主编：《大理丛书·金石篇》10，中国社会科学出版社，1993 年，第 5 页。

诚矢天地，发于祯祥；所管部落，誓心如一。去年四月十三日，差赵莫罗眉、杨大和眉等赍仆射来书，三路献表，愿归清化，誓为汉臣。启告宗祖明神，鉴照忠款。今再蒙皇帝蒙剑南西川节度使韦皋仆射遣判官崔佐时传语，牟寻等契诚，誓无迁变。谨请西洱河、玷苍山神祠监盟，牟寻与清平宫洪骠利时、大军将段盛等请全部落归附汉朝，山河两利，即愿牟寻、清平官、大军将等福祚无疆，子孙昌盛不绝，管诸赕首领永无离贰。兴兵动众，讨伐吐蕃，无不克捷。如会盟之后，发起二心，及与吐蕃私相会合，或辄窥侵汉界内田地，即愿天地神祇共降灾罚，宗祠殄灭，部落不安，灾疾臻凑，人户流散，稼穑产畜，悉皆减耗。如蒙汉与通和之后，有起异心，窥图牟寻所管疆土，侵害百姓，致使部落不安，及有患难不赐救恤，亦请准此誓文，神祇共罚。如蒙、大汉和通之后，更无异意，即愿大汉国祚长久，福盛子孙，天下清平，永保无疆之祚。汉使崔佐时至益州，不为牟寻陈说，及节度使不为奏闻牟寻赤心归国之意，亦愿神祇降之灾。今牟寻率众官具牢醴，到西洱河，奏请山川土地灵祇。请汉使计会，发动兵马，同心勠力，共行讨伐。然吐蕃神川、昆明、会同以来，不假天兵，牟寻尽收复铁桥为界，归汉旧疆宇。谨率群官虔诚盟誓，共克金契，永为誓信。其誓文一本请剑南节度随表进献；一本藏于神室；一本投西洱河；一本牟寻留诏城内府库，贻诫子孙。伏惟山川神祇，同鉴诚恳①！

首先，誓文回顾天宝战争的因由以及南诏与吐蕃结盟的史实，感叹天宝一战让唐朝和南诏之间断绝了四十三年的往来。

其次，誓文详述了双方关系从缓和到走向结盟的历程，对结盟后双方关系进行明确：一方面，若南诏“发起二心”“及与吐蕃私相会合”“或辄窥侵汉界内田地”，那就是违背誓约，必将遭受“天地神祇共降灾罚，宗祠殄灭，部落不安，灾疾臻凑，人户流散，稼穑产畜，悉皆减耗”的惩罚；另一方面，

① 樊绰著，赵吕甫校释：《云南志校释》，中国社会科学出版社，1985年，第329-331页。

若唐朝“有起异心，窥图牟寻所管疆土，侵害百姓，致使部落不安，及有患难不赐救恤”，也必将受到神灵的惩罚。可以看出，在盟誓中，南诏与唐朝处于对等关系。随后，誓言“大汉国祚长久，福盛子孙，天下清平，永保无疆之祚”，展望了双方结盟后和平共处的未来。

苍山会盟中，金印文为“贞元册南诏印”，异牟寻跪受唐朝册印，南诏正式成为唐朝的“西南藩屏”。“西南藩屏”成为双方盟约中南诏政治及军事的新身份。可以看出，南诏与唐朝确立盟约关系是为了双方和平相处，建立共同抗击吐蕃政治联盟，并非此前羁縻关系的延续。

南诏与唐朝盟誓之后，双方恢复了邦交并联合开展了多次打击吐蕃的军事活动。与此同时，南诏与唐朝之间的交往日趋频繁。

贞元十六年（800），异牟寻率子寻阁劝入唐。继而南诏以大臣子弟入质唐朝，被韦皋否决，改为派遣子弟到成都就学，这一政策一直延续到劝丰佑时代。这一政策实施前后50余年的时间，培养南诏子弟数千人，促进了汉文化在南诏的传播①。

元和三年（808）七月，异牟寻去世，唐朝遣使吊唁。

元和三年寻阁劝即位，唐朝册封其袭南诏王，赐元和金印②。

贞元十年（800），寻阁劝率使团出使唐朝，唐德宗亲自接见。南诏将结合胡部、龟兹乐、南诏的歌舞改编成的大型的歌舞剧《南诏奉圣乐》献给德宗。

唐宪宗元和四年（809），劝龙晟即位，唐朝册袭封南诏王③。

元和十一年（816），劝利晟即位，唐朝册袭封南诏王④。

穆宗长庆四年（824），唐朝赐劝利晟南诏王金印⑤。

---

① 《孙可之文集》卷一，方国瑜主编：《云南史料丛刊》（卷二），云南大学出版社，1998年，第149-150页。

② 杨慎编辑，胡蔚订正：《南诏野史》（罗振常藏本二卷），杨世钰、赵寅松主编：《大理丛书·史籍篇》卷三，云南民族出版社，2012年，第189页。

③ 同上。

④ 同上，第190页。

⑤ 同上，第192页。

劝丰佑于长庆四年（824）即位，唐朝遣京兆少尹韦审规持节册封为滇王①。

三、南诏后期

寻阁劝、劝龙晟、劝利晟时期基本上保持了南诏与唐朝"西南藩屏"的政治盟约关系，并一直延续至劝丰佑执政时期。世隆即位后，南诏与唐朝关系发生了转折。

唐宣宗大中十三年（859）世隆即位。因为此前劝龙晟及劝丰佑曾骚扰唐朝边境，被唐朝视为祸患，加之世隆之名犯唐太宗、唐玄宗的名讳，唐朝没有册封世隆。世隆对此极为不满，并采取了一系列措施回应唐朝。

首先，世隆"自称皇帝"②，打破唐朝册封南诏的惯例。随后，"遣兵取乌蛮僰爨之地，置东川郡。前节度使杜悰变韦皋制度，侵扰蛮中"。③

其次，世隆拒绝朝贡唐朝。④ 咸通十年（869），世隆派遣使臣杨酋庆等人到唐朝"谢释"，企图挽回双方的关系，但定边节度使李师望杀死南诏使节。这一举动彻底激怒世隆，南诏发兵攻打四川。继而，南诏多次侵扰唐朝，"两陷安南、邕管，一入黔中，四犯西川。"⑤ 乾符四年（877），世隆卒，子隆舜立。隆舜多次遣使入唐通好，求娶唐朝公主为妻。中和三年（883），安化长公主嫁隆舜，南诏与唐朝和亲。乾宁四年（897）隆舜被权臣杨登杀死，子舜化贞立。⑥ 舜化贞执政后，遣使欲与唐朝通好，被唐朝剑南西川节度使王建拒绝，此后，南诏和唐朝再无正式往来，直至国灭。

综上所言，阁罗凤、异牟寻时期是南诏辉煌而充满生机的时代。两位君主均以德治国并前后相继，有效地推动了南诏社会的封建化进程，缩小了与

---

① 杨慎编辑，胡蔚订正：《南诏野史》（罗振常藏本二卷），杨世钰、赵寅松主编：《大理丛书·史籍篇》卷三，云南民族出版社，2012 年，第 192 页。

② 同上，第 200 页。

③ 同上，第 200-201 页

④ 同上，第 201 页。

⑤ 木芹：《南诏野史会证》，云南人民出版社，1990 年，第 151 页。

⑥ 杨慎编辑，胡蔚订正：《南诏野史》（罗振常藏本二卷），杨世钰、赵寅松主编：《大理丛书·史籍篇》卷三，云南民族出版社，2012 年，第 205-207 页。

中原文明的差距。在南诏的对外关系中，南诏与唐朝、吐蕃之间的关系一直贯穿了南诏的历史。三方并非始终处于剑拔弩张的对峙状态，彼此之间也有和平通好的时期。在错综复杂的外交中，南诏因时而化，灵活应对，最终赢得了自己的独立生存空间。寻阁劝至劝丰佑执政时期，基本上是沿着阁罗凤、异牟寻时期建构的政治框架运作政权，推进了南诏社会的稳步发展。世隆时期，南诏与唐朝关系恶化，“西南藩屏”政治联盟关系终结，虽然舜化贞时期曾经一度与唐朝通好，但政治颓势难以挽回。

第二节　白族古代金石文献与大理国段氏的治世思想

公元938年，段思平建立大理国。宋绍圣元年（1094），大理国权相高升泰废段正明自立，国号“大中”，改元“上治”，虽然高升泰在位仅两年，但却成为大理国政治发展的一个转折点。此前，段氏历14世150余年，这一阶段被称为大理国前期；大中国之后，大理国的政治转入到段高二氏共治的阶段，段氏历8世150余年，这一阶段段氏虽高居国主尊位，但高氏才是朝政大权的实际掌控者，而其他白族大姓势力董氏、杨氏等均无力与高氏抗衡。公元1254年，蒙古平定大理，历时316年的大理国政权结束。

大理国时期，无论是段氏内部或是段氏与其他白族大姓势力之间的夺位争斗几乎未中断过，而段氏能够实现长达300余年的统治，可以说是一个奇迹。当我们仔细检视大理国的统治就会发现，这与段氏治世思想有着密切关联。

一、联盟之治

（一）《段氏与三十七部会盟碑》：段氏与三十七部之盟

《段氏与三十七部会盟碑》是大理国前期的重要碑刻，立于明政三年（971），产生于第五代国主段素顺执政时期。碑全文为：

（上栏）明政三年，岁次辛未，宣谕：蹑奉承睿旨，统率戎行，委服皆恩，抚安边塞。是以剪除逊众镇长奇宗，求州首领代连弄、兎覆、磨乃

> 等三邑，统置迩众镇。以二月八日回军，至三月七日到石城。更讨打贼郎羽㝊、阿房、田洞、合集卅七部娉伽诺十二将弄略等，于四月九日斫罗沙一遍，兼颁赐职赏，故迺共约盟誓，务存长久。上对众圣之鉴知，下揆一德而歃血。（下栏）三军都统长皇叔布爕段子环，都监三军礼乐爽长驸马布爕段彦贞，彦贲敞宇览杨连永、杨永彦，侍内官久赞段子惠、李善，督爽王清志，贴侍内官赞卫扬定发，理摸陁道扬定福，陁栖袁永智、苏晟兴①。

碑名中的“段氏”指的是大理国国主段素顺。“三十七部”是指分散在滇东的三十七支蛮族，具体为因远部、阳城堡部、休腊部、嶍峨部、强现三部、王弄部、铁容甸部、旧处甸部、官桂思陀部、伴溪落恐部、屈中部、师宗部、落蒙部、弥沙部、维摩部、弥勒部、磨弥部、罗雄部、纳垢部、夜苴部、落温部、吉输部、罗部、仁地部、白鹿部、掌鸠部、法块部、谋统部、于矢部、罗婺部、华竹部、强宗部、休制部、上步雄部等②。

依据《段氏与三十七部会盟碑》所载，在会盟之前，段氏和三十七部首领联合采取军事行动，剪除代连弄等的叛乱，平定了边镇。《段氏与三十七部会盟碑》的下栏交代了参与会盟的白族大姓官员。依据署名分析，在11个署名中，段姓占3人，杨氏4人，其他李、王、袁、苏四姓氏各为1人。

可以看出段素顺会盟三十七部，一方面出于军事上的需要，反映出三十七部在这一时期仍然是段氏在军事上倚重的力量。另一方面，会盟的目的是加强与对方的团结合作。

此前段氏与三十七部联盟已有先例，三十七部曾在大理国建立的过程中发挥了重要作用。南诏后期蒙氏势力削弱，段氏、高氏及郑氏、赵氏、杨氏、董氏等白族大姓势力相继崛起，并且实力相当。高方立遣人前往巴甸迎接段思平。在善巨相会后，高氏为段思平建立政权出谋划策，建议段氏联合滇东三十七部，兴兵举事。滇东三十七部对郑、杨诸氏篡蒙自立早有不满，段思

① 杨世钰主编：《大理丛书·金石篇》10，中国社会科学出版社，1993年，第6页。
② 诸葛元声撰，刘亚朝校点：《滇史》，德宏民族出版社，1994年，第211-212页。

图五十一　段氏与三十七部会盟碑。图片来源于杨世钰主编：《大理丛书·金石篇》1，中国社会科学出版社，1993 年，第 20 页。

平遣人前往滇东说服三十七部，双方会盟于石城（今云南曲靖），而后西进聚兵蒙舍（今云南巍山）①。《滇史》载："思平既得众助，遂与高氏共举义旅，众至十余万，鼓行而西，无不一当百，所向无敌。"②其后，段氏在三十七部的支持下，统一了各大姓势力，并于后晋天福三年（938）登上王位。可以说，在段思平推翻义宁政权、建立大理国的过程中，三十七部的加盟是关键。

大理国建立后，段思平对三十七部所在的滇东地区给予了特殊的恩惠政策，如免除徭役，赏赐珍宝等。《滇史》载："思平之得国，以讨灭杨氏，其成功实赖东方诸蛮，故于初年即加恩三十七部蛮，皆颁赐宝贝，大行封赏。故东方终段氏未尝加兵。"③ 同时，滇东三十七部也未在段氏统治期间与之兵戎相见。

在建立大理国的过程中，段思平还联合了其他大姓势力，如爨氏、高氏。段思平为了躲避杨干贞的追捕，前往巴甸，藏匿于舅舅爨判家中。当段思平准备推翻杨干贞的消息传出后，高氏转而支持段氏。得知段思平藏于巴甸的消息后，据守善巨（今云南永胜）

① （胡本）《南诏野史》、冯甦《滇考》言段思平于滇东借兵之后，即于石城正式举事；寂裕《白国因由》则称正式举事是在蒙舍。段玉明《大理国史》认为以上各种的分析，似以后者所称更近事实。见《大理国史》第 20 页注释①。

② 诸葛元声撰，刘亚朝校点：《滇史》，德宏民族出版社，1994 年，第 208 页。

③ 同上，第 211 页。

的高方遣人秘密迎接。段思平建国后加封了这些大姓势力。如加封董迦罗为相国，分封董庆治兰州（今云南兰坪）；封高方为岳侯，分治成纪（今云南永胜）、巨桥（今云南昆阳）等地；封舅爨判为巴甸侯，其封地范围为“自判山（今云南建水城南）迤逦至东南，有目则山，又东为羡裒山，皆南诏时以赵姓者守其地，至是皆为判有。至澄江、河阳、么些蛮所居，判皆夺据之”①。

综上所言，大理国政权的建立，得益于段氏与其他大姓势力和三十七部的结盟，段思平对白族大姓氏族和三十七部的封赏，其目的在于达到“远近归心，诸彝君长，各来贡献”的政治目的。然而，这却又为这些势力日后的壮大埋下了伏笔。透过《段氏与三十七部会盟碑》，可见如何有效地联合各种力量实现政局的稳定，同时又使得这些力量相互制衡，从而保持段氏的中坚核心地位，成为了段氏政权面对的重大问题。

（二）高氏碑群：大理国后期段氏与高氏关系的折射

大理国金石文献中遗留的高氏碑刻主要有《□□护法明公德运碑赞摩崖》《兴宝寺德化铭并序》《大理国渊公塔之碑铭并序》《大理国故高姬墓铭并序》《□□□□忠义臣谥曰忠节叵明圛行义帝墓志并序》一共5通碑刻。其中，《□□护法明公德运碑赞摩崖》的碑主为大理国段正严、段正兴时期的国相高量成。《大理国渊公塔之碑铭并序》的碑主皎渊是高量成的儿子，在二十岁时出家，为大理国禅宗水目山系的四祖之一。《兴宝寺德化铭并序》的碑主是高逾城光，《□□□□忠义臣谥曰忠节叵明圛行义帝墓志并序》的碑主是高生福，他们均是高量成的侄子。《大理国故高姬墓铭并序》的碑主高姬是大理国公高妙音护的女儿高金仙贵。从留存的数量而论，高氏碑刻是大理国后期大姓氏族碑刻数量最多的。这些碑刻的碑主身份显贵，其中还有高居相位者。

依史所载，《□□护法明公德运碑赞摩崖》中的碑主高量成任相九年，为段氏十六世主段正严、十七世主段正兴时期大理国政权的实际掌控者。段正严时期，高量成深得其信任。《滇史》载：“徽宗政和五年，大理遣使入广南，求内附。正严勤于政事，爱民用贤，思揽政权，乃与国主高量成谋，遣使由

① 诸葛元声撰，刘亚朝校点：《滇史》，德宏民族出版社，1994年，第210页。

广南而入，求内附。”① 这里言段正严勤于政事，与国主高量成一起谋划政事。段正兴执政时期，高量成继续辅国。“正兴能守父遗绪，高量成佐之，亦称贤相。未几，量成退位，居威楚。然国有大事，正兴必遣问乃决”②。高量成讨伐三十七部叛夷后，让位给侄子高贞寿，退居威楚。虽然已让位，但凡国政大事，段正兴都要征求高量成的意见才做决定。

大理国后期，高氏为相者不止高量成一人，段正淳在位时期，高泰明任相国，“赏罚政令皆出其门，国人称为国主。波思、昆仑诸国来贡大理者，皆先谒相国，段氏拥虚位而已。”③ 段正严时期，高泰明、高泰运、高明顺、高顺贞、高量成先后任相国。段正兴时期高量成、高贞寿、高寿昌先后任相国。段智兴时期高寿昌、高贞明、高观音妙先后任相国。段智廉时期高观音妙、高观音政先后任相国。段智祥时期高阿育、高逾城隆、高泰祥先后任相国；段祥兴、段兴智时期高泰祥任相国。回顾大理国前期，高氏已在政权中担当了十分重要的角色。明德元年（951）段思良之子段思聪即位，欲兴兵攻蜀，为高侯所阻，朝政大权仍掌控于高氏之手。段素廉继位后，因其子阿统不肖，立其侄段素隆，段素隆在位五年避位为僧，传位于阿统之子素真，“在这场夺位还位的权力之争中，高氏势力扮演了相当重要的角色”④。

段氏虽无实权，但是仍不失为王权至尊的象征。在《□□护法明公德运碑赞摩崖》记述的敕封仪式中，高氏仍然要遵从段氏的权威。《□□护法明公德运碑赞摩崖》载：“帝敕号曰□□□□□□□□□周道，不行商道。商以誓为实，周以会为实。公累与诸蛮会而不曾誓，故行周道。”⑤ 这里“帝”指段正兴。由于碑文残缺，其敕号高量成的具体信息无法确知，但从“商以誓为实，周以会为实。公累与诸蛮会而不曾誓，故行周道”来看，其中“商以誓为实”说的是老百姓不满夏朝统治，流传“时日曷丧？予继汝偕亡”的誓言，最后夏朝为商汤所灭的历史。“周以会为实”是指周武王与八方诸侯举“成周之

① 诸葛元声撰，刘亚朝校点：《滇史》，德宏民族出版社，1994 年，第 227 页。
② 同上，第 230 页。
③ 同上，第 226 页。
④ 段玉明：《大理国史》，云南民族出版社，2003 年，第 35 页。
⑤ 杨世钰主编：《大理丛书·金石篇》10，中国社会科学出版社，1993 年，第 7 页。

会”，最后共同讨灭商纣的历史。如前所述，一方面，义宁国为段思平联合“三十七部”所灭，大理国立国的经过与周朝相似。另一方面，以此典故喻指大理国效仿周代立国，寄望国家太平。所以即使高量成辅佐段氏有功，但还需段氏封其为“行周道”的功臣。

二、佛教与治世的结合

（一）禅位为僧

大理国的帝位22传，其中有8位避位为僧，“禅位为僧”① 成为大理国帝位更迭的一种常态。如：

> 素隆立五年矣，亦无失德，丙寅，避位为僧，传位于素真②。
>
> 乙卯，思廉在位三十一年，避位为僧，禅位于子连义③。
>
> 段氏十三世正明，宋神宗元丰五年壬戌立，改元保定。癸亥，改元建安；辛未，改元天佑。凡在位十二年。性谨恪，尚俭素。甲戌，避位为僧④。
>
> 丁丑，正淳改元文安。在位十三年，避位为僧，传子正严⑤。
>
> 戊午，正严又改元广运。丁卯，避位为僧，凡在位四十年。后卒，伪谥宪宗宣仁皇帝，传子正兴⑥。

以上列举了大理国五位国王避位为僧的例子，分别为段素隆避位，传段素真；段思廉让位于其子段连义；段正明避位为僧；段正淳避位，传子正严；段正严避位为僧，传位段正兴。段氏禅位为僧成为皇室的传统，追究其成因，

---

① “禅位为僧”在许多书中皆写“避位为僧”。胡蔚本《南诏野史》多用“禅位”。《滇载记》《滇考》《滇云历年传》多用“避位”。段鼎周认为“避位”是因为被迫，而“禅位”则有主动禅让的意味。见《白族学研究》第七辑（1997），第166–170页。

② 诸葛元声撰，刘亚朝校点：《滇史》，德宏民族出版社，1994年，第221页。

③ 同上，第224页。

④ 同上，第225–226页。

⑤ 同上，第227页。

⑥ 同上，第230页。

这或与大理国历史的发展过程中，政权是段氏和多个白族大姓势力结盟建立，各方的力量对权力的争夺和矛盾不断有关。大理国皇帝以避位更迭的方式，减免了王权争夺的血腥斗争，保证了大理国政权在段氏中的延续，也保存了段氏实力，为段氏与其他大姓势力之间实现均衡的政治关系提供了重要保障。

对于禅位为僧的段氏来说，不仅仅是归心于佛教，而且还意味着从帝王的身份状态转换到“佛王”的另一种状态。这也正是《大理国释氏戒净建绘高兴兰若篆烛碑》中出现“嘌信”隐含的意义。《大理国释氏戒净建绘高兴兰若篆烛碑》言：

岁用此功，奉福天王嘌信，冢宰国公。①

这里“嘌信”为国王之意。“嘌信”一词还在多种文献中出现。段正兴为其太子所铸的阿嵯耶观音像背发愿铭文中自称为“皇帝嘌信段政兴”。大理国时期的《张胜温画卷》中的题款为“利贞皇帝嘌信”“奉为皇帝嘌信画”。早在南诏时期，“嘌信”就是南诏王的称呼。大理国皇帝称“嘌信”应承袭了南诏的传统。然而在《大理国释氏戒净建绘高兴兰若篆烛碑》中“嘌信”之前还有“天王”一语。“天王”乃佛教名号，在国王称呼之前加天王，意在表明国王有佛教“天王”的身份。相类似的情况还有大理国王段智兴自称“易长”，“易长”即易长观世音。因此，段智兴这一自称带有自视为“观音佛王”② 之意。联系此前对段氏、高氏关系的分析，可知高氏是大理国后期政治实权的实际掌控者，面对这样的政治困局，段氏选择通过佛教来强化王权至尊的地位也在情理之中。

（二）广纳释儒人才

在人才选拔方面，段氏将僧人作为选拔的对象。郭松年《大理行记》：

---

① 杨世钰主编：《大理丛书·金石篇》10，中国社会科学出版社，1993 年，第 10 页。

② 侯冲：《南诏观音佛王信仰的确立及其影响》，赵怀仁主编：《大理民族文化研究论丛》第一辑，云南民族出版社，2004 年，第 149-195 页。

“师僧有妻子，然往往读儒书。段氏而上国家者，设科选士，皆出此辈，今则不尔。”① 从这段话可以看出段氏对僧举的重视。段氏重视选拔僧人中修习儒家文化者，即具有释儒兼修的学养背景。

图五十二　大理国释氏戒净建绘高兴兰若篆烛碑。图片来源于杨世钰主编：《大理丛书·金石篇》1，中国社会科学出版社，1993 年，第 35 页。

大理国时期许多官员具备释儒兼修的素养，如袁豆光、杨才智、溪智、杨俊升可为代表。《大理国佛弟子议事布燮袁豆光敬造佛顶尊胜宝幢记》载袁豆光的身份是双重的，一是“佛弟子”，二是“议事布燮”。“佛弟子”说明其为佛教修行者，“议事布燮”则是他的官职。“布燮”是南诏时期的职官名，为最高行政长官“清平官”的别称之一。在大理国时期，“布燮”一职“应该有权参与朝廷大事的商议，只是没有主宰的权力”②。《兴宝寺德化铭并序》载碑文撰者杨才照为“皇都崇圣寺粉团侍郎赏米黄绣手披释儒才照僧录阇

① （元）郭松年、李京撰，王叔武校注：《大理行记校注》《云南志略辑注》，云南民族出版社，1986 年，第 23 页。

② 段玉明：《大理国史》，云南民族出版社，2003 年，第 125 页。

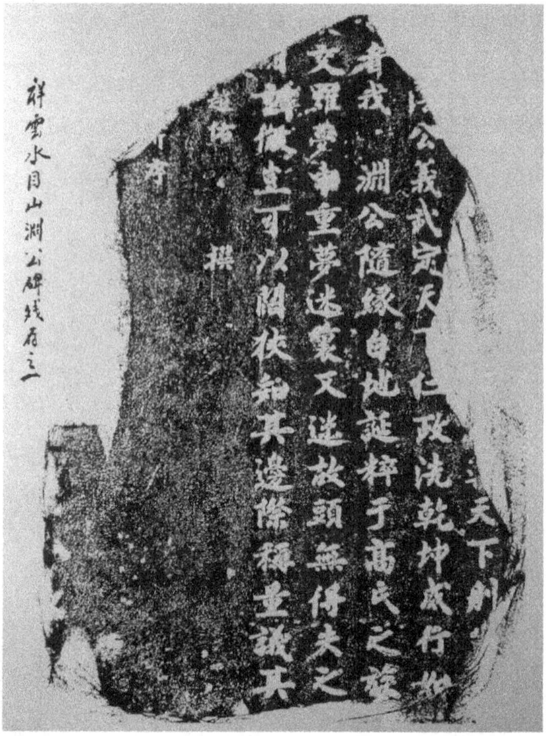

图五十三　大理国渊公塔之碑铭并序。图片来源于杨世钰主编：《大理丛书·金石篇》1，中国社会科学出版社，1993年，第36页。

梨”①，其中“粉团侍郎”应为杨才照职位名，“粉团侍郎”为“以释儒身份以备顾问的僧职”②，“僧录阇梨”，应为大理国时期的僧封名号，“赏米黄绣手披”应为荣誉赏级。另外，杨才照的身份定位为“释儒”，可见其官职与其释儒身份是相适应的。《故溪氏谥曰襄行宜德履戒大师墓志并叙》中溪智为“赏以黄绣手披之级”③，又言溪智之祖在长和国时期，曾“补阇梨之职”④。言溪智为“利贞皇补和尚以赐紫泥之书，大公护赏白衣以□备彩之黼。”⑤这里“利贞”为大理国后期段智兴年号利贞（1171－1175）。段智兴以“紫泥之书”即诏谕敕溪智“和尚”之名，足见隆重。联系碑文对溪智德行描述可见，溪智乃“行事敬”“道德勤”“亲亲和”“友友信”之人，加之其有“补和尚”，所以推测“赏以黄绣手披之级”应该体现了官方对其释儒德行的综合评价。《大理国故高姬墓铭并序》的撰者为“谏议大夫敕赐紫大师杨俊升撰”⑥。这里“谏议大夫”为其官职，乃执掌议论。“赐紫大师”应为杨俊升的佛教荣

① 杨世钰主编：《大理丛书·金石篇》10，中国社会科学出版社，1993年，第7页。
② 段玉明：《大理国史》，云南民族出版社，2003年，第130页。
③ 杨世钰主编：《大理丛书·金石篇》10，中国社会科学出版社，1993年，第12页。
④ 同上，第11页。
⑤ 同上，第12页。
⑥ 同上，第11页。

誉头衔。在《杨俊升碑》中，杨俊升被称为“衡鉴君国谏议大夫杨俊升谥曰释龟儒镜圆悟国师释照明。”“圆悟国师”是杨俊升的佛教谥号，“谏议大夫”为其官衔。结合两碑来看，杨俊升官为谏议大夫，又为敕紫大师，是位大阿吒力，因此他兼具双重身份。与此同时，为了加强释儒人才的管理与效用，大理国制定了僧官制度，从碑文中可以获得僧官设置的一些具体信息。《大理国佛弟子议事布燮袁豆光敬造佛顶尊胜宝幢记》载：“皇都大佛顶寺都知天下四部众洞明儒释慈济大师段进全。”① 这里段进全的身份是“大佛顶寺都知天下四部众”，其中“四部众”有两种解释：“一是指比丘、比丘尼、优婆塞、优婆夷佛弟子四众；一是指比丘、比丘尼、沙弥、沙弥尼佛教出家四众。”都知天下四部众“即当为大理国僧尼总管”②。《大理国渊公塔之碑铭并序》载该碑由“金襕杜隆义雕书”，这里“金襕”为大理国僧封名号。段玉明认为“大理国时期的僧封相当复杂，大体可以分为补阇黎、赐紫大师、赐金襕僧以及赐号大师四类。”③

图五十四　大理国故高姬墓铭并序。图片来源于杨世钰主编：《大理丛书·金石篇》1，中国社会科学出版社，1993 年，第 39 页。

可以说，段氏对儒释人才委以重任，促进了儒释兼通的文化精英群体的形成，这些文化新贵也成为大理国政权中的中坚力量。

---

① 杨世钰主编：《大理丛书·金石篇》10，中国社会科学出版社，1993 年，第 6 页。

② 段玉明：《大理国史》，云南民族出版社，2003 年，第 130 页。

③ 同上，第 130-131 页。

三、《故大师白氏墓碑铭并序》——大理国与宋朝政治关系的一个微观视角

大理国十分看重与宋朝的关系。大理国时期金石文献中并无对双方关系的直接记述，但在元代的《故大师白氏墓碑铭并序》中却记录了大理国和宋朝之间的一段往事。

《故大师白氏墓碑铭并序》碑文如下：

夫林木之茂，至于合拱，□其培养固非一日。源泉之流，至乎江海者，其积岂不渐。所谓根深则木茂，源远则流长，此修德者之所宜鉴，今白氏其庶几焉。虽经世变迁徙，而名德□□□□□世其家，岂非积行累德之所致乎。大师姓白氏，讳长善，大师白兴智□□□□□□□□□□国师张汝祐之女。其家世勋行，具有谱录。其宗出自楚平□□□□□□□□□□□胜封于白，是为白公，由此为氏。楚之先自帝颛顼历尧舜□□□□□□□□□□□□□苗裔曰熊绎，封于楚，后皆称王，具于前史。其后世衰，至□□□□□□□□□□□□□□于太原，因为太原人。子孙连绵不绝，至唐时，□□□□□□□□□□□□□□□□□于当时，白敏中者，居易之从父弟也。居易□□□□□□□□□□□□□□□□□□□乃大宋仁宗皇祐四年壬辰，即我大理□□□□□□□□□□□□□□□□□□□□□江南州府，有和原从之，即敏中之苗裔□。□□□□□□□□□□□□□□□□□□江，降于大理。其医术之妙则和原，文学□□□□□□□□□□□□□□□□□□□□大理文学、医方、巧匠，于斯而著。□□□□□□□□□□□□□□□□□□□□□□□不得不诛，然而不可使玉石俱焚，□□□□□□□□□□□□□□□□□□□□□□是函其首送于知邕州事萧□，□□□□□□□□□□□□□□□□□□□□□□也。是时黄玮以文学、和原以医术□□□□□□□□□□□□□□□□□□□□□□林，升和原为医长，由是为□□□□□□□□□□□□□□□□□□□□□□□□□①。

① 杨世钰主编：《大理丛书·金石篇》10，中国社会科学出版社，1993年，第13页。

图五十五　故大师白氏墓碑铭并序。图片来源于杨世钰主编：《大理丛书·金石篇》1，中国社会科学出版社，1993年，第46页。

这通碑文主要记述了唐代白居易的后人白和原的人生行状，而白和原流寓大理与侬智高有着密切关联。

宋仁宗皇祐四年（1052），侬智高在两广建号称王，大理国王段思廉前去朝贺。同年，侬智高在广西叛乱，宋廷派狄青往征，侬智高兵败，由合江口退入云南，“降于大理”。大理国接纳并安置了侬智高。依据《故大师白氏墓碑铭并序》所载，“有和原从之”，说明白和原是侬智高到大理时的随从。至和二年（1055），在宋朝遣使追索下，大理国“不得不诛”侬智高，并“函其首送于知邕州事萧注”。碑文中交代白和原作为随从未被诛杀是因为他“医术之妙”。后来，白和原留居大理并被任为大理国“医长”。碑言“是时，黄璛以文学、和原以医术著称”，言当时黄璛以文学著称，而白和原以医术闻名。

侬智高建南天国，称仁惠皇帝，大理国王曾向侬智高朝贺。侬智高兵败降于大理，大理国王接纳并安置了侬智高及随从。据此看来两国外交关系不错，但后来大理国杀了侬智高并函其首送给萧注，究竟是什么原因呢？

太祖乾德三年（965）“全斌既平蜀，欲因兵威取云南，以图进。太祖鉴唐之祸基于南诏，以玉斧画大渡河曰：‘此外非吾有也’。”① 这里言宋朝将领全斌统兵入四川，打败后蜀统一四川，还想趁胜攻取大理国，并向大宋朝廷进献了大理国地图。然而，宋太祖以天宝战争南诏大败唐军为鉴，不但没有采纳全斌的进谏，反而以大渡河作为与大理国划分的边界。这便是“宋挥玉斧”典故的由来。而此时的大理国做出的反应是，从建昌城（今四川西昌）派遣官吏送公文入宋朝廷，祝贺宋朝平定四川，表达了愿为宋藩属的外交要求。此后的60年，大理国从未停止过向宋朝的请封。双方关系进展如下：

宋太祖开宝元年（968）大理国向宋朝廷呈递公文，要求通好。未果。

宋太宗太平兴国七年（982），宋朝廷命令黎州（今四川汉源）官吏在大渡河上造大船，以便利大理国向宋朝入贡者。

雍熙二年（985），大理国向宋朝廷呈递公文，要求通好。未果。

端拱二年（989），大理国向宋朝廷呈递公文，要求通好。未果。

淳化二年（991），大理国向宋朝廷呈递公文，要求通好，未果。

至道三年（997），大理国向宋朝廷呈递公文，要求通好，未果。

宋真宗咸平二年（999），大理国向宋朝廷呈递公文，要求通好。未果。

景德二年（1005），大理国向宋朝廷呈递公文，要求通好。未果。

大中祥符元年（1008），大理国向宋朝廷呈递公文，要求通好。未果。

宋仁宗景祐五年（1038），大理国向宋朝廷进贡。

至和二年（1055）在宋朝遣使追索下，大理国诛杀了侬智高并“函其首归献”，以侬智高的头颅向宋朝示好。徽宗政和五年（1115），宋朝答应了加封大理国的要求。随后，大理国第十六世国主段和誉（即段正严）派遣李紫琮、李伯祥为正、副使，带着贡马三百八十匹及麝香、牛黄、细毡、碧玕山等贡品，于政和七年（1117）到达开封，宋朝封段和誉为“金紫光禄大夫、检校司空、云南节度使、上柱国、大理国王”②。大理国与北宋王朝之间的藩属关系正式建立。

---

① 田汝成：《炎徽纪闻》，（景印）《文渊阁四库全书》史部一一〇纪事本末类，第三五二册，台湾商务印书馆，1986年，第342-48页。

② 脱脱等撰：《宋史》，中华书局，1977年，第14073页。

然而就在对大理国王进行正式加封的当年，宋朝部分官员要求在大渡河外置城邑，以便进一步与大理国展开互市，黎州宇文常谏言："自孟氏入朝，艺祖取蜀舆地图观之，画大渡为境，历百五十年无西南夷患。今若于河外建城立邑，虏情携二，边隙浸开，非中国之福也。"① 由此，北宋末年与大理国之间的正常交往又因此受阻搁置。

南宋高宗绍兴六年（1136），大理国君段和誉派遣使臣，从今广西西部的邕州（今南宁）向南宋入贡，要求恢复公元1117年所建立的关系。贡品中有驯象，以表示对南宋的臣服。（按：贡象以表示臣服，是古代东南亚各国的传统习俗。而大理国的这种做法，是受古代东南亚各国的影响。据《南诏野史》的记载，东南亚的一些国家也曾向大理国贡象。）但南宋高宗却只收下贡品中的马匹，酬给马值，而拒绝了驯象，表明不纳大理国为藩属。据《建炎以来系年要录》记载，翰林学士朱震等对于南宋高宗的这种做法表示赞同。上书言："大理国本唐南诏，大中、咸通间，入成都，犯邕管，召兵东方，天下骚动。艺祖皇帝鉴唐之祸，乃弃越诸郡，以大渡河为界，欲寇不能，欲臣不得，最得御戎之上策。"② 这里又一次搬出典故，挥起"玉斧"，拒绝往来。此后直到南宋灭亡，大理国内附宋朝的关系未再建立。

《滇云历年传》在论及南宋灭亡原因时言："段氏自改称后理，向慕中国，志不少衰，而南宋君臣视之蔑如者，终鉴于唐季之祸也。夫士不通今博古，固不足以宏济艰难；然而执经泥古者，岂可以弥纶宇宙乎！以天下大势而论，宋之视滇，犹唐之视蜀也。若使滇不慕宋，犹当来之，奈何持迂腐之陋见，而必阻其向化之心乎。……则滇不得不并于元，而宋亦归于无可复之，惟有终之于蹈海而已，亦势所必致也。"③ 大理国以侬智高的头颅作"玉斧之祭"换得宋朝藩属国的做法，其实是宋朝"宋挥玉斧"政策下的一个惨痛案例。

① 脱脱等撰：《宋史》，中华书局，1977年，第11149页。
② 李心传：《建炎以来系年要录》，中华书局，1956年，第1713页。
③ 倪蜕辑，李埏校点：《滇云历年传》，云南大学出版社，1992年，第184页。

第三节　白族古代金石文献与元代的治世思想

1253年，忽必烈受蒙哥汉之命远征大理，后元军攻下大理城，大理国政权结束。1260年，忽必烈在开平即帝位。1271年定都大都，国号“大元”。1279年，元灭南宋，征服全国。元代在云南设置行省，将其纳入国家大一统的政治体系。与此同时，元代设大理段氏总管之职，保留了大理国段氏的特权。这样一来，在大理地方形成了两大政治势力，一是以云南王、平章政事为代表的中央政权势力；一是以段氏为代表的地方势力。1368年朱元璋攻克大都，元朝历98年，经11帝，段氏任大理总管共历12代，与元代历史相始终。

一、“神武不杀”——元代治理云南的思想基调

大德八年（1304），在平章政事也速答儿上奏后，元成宗钦命翰林院程文海撰《世祖平云南碑》，碑文追述了忽必烈平定云南的历史经过，对世祖平云南建行省的伟大功绩大加赞美。碑中将忽必烈治理云南的理念概括为“神武不杀”四字。碑言：

> 今其民衣被皇明，同于方夏。幼长少老，怡怡熙熙，皆自忘其往陋。非神武不杀之恩不及此①。

这里言云南的百姓与其他地方的百姓一样生活得快乐，是因为忽必烈“神武不杀”的恩泽。“神武不杀”一语出自《易经》。《易经》言：“子曰：‘夫易，何为者也？夫易，开物成务，冒天下之道，如斯而已者也。’是故，圣人以通天下之志，以定天下之业，以断天下之疑。是故蓍之德圆而神，卦之德方以知，六爻之义易以贡。圣人以此洗心，退藏于密，吉凶与民同患。神以知来，知以藏往，其孰能与于此哉。古之聪明睿知，神武而不杀者夫！

① 杨世钰主编：《大理丛书·金石篇》10，中国社会科学出版社，1993年，第15页。

是以明于天之道，而察于民之故，是兴神物以前民用。圣人以此斋戒以神明其德夫!”①《易经》中，“神武而不杀”指不以杀戮而实现孕化万物的厚生精神。对照元世祖平云南的历史，可见他对“神武不杀”理念的实践。

图五十六-1　世祖平云南碑外观。图片为作者摄。

一方面，忽必烈在平定云南的过程中禁绝杀戮，对坚持抵抗的大理国段氏进行多次招降。《世祖平云南碑》载：

> 分军为三道，禁杀掠焚庐舍。先遣使大理招之，道阻而还。十月过大渡河，上率劲骑由中道先进。十一月渡泸，所过望风款附。再使招之，至其国遇害。十二月薄其都城，城倚苍山西洱河为固。国主段兴智及其柄臣高太祥背城出战，大败。又使招之，三返弗听，下令攻之②。

从这段碑文可知，忽必烈对大理国王段兴智进行了三次招降，最终因段氏“三返弗听”，坚决抵抗，元军才攻打城池。忽必烈在征云南前曾问计徐世隆，徐世隆劝诫世祖不事杀戮，并引用孟子之言劝诫：“‘不嗜杀人者能一

① 朱熹著，苏勇校注：《周易本义》，北京大学出版社，1992年，第148页。
② 杨世钰主编：《大理丛书·金石篇》10，中国社会科学出版社，1993年，第15页。

之。'夫君人者，不嗜杀人，天下可定，况蕞尔之西南夷乎!"徐世隆将平云南与夺天下的大局相联系，得到世祖的赞同。世祖答曰："诚如卿言，吾事济矣。"在元军劝降大理国段氏的过程中，大理国相高太祥杀死蒙古招降使臣。按照蒙古"祖宗之法，杀诏使者，城拔必屠"① 的规定，忽必烈理应屠城。但张文谦、刘秉中、姚枢等进谏："杀使拒命者高祥尔，非民之罪，请宥之。"② 劝谏世祖杀使者之人是高祥，并非百姓之罪。忽必烈听取了建议，改变了祖宗之法，命姚枢裂帛为帜，书写止杀的命令，传示大理城内的大街小巷，"由是其民父子完保，军士无一人敢取一钱直者"③，元军对百姓秋毫无犯，大理的百姓也得以保全。

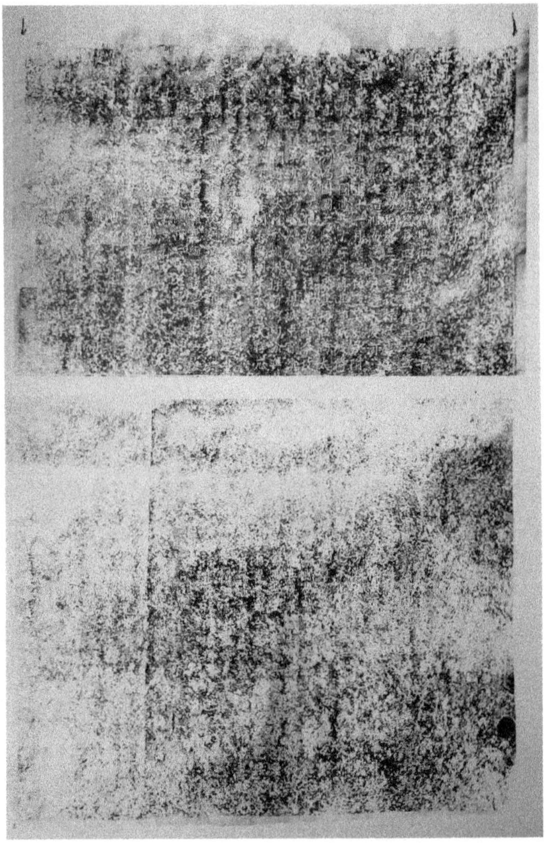

图五十六-2　世祖平云南碑。图片来源于杨世钰主编：《大理丛书·金石篇》1，中国社会科学出版社，1993年，第53页。

1253年底大理城被元军攻下后，忽必烈对主动投降的人员，或委以重任，或赐田奖励。

《故大理路杨氏躬节仁义道济大师墓碑铭并序》记载了杨公主动归附元军

① 姚燧：《牧庵集》五（卷十八），《神道碑·提举太原监使司徐君神道碑》，《四部丛刊初编》1431，上海书店，1989年。

② 宋濂等撰：《元史》，中华书局，1976年，第3696页。

③ 姚燧：《牧庵集》四（卷十五），《神道碑·中书左丞姚文献公神道碑》，《四部丛刊初编》1430，上海书店，1989年。

并被元朝授职一事。碑载："天定癸丑，皇帝亲征南方，十二月十三日，兵至大理。是时理之王公士民逃亡四散，而公有顺命安□之志。十五日，独自一身，最先投拜。皇帝□□□乃以□□□招复散亡之民，各安其业，以公为之长，八答剌丁为安抚使。（上阙）同□□□处，招诱永平、永昌、腾越及姚楚、善阐等诸方，人民遂安定。□□□□□□诣五将□兵马等事，凡百资用，皆取给于公，公心计口授，随（上阙）乏过误之有。至于孤独鳏寡，贫不能自立者，皆赈恤之，给以（上阙）故旧之陷于大军者，则以赎之，俾复其宗，终不望报。"① 1253年12月13日，忽必烈兵临大理，当地百姓四散奔逃，碑主杨公于15日率先投拜元军。杨公被授职并负责百姓的安置。另外，杨公还参与了永平等多地安抚振恤的事务。

张泰在忽必烈兵临大理时率领众人归附。由于率先归附元朝，世祖敕张泰田一百余顷，以兹奖励。碑载："癸丑年间，皇祖御大理，泰等领众归附，赐□敕田一百余顷。"②

《故理阳寨长官司案牍段琏墓铭并序》记载了段智归附元朝并受封一事。碑载："癸丑年冬，钦遇□□南下，智携男观音正，率先款附，韩武二大相赐旗号以旌其忠。至元年间，平章政事赛公奉□□云南立行省，委正充规措库提控，克修乃职，庶绩咸熙，过门不入，数十余载，暨辞职而田园□□□□□□，段中奉嘉其志节，以布燮名号遥授之焉。"③ 从这通碑可知，碑主段琏的先祖段智在忽必烈平云南时带着儿子段正率先归附元朝，元朝授段智旗号以旌表忠诚。至元年间，赛典赤到云南担任平章政事，委任段正为规措库提控，段正为官数十年一直秉公办事，过家门而不入。段正辞职归隐田园后，被授予布燮的名号。

二、"神武不杀"的政治实践

元世祖"神武不杀"的治世理念为成宗继承。《世祖平云南碑》言：

---

① 杨世钰主编：《大理丛书·金石篇》10，中国社会科学出版社，1993年，第24-25页。

② 《张照磨墓志》，杨世钰主编：《大理丛书·金石篇》10，中国社会科学出版社，1993年，第21页。

③ 杨世钰主编：《大理丛书·金石篇》10，中国社会科学出版社，1993年，第22页。

今陛下建中和之政，凡以绳祖武，厚生民，无所不用其极。中外钦承，无远弗届。是以藩方大臣，于钱谷甲兵之外，倦倦以光诏令德为请，其知为政之本也已①。

这里盛赞成宗之政是“中和之政”。成宗“中和之政”既“以绳祖武”，同时又“厚生民”，承续世祖“神武不杀”的治国理念。“成宗即位后，限制诸王投下，减免江南部分税赋，下旨编辑整理律令，保持守成局面。他改变了世祖对外扩张的政策，取消进攻日本、安南的准备工作，使社会矛盾有所缓和。”②

元朝统一全国后，在地方设中书省，其下设为路，路下设府，府下为州县，云南也依此建制。

《世祖平云南碑》载：“云南平，列为郡县。凡总府三十七，散府八，州六十，县五十，甸部寨六十一，见户百二十八万七千七百五十三。分隶诸道，立行中书省于中庆以统之。”③ 至元十年（1273），赛典赤首任云南省平章政事，设立郡县。他以军政不能统一、权力分散为由，将宣慰司置于行省的领导之下，并以行省兼行元帅府事，分掌部分军权。然后把军事统治时期的万户府、千户所、百户所改为路、府、州、县，路设总管，府设知府，州设知州，县设县令或县尹，具体“为路三十七，府二，属府三，属州五十四，属县四十七。其余甸寨军民等府不在此数”④。这样的设置，使得平章政事的职权高于宣慰司，并对之形成制衡的作用。这为中央政权管控云南地方政治奠定了重要的基础。

如何结合云南的历史文化特点，发挥以段氏为代表的少数民族大姓势力在本土的影响力，也成为元代统治者关注的现实问题。

① 杨世钰主编：《大理丛书·金石篇》10，中国社会科学出版社，1993年，第15页。
② 刘迎胜：《元史》，中华书局，2006年，第187页。
③ 杨世钰主编：《大理丛书·金石篇》10，中国社会科学出版社，1993年，第15页。
④ 宋濂等撰：《元史》，中华书局，1976年，第1457页。

元朝立国前，蒙哥敕封了大理国末代君主段兴智。宪宗五年（1255）段兴智被俘之后，兀良合台遣人将段兴智与其叔父段福一道送到北方，朝见蒙哥。蒙哥接见二人之后，不但未杀，还赐以金符，令其归国。第二年，段兴智向蒙哥献大理国地图，并“请悉平诸部，并条奏治民立赋之法”,[①] 向蒙哥表示真正的臣服。蒙哥赐段兴智“摩诃罗嵯”[②] 之名，“命悉主诸蛮白爨等部，以信直福领其军。”[③] 蒙哥命段兴智主管诸蛮、白爨等部，命其叔段福仍统领大理国旧军。与此同时，蒙哥又授兀良合台银印，加大元帅，令其还镇大理，以刘时中为宣抚使，与段氏一同安辑大理。这几通诏令，体现了蒙哥对段氏的笼络和任用，为后来元朝治理云南打下基础。

元朝建立后，忽必烈颁布诏令，明确了段氏在云南行省的政治、军事地位。

一是，向天下昭告段氏“归有新统”。此语出自中统元年（1260）蒙古遣使吊唁去世的大理国末代国王段兴智祭文中的原话。祭文言：“段氏承八姓正位，归有新统，既顺天时以向义，犹得国王以栖迟，实国家待远邦之仁，由贤王能左右之义。受命以来，朝夕惕厉。赖尔维勤，用征不逮，正当共享亨嘉之运，胡意遽罹霜露之灾。呜呼！当朕未集大统，乃为叔季之国，方今既承景运，合正君臣之称。叅录不替于子孙，诏禄宜诏于典册。特遣太常省祭，赠为后理国向义天定贤王段公，尚赖神庥，永保祚土。所赠王爵，后不为例。”[④] 这段祭文明言元朝正式削去段氏之帝位，降为臣民。祭文封赠段兴智为“向义天定贤王”，并言所赠王爵后不为例。

二是，公元1261年忽必烈颁布诏书，令大理国末代国君段兴智之弟段实（即直信日）总理云南，诏曰：

---

① 宋濂等修：《元史》，中华书局，1976年，第3910页。

② 同上。

③ 同上。

④ 杨慎编辑，胡蔚订正：《南诏野史》（罗振常藏本二卷），杨世钰、赵寅松主编：《大理丛书·史籍篇》卷三，云南民族出版社，2012年，第238-239页。

向率我以临尔境，众据国人之请，因从城下之盟，款附而忠勤益著。庸示至优之礼，以彰同示之仁。可革帝号，赐以虎符，总领大理、鄯阐、威楚、统矢、会川、建昌、腾越诸郡，抚恤已附之民，招集未降之国，卿其勉之①。

从诏书中可知，段氏被削去帝号，降为臣民，明确了蒙古统治者和段氏之间是君臣关系。忽必烈授段实以虎符，明确其军事统领的范围为大理、鄯阐、威楚、统矢、会川、建昌、腾越诸郡。“仍令各处万户以下，并听节制”②，明确规定万户以下皆受其节制。段实任总管之职，揭开了段氏担任大理总管的序幕。至元十三年（1276），忽必烈改授段实为大理等处的宣抚使。至元十九年（1282），段实率子阿庆入觐，元世祖忽必烈嘉奖段实忠勇，晋升为大理、威楚等处的宣慰使、都元帅。段实辞行时，忽必烈又拜其为云南诸路行中书省参知政事。

段实之后，段氏一直世袭云南总管之职，其历12代。

至元十九年（1282），忽必烈以段实之弟段忠为大理宣慰，兼管军民万户府。因建立军功，忽必烈授段忠金齿宣慰，兼掌军民万户府，赐虎符，封善阐酋。公元1300年，段实之子阿庆继袭总管。

大德十年（1306），段庆病故，其弟段正袭职。

延祐四年（1317），段庆之子段隆为大理军民总管。

至顺元年（1330），元朝授予段俊云南行中书省平章政事，段俊去世后，族弟段义继任为总管，授蒙化（今云南巍山）知州，封承务郎。其后总管之职继任者为段光（1333-1344），段功（1345-1363），段宝（1365-1371），段明（1372-1381），段世（1382），此后为段苴任、段苴义。③

大理段氏在任职期间，向元代中央政权表示臣服。

---

① 杨慎编辑，胡蔚订正：《南诏野史》（罗振常藏本二卷），杨世钰、赵寅松主编：《大理丛书·史籍篇》卷三，云南民族出版社，2012年，第239-240页。

② 尤中校注：《僰古通纪浅述校注》，云南人民出版社，1988年，第126页。

③ 段玉明：《大理国史》，云南民族出版社，2003年，第79-88页。

泰定二年（1325），大理第六代总管段隆所立的《大崇圣寺碑铭并序》言：

昔在世祖圣德神功文武皇帝，以仁圣之姿，贵介之弟，肃振天威，奋扬神武，大举六师，亲征云南。一鼓而出萧关，再驾而克大理。惟大理西夷之巨防，段氏国之，余三百年，天戈一举，望风底定。而居民安堵，不知有兵。段氏族属皆在保宥，使永其世祀。巍巍乎圣人之一海宇，神武不杀之仁，振古蔑以加矣①。

图五十七　大崇圣寺碑铭并序。图片来源于杨世钰主编：《大理丛书·金石篇》1，中国社会科学出版社，1993 年，第 65-66 页。

① 杨世钰主编：《大理丛书·金石篇》10，中国社会科学出版社，1993 年，第 19 页。

这段碑文回溯了世祖忽必烈亲征云南的情况。碑言元朝一统天下，云南归附，不但百姓免遭杀戮，而且段氏一族也得以保全并授以官职。其中“仁圣之姿”“肃振天威”“奋扬神武”是段隆对忽必烈的称颂之辞，表达了段氏向元朝臣服的心态。

在元代大一统的政治格局中，段氏成为中央政权倚重的地方军事力量。段氏屡屡充当军事先锋，平定云南境内外的动乱，建立功勋。

至元十九年（1282），段实奉命率部前往金齿接应征缅部队。同年，段忠继为总管，率部随元帅阔木征芒部、两林、会川诸夷，通善阐，平休林，伐武定。段义袭第七代总管期间，有阿容禾以中庆路叛元，段义率部助讨，以功升任参知政事。段光（段隆之子）袭第八代总管期间，滇南“番兵”发动变乱，进攻滇中，段光部将高蓬兵败，“番兵”趁势长驱而入，破河尾关。段光率部大败“番兵”。段功（段光之弟）袭第九代总管期间，至正六年（1346），木邦夷斯可伐叛元，元朝命河南参政贾敦熙督师，会云南三路兵往讨。段功率部充当先锋，屡战克捷。至正二十三年（1363），红巾军明玉珍令其弟万胜率兵进攻云南。段功率部抵御红巾军于吕阁（今楚雄吕合），大败红巾军于关滩、回磴关、安宁。

三、发挥宗教的调和作用

在元朝中央与云南行省的关系中，宗教成为和谐民族关系、中央和地方关系的纽带。

从元代上层社会来说，从世祖为始，信仰佛教、热心佛事成为皇室传统。大理国段氏笃信佛教也有着悠久的传统。这成为云南地方与中央宗教和谐的重要基础。

云南平章政事和段氏总管齐心协力复兴佛教的事迹见诸碑刻。如大胜寺的修造就得益于中央与地方的共同努力。至元二十一年（1284），段实启奏大胜寺复归僧司管理获得批准。至元庚寅（1290）云南平章政事也先卜花启奏朝廷进行大胜寺的开基建造。《大胜寺修造记》载：“至元庚寅，前总统唆南编，与云南行中书省平章也先卜花，钦奉薛禅皇帝圣旨，创开故基建立大殿一所，塑三身化佛。大功未就，三四年间鞠为茂草。”① 计划大胜寺大殿建成，三身化佛塑好，可惜未能完成。在也先卜花之后，公元 1294 年都总统节思朵掌管释教，弘扬佛法，护持僧众。元贞乙未（1295）都总统律积速南巴修葺云南寺院，继续推进大胜寺的修造工作，完善了寺宇，使之规模更为宏大。“迄甲午岁，梁王镇于兹土，都总统节思朵以王师之重，掌释教之权，宣演法门，护持僧众。元贞乙未，都总统律积速南巴继来莅事，下车之初，一乃心力修葺云南诸寺，大小一千余所。特于大胜寺躬为主盟，化檀那而增工食，倾囊钵以置地双，撤旧从新。丹楹刻桷，莲座俨紫金之相，顶轮耀众宝之光。绘诸佛千百化身，图华严五十三会，二位上师善财童子咸在焕焉。”② 大胜寺被尊为主盟寺院，建筑构建焕然一新。

图五十八　创修圆通寺记。图片来源于杨世钰主编：《大理丛书・金石篇》1，中国社会科学出版社，1993 年，第 62 页。

圆通寺、崇圣寺的重修也得益于

① 杨世钰主编：《大理丛书・金石篇》10，中国社会科学出版社，1993 年，第 14 页。《大胜寺修造记》中言“至元二十一年甲申岁，云南省参政段信苴日闻奏朝廷，圣恩准奏，复归僧司。”“至元二十年甲申岁”为公元 1284 年。至元十九年即公元 1282 年，段实病卒（见段玉明：《大理国史》，云南民族出版社，2003 年，第 81 页），与《大胜寺修造记》所记不符。段实奏请大胜寺复归僧司一事及时间除《大胜寺修造记》之外，未见于其他文献记载。因此，依此《大理国史》的考证，若段实奏请一事为实，那么《大胜寺修造记》的时间记录有误，应不晚于公元 1282 年。

② 杨世钰主编：《大理丛书・金石篇》10，中国社会科学出版社，1993 年，第 14 页。

平章政事和大理总管的合力。在这些修建寺院的发愿文中可见，拥戴国家的统一、祈愿国泰民安成为双方共同的愿望。

《大胜寺修造记》中载录了都统律积速南巴的发愿文。碑载：

专以祈我皇帝万岁，皇太后梁王妃子千秋，家家享磐石之安，宗子保维城之赝，官铸岁于僧盛民□□□二师之□□况寺于阛阓之间，□□□净之境，市肆纷扰，车马骈阗，不□□□之□岑寂也。①

这里，律积速南巴表达了修造大胜寺的三重祈愿：一是愿佛天保佑皇帝万岁，皇太后、梁王妃子千岁；二是愿百姓之家安宁；三是愿宗子维护国家的一统。

《创修圆通寺记》中，大夫云南行中书省左丞阿昔思的发愿文为：

主恩天大，报称无所，尝摅诚输愿，崇建法宇，庄严梵身，招礼苾蒭。上以祝皇帝无疆之寿，下为元元祷词，使岁无札瘥，时和年登，此慺慺之念力也②。

这里，阿昔思表达的祈愿与律积速南巴相似，一为祝愿皇帝万寿无疆，二为祈愿百姓岁岁平安，五谷丰登。

段实在修建崇圣寺时的发愿文为：

大理亦釐为一郡，以段氏宗子袭为长民。中顺大夫总管隆之祖实，中奉大夫云南行中书省参知政事赠武定郡公，拳勇有大度。留心内典，崇信三宝，谓干戈俶扰，繄佛力攸赖，蒙被世祖之好生之德，一门生聚，不陨锋镝。于是发愿大建佛宇，以报慈氏无上之恩，延洪我皇元万世灵

① 杨世钰主编：《大理丛书·金石篇》10，中国社会科学出版社，1993年，第13-14页。

② 同上，第18页。

长之祚也。大理崇圣寺者，在郡之点苍山下，蒙氏之所创也。寺既灾，武定公为大檀越，出己财缮治，庄严经像，殿庑焕然复新。三塔峙立，金碧交辉，巨丽与山埒，望之如崑阆间物。舍田供僧，日百许人……我先人臣属天朝，勤劳王家，建崇圣佛刹，思报国恩，敢请太史之文，如钱氏故事①。

碑言“以报慈氏无上之恩”，说明段实言修建崇圣寺是为了报答佛祖的护佑。又言“延洪我皇元万世灵长之祚也”，段氏身为大元臣民，感念世祖不杀之恩，因此祈愿大元世代传延不绝。“思报国恩”一语清晰地表达了段实一心归附元朝及对元代中央政权的认同。由上述的三通碑文可以看出，无论云南平章政事还是大理总管段氏，都希望通过重修佛寺祈祷元代国祚绵长，社会平稳安宁。

第四节　白族古代金石文献与明清时期的治世思想

1368年，明太祖朱元璋称帝，明朝建立。1381年，明太祖派30万大军进取云南，1382年大理城陷。明朝废除了元代行中书省，在全国设十三布政使司（俗称省），云南与北平、山东、山西、河南、陕西、四川、湖广、江西、浙江、福建、广东、广西并列为十三布政使司之一。

明代统一云南的进程并非一帆风顺。1381年，明太祖派傅友德为主帅，沐英、蓝玉为副帅，率军进取云南。梁王投滇池自杀，元行省右丞李观音投降。沐英率兵离开昆明后，土官杨苴纠众20万围攻昆明，后来洱源高大惠、普颜栋，剑川杨奴，蒙化高生，金齿（保山）段惠等接连发生叛乱。而傅友德率军西征的过程中，遭遇了大理总管段明（一作段世）5万兵力据守龙尾关（今大理下关）的抵抗。这些抵抗势力的领导者多为地方土酋，他们在地方拥有军事及庞大的宗族力量。对于明朝的统治者来说，如何将其统摄于政

① 《大崇圣寺碑铭并序》，杨世钰主编：《大理丛书·金石篇》10，中国社会科学出版社，1993年，第19页。

权之内是最棘手的问题。鉴于此，明朝政府采取区别对待的策略，主要有二种方式：一是坚决歼灭反抗势力；二是迫使地方土酋归顺，为了把归顺者收拢于政权之下，不但加以任用，而且对建功者委以重任。这些方式，既有效地打击了反抗力量，同时又驱使归顺者忠心效劳、绝对服膺明朝政权的统治。

清代在云南的统治沿袭了明朝中央集权的统治，云南进一步融入封建大一统格局。

一、统合地方资源的政策

（一）地方土酋

对于昆明、洱源、剑川、蒙化、金齿等多地的叛乱者，明朝毫不留情地镇压。但对于元代大理总管段氏，明太祖网开一面，迫其归顺并授以官职。1382 年 3 月沐英攻破大理城，段明及其二子苴仁、苴义被擒获，其他大小官员头目包括大僧侣大巫师数百人被一起解送南京关押。明太祖传谕："尔父宝，曾有降表，朕不忍废，赐其长子名归仁，授永昌卫镇抚，赐次子名归义，授雁门卫镇抚。"① 明太祖因虑及段宝曾有投降书，不忍废弃，并赐予段明的两个儿子官职。

云龙土酋段氏和兰坪土酋罗氏在归顺明朝后得到世袭土官之位。安宁土酋董赐首先归顺明朝，在迎击杨苴叛乱时坚守昆明城有功，其后又随傅友德征大理，招降抚顺，为傅友德赏识，得授世守土官之职。

然而，并非所有的土酋都能够世袭官职，有的土酋在授职后不久被削职或是废除。如洱海东的李珠、杨惠，鹤庆高氏等授职时间不长，最后被废职。

明朝对地方土酋势力中建立军功者论功行赏，如安宁土酋董赐。剑川的施氏、邓川的阿氏也通过建立军功巩固了地方土官的地位。洪武十五年（1382），贵州普安发生叛贼之乱，剑川的施氏、邓川的阿氏在这次平乱行动中建功。

《龙门邑施姓世系残碑》载：

---

① 谢肇淛：《滇略》，（景印）《文渊阁四库全书》史部二五二地理类，第四九四册，台湾商务印书馆，1986 年，第 494-221 页。

图五十九　龙门邑施姓世系残碑。图片来源于杨世钰主编：《大理丛书 · 金石篇》2，中国社会科学出版社，1993年，第110页。

洪武十五年六月内，自统部下小旗土军，前往三营归附总兵官征南将军。管领人夫，搬运浪(粮) 储，接济大军，协同官兵奋勇上前，攻破大寨，生擒叛贼普颜都、高森等七人，解赴纪功，官府验明奖赏。①

这里记载的是施氏一世祖施宝协助明军平乱的具体情况。洪武十五年（1382）施宝率领所统部下小旗土军归附总兵官征南将军，具体负责管理搬运粮食储备、接济大军之职。施宝协同官兵攻破叛军大寨，擒获叛贼首领普颜都、高森等七人，受到奖赏。同年，由征南将军上奏朝廷，施宝回原地管事。洪武十七年（1384）十月，施宝被吏部正式实授土官一职。碑中记录了皇帝的敕封：

奉天承运，皇帝敕曰：帝王以天下为家，必任天下之情为治。故任官锡爵，各因其宜。惟尔施宝，远居南服，归向之忱，情殷报国，搬运粮储，讨平叛贼，功实可嘉。特颁奖谕，仍尔旧任，锡以新荣。实授昭信校尉鹤庆军民府剑川州世袭土官百夫长，兼试百户。尔其膺兹新命，□□忠贞，往尽厥职，抚绥军士，庶朕一视同仁之心，钦哉！故勅。②

① 杨世钰主编：《大理丛书 · 金石篇》10，中国社会科学出版社，1993年，第70页。
② 同上。

敕谕中，皇帝表明了对官员一视同仁的态度，明确对施氏进行旌表和封赏，施氏也被中央政权树立为地方土酋的榜样。

在参与平定普安叛乱之外，施宝还参与了明朝扫平边乱的多次战争。“祖自受命□□□□□□孜孜尽职，身经出征一十余次，屡建奇勋，咸能□□功居各百户之上，为第一百户。”① 这里说到施宝前后出征十余次，屡建奇功。石门关一战中，施宝杀获叛贼首级十余副，皇帝钦赐丰厚的缎匹银两。

《龙门邑姓施姓世系残碑》记载施氏二世祖施温承袭土官之位，在战事中建立奇功。碑言：“二祖施温，系宝嫡长亲男，承袭管事。正统七年，赴京进贡，钦赏缎疋钞贯甚厚。奉旨跟随大军征进麓川等处，单身领兵，奋勇冲入贼阵，生擒首贼二名，余众尽行杀败。”施温在进军麓川等地的战争中，一人带兵冲入贼营，生擒麓川首领二人，杀败其余部众。“天顺七年，奉文调兵，自统部下旗军，征进赤石岩等处，将叛贼尽行杀败，回还管事。”② 天顺七年（1463），施温奉旨调兵，亲自统率部下旗兵进军赤石岩等地，将叛贼杀败，之后官任原职。施氏三祖施敬，承袭管事。成化十四年（1478），奉文调征铁索箐等处，活捉强贼克习等六人，蒙赐银牌花红。弘治十五年（1502），奉旨征调贵州普安，自统部下旗军，跟同官兵攻破多角南寨，生擒贼首福佑等七人，追获监生洪子华、龙江西二人，获朝廷赏赐缎匹银两，升为千户，回云南任职。

可以看出，施氏从唐朝至元代一直世袭土官之职。到了明代，由于多次在军事行动中表现出色，施氏成为明朝平乱过程中倚重的军事力量。施氏通过建立实战军功获得了中央朝廷的信任和嘉奖，进而巩固了自己地方土官的地位。

邓川的土官阿氏也多次参与朝廷平定边乱的战事。《邓川州土官知州阿氏五世墓表》载：

---

① 杨世钰主编：《大理丛书·金石篇》10，中国社会科学出版社，1993年，第70页。
② 同上。

乃于洪武十五年壬戌，天兵南征，开先公向义奋勇，率众输粮，攻克佛光、三营、寺寨数寨，擒获伪平章高生，右丞普颜都等。一时地方赖以平靖，抡功授任本州土官知州①。

图六十　邓川州土官知州阿氏五世墓表。图片来源于杨世钰主编：《大理丛书·金石篇》2，中国社会科学出版社，1993 年，第 114 页。

在这段记述中提到了弘治十五年贵州普安之乱，联系《龙门邑施姓世系残碑》可知，阿氏和施氏一起参与了这次平乱。其中“佛光”“三营”“寺寨”等是这次平乱过程中明军攻打的几个营寨。

（二）地方人士

白族金石文献中记述了地方人士归顺明朝并受职的情况。

《李武公墓志铭》载：“洪武壬戌，车书一统，公能摅忠报效，选充洱海卫中左所总旗。”② 李武公乃大理海东行化乡茹邑人，洪武壬戌年（1382）归顺明朝，被朝廷选任为洱海卫中左所总旗一职。

《仁德墓志》载：“洪武十五年后二月，天兵入境，竭丹心而纳款焉。其后攻三营寨，子珠设以计策，主办粮草有功，钦奉圣旨，充海东等处土官千夫长。”③ 洪武十五年（1382），大理海东人李兴归附明朝，其子李珠在明军攻打三营寨时献上良策，负责主办粮草，立下功劳。由此，太祖皇帝授予李珠千夫长一职。

① 杨世钰主编：《大理丛书·金石篇》10，中国社会科学出版社，1993 年，第 71 页。

② 同上，第 56-57 页。

③ 同上，第 28-29 页。

明朝对地方建功者委以重任。李思敬是大理弘圭河矣城人，在洪武十六年（1383）立下军功，被授予本府河伯府通事等职。《李公奴墓志》载："圣朝天兵南下，洪武十六年八月内，跟随总兵官郭都督为随荣（营）通事，征讨巨津州，打开石门寨。差□镇抚胡源，前往招安，彼州九甸等处并摩些火头奴聪等二百余名，相率献赈进贡马乘，附总兵官，乃思敬之功也，受赏缯帛玄黄而归，拨与本府河泊所通事，管得渔户五百二十五名。后充太和千户所土官识字。永乐十六年，编充里长。奉本县帖文，办弘圭保和二乡，为都里长，催办赋税征收。"① 李思敬跟随总兵官郭都督征讨巨津州，攻破石门寨。后来，成功招安九甸等处的摩些火头奴聪等两百多人。由此，李思敬被授予缯帛玄黄，并被任命为本府河泊所通事，管理渔户。此后又担任千户所土官、里长等职。

图六十一　大理卫指挥使司经历司之印。图片来源于杨世钰主编：《大理丛书·金石篇》9，中国社会科学出版社，1993年，第7页。

剑川赵坚在明朝统一云南的过程中立下功劳。《故昭信校尉百户赵公墓志铭》载："特以才能于群雄角力之间，剪除凶丑，芟刈僭伪，有功人右，遂授总兵官，西平侯命拟充百夫长职事。"② 碑言赵坚因为平定地方局势立功，被授命担任总兵官和拟充百夫长职事。

《大理府老人杨惠墓志》载："至洪武十五年，大明圣朝天兵入境，平讨大理之时，惠先投拜，奉征南将军榜文，招安海东等处人民归附，造军民赋役黄册，将海东人户，聚则为军，散则为民。聚则为军者，辅助武公。散则为民者，董理文籍。后因于怀才抱德，巡案云南监察御史，选用邓川州鼎山场医士，阴功妙药，泽被活人，即士大夫之性也。至永乐十年内，因于年高

① 杨世钰主编：《大理丛书·金石篇》10，中国社会科学出版社，1993年，第33页。

② 同上，第36页。

有德，众人推服，大理府知府杨节仲选用为大理府老人。访问军民，承情训诲，庶人政教，无思不服，无所不通，出乎其类，拔乎其萃。”① 洪武十五年即公元1382年，明朝讨平大理，杨惠率先投拜，并奉征南将军的榜文到海东等处招安百姓归附。杨惠因此被授命为云南监察御史。杨惠也因德才高超，被百姓推举为“大理府老人”。

联系明代大理留存的官印可见，中央政权在地方建构了分工细密的官僚体系。明代大理留存34枚官印。这34枚官印分别为“大理卫指挥使司经历司之印”1枚、“大理卫右千户所百户印”1枚、“大理卫中千户所管军印”1枚、“大理卫前千户所百户印”1枚、“大理卫后千户所百户印”2枚、“大理卫中左千户所之印”1枚、“大理卫中左千户所百户之印”2枚、“大理卫中右千户所百户之印”2枚、“大理卫太和千户所百户之印”1枚、“大理卫中前千户所百户之印”1枚、“大理卫左前千户所百户之印”1枚、“洱海卫前千户所百户印”1枚、“洱海卫右千户所百户印”3枚、“蒙化卫左千户所百户印”2枚、“蒙化卫右千户所百户印”1枚、“蒙化卫中千户所百户印”1枚、“蒙化卫前千户所百户印”1枚、“蒙化卫后千户所百户印”1枚、“蒙化卫中左千户所百户之印”1枚、“蒙化卫中右千户所百户之印”1枚、“蒙化卫中前千户所百户之印”1枚、“大罗卫左千户所百户印”2枚、“大罗卫右千户所管军印”1枚、“大罗卫右千户所百户印”2枚、“赵州僧正司印”1枚、“邓川州驿印”1枚。

图六十二　行营监军之篆。图片来源于杨世钰主编：《大理丛书·金石篇》9，中国社会科学出版社，1993年，第59页。

清代延续了明代官僚体系分工细致的做法，遗存至今的州印、儒学记印和军官、掌管教典等印章可作佐证。州印如宾川州印、鹤庆州印、剑川州印等；儒学记印如鹤庆州儒学记印、邓川州儒学记印等；军官之印如都督之篆、东路前将军篆、护军前将军篆、行营翼长之篆、行营监军之篆等；掌管教典

① 杨世钰主编：《大理丛书·金石篇》10，中国社会科学出版社，1993年，第34页。

的印章如都掌教篆、都掌教典籍篆等。明清时期留存数量丰富的官印，反映了地方分工细密的官僚体系，可以说，这是中央将地方纳入大一统的政治体系，有效加强中央对地方控制力的产物。

二、树立楷模，强化中央对基层社会的控制力

明清时期，中央政权十分重视优秀士子个人、家庭（成员），乃至家族（成员）在基层社会的影响力，对于卓有功勋的个人、风气纯良的家庭或是家族，皇帝不吝敕封彰表，树立为典范。

依据《大理丛书·金石篇》，明清时期收录皇帝敕封彰表个人、家庭、家族的圣旨、敕（诰）封（命）的碑刻至少41通，数量为历代之冠。其中，记录了明代皇帝敕封彰表的圣旨、敕（诰）封（命）的碑刻共有24通，统列如下：

序号	帝号	帝名	碑名	类型	立碑年代	存留地址
1	太祖	朱元璋	赵氏宗祠碑	圣旨	洪武十七年（1384）	大理市海东塔村赵氏宗祠
2	太祖	朱元璋	明赐国师董贤圣旨碑	圣旨	洪武二十七年（1394）	董氏宗祠
3	宣宗	朱瞻基	儒学箴碑	封赠	宣德七年（1432）	大理市博物馆
4	宣宗	朱瞻基	追赠杨禧之母碑文	封赠	宣德九年（1434）	大理市下关图书馆拓片
5	宣宗	朱瞻基	封赠杨禧妻田氏碑	封赠	宣德九年（1434）	大理市喜洲弘圭山
6	英宗	朱祁镇	封赠杨子渊及妻李氏碑	封赠	天顺五年（1461）	大理市图书馆拓片
7	宪宗	朱见深	诰封南京户部江西清吏司主事杨子渊及太安人李氏碑	诰封	成化十二年（1476）	大理市图书拓片
8	宪宗	朱见深	鲍杰诰命碑	诰命	成化十四年（1478）	大理海东白龙岗
9	世宗	朱厚熜	杨杲妻李氏诰封碑	诰封	嘉靖元年（1522）	大理市博物馆
10	世宗	朱厚熜	杨玺诰封碑	诰封	嘉靖元年（1522）	大理市喜洲弘圭山
11	世宗	朱厚熜	敬一箴碑	钦文	嘉靖五年（1526）	大理市博物馆
12	世宗	朱厚熜	敕赠李元阳母董氏圣旨碑	敕赐	嘉靖十六年（1537）	大理市下关图书馆拓片
13	世宗	朱厚熜	敕封李玄圣旨碑	敕封	嘉靖十六年（1537）	大理市下关图书馆拓片

续表

序号	帝号	帝名	碑名	类型	立碑年代	存留地址
14	世宗	朱厚熜	敕封杨元吉之父母碑铭	敕封	嘉靖十八年（1539）	大理市下关图书馆拓片
15	世宗	朱厚熜	龙关赵氏诰封碑	诰封	嘉靖二十五年（1546）	下关斜阳峰下
16	穆宗	朱载垕	敕褒南京户部四川清吏司郎中杨应东碑	敕褒	隆庆元年（1567）	大理市下关图书馆拓片
17	穆宗	朱载垕	敕封孺人杨母阳氏墓志铭	敕封	隆庆二年（1568）	大理市博物馆
18	神宗	朱翊钧	明敕封文林郎知县致仕八十三翁史城杨公墓志铭	敕封	万历四年（1576）	大理市下关图书馆拓片
19	神宗	朱翊钧	敕赠李子明夫妇碑	敕赠	万历七年（1579）	大理市下关图书馆拓片
20	神宗	朱翊钧	封赠何文极父母碑	封赠	万历十三年（1585）	大理喜洲弘圭山
21	神宗	朱翊钧	明待赠郡庠士养斋杨公暨配孺人赵氏合葬墓志铭	待赠	万历三十二年（1604）	大理市下关图书馆拓片
22	神宗	朱翊钧	明文林郎南阳南部乡贤段公配貤封孺人杨氏墓表	敕封	万历三十二年（1604）	大理市下关图书馆拓片
23	神宗	朱翊钧	明敕封孺人赵配董氏墓志铭	敕封	万历四十三年（1615）	大理市下关图书馆
24	熹宗	朱由校	敕谕云南大理府宾川州鸡足山祝国悉檀寺颁赐藏经碑	敕谕	天启四年（1624）	云南省图书馆拓片

清代皇帝的圣旨、敕（诰）封（命）碑 17 通，统列如下：

序号	帝号	帝名	文献名称	类型	立碑年代	存留地址
1	圣祖	玄烨	皇明钦赐紫衣大戒沙门法润禅师实行序	钦赐	康熙十一年（1672）	大理宾川鸡足山祝圣寺
2	圣祖	玄烨	训饬士子文	训饬	康熙四十八（1709）	大理市博物馆
3	高宗	弘历	钦赐王氏为宜人诰命碑	钦赐	乾隆二十六年（1761）	大理市下关图书馆拓片
4	高宗	弘历	钦命刊立雍正训饬士子文卧碑	钦命	乾隆四十五年（1780）	大理剑川县金华中学校内
5	仁宗	颙琰	封赠李蟠根祖父母碑	封赠	嘉庆十四年（1809）	大理市喜洲弘圭山

续表

序号	帝号	帝名	文献名称	类型	立碑年代	存留地址
6	仁宗	颙琰	陕西延安府宜川县知县赵廷俊及妻尹氏诰封碑	诰封	嘉庆二十五年（1820）	大理市博物馆
7	宣宗	旻宁	敕命呈贡县教谕杨竴生母张氏为孺人碑铭	敕命	道光十四年（1834）	大理市下关图书馆拓片
8	宣宗	旻宁	褒奖前文林郎张训为朝议大夫诰命碑	诰命	道光二十五年（1845）	大理市下关图书馆拓片
9	宣宗	旻宁	诰封大参丞偕李恭人墓志铭	诰封	道光二十五年（1845）	云南省图书馆拓片
10	宣宗	旻宁	诰授朝议大夫陕西兴安府知府秀峰赵公墓志铭	诰授	道光二十九年（1849）	大理市博物馆
11	穆宗	载淳	蒋能封赠碑	封赠	同治十二年（1873）	大理州博物馆拓片
12	穆宗	载淳	蒋宗汉祖父母诰封碑	诰封	同治十二年（1873）	大理州博物馆拓片
13	穆宗	载淳	蒋宗汉与妻施氏诰封碑	诰封	同治十二年（1873）	大理州博物馆拓片
14	德宗	载湉	光绪圣旨碑	圣旨	光绪五年（1879）	大理洱源县
15	德宗	载湉	诰封奉直大夫若愚段公墓表	诰封	光绪九年（1883）	大理洱源县乔后乡
16	德宗	载湉	御制祭杨玉科文碑	御制	光绪十二年（1886）	大理一中
17	德宗	载湉	光绪封赠杨玉科谥号碑	封赠	光绪十二年（1886）	大理一中

从以上二表可见，明代遗存的敕封碑最早一通是洪武甲子年（1384）的《赵氏宗祠碑》，最晚一通是天启四年（1624）《敕谕云南大理府宾川州鸡足山祝国悉檀禅寺颁赐藏经碑》。这些敕封碑刻年号不同，数量不均，分别为洪武2通、宣德3通、天顺1通、成化2通、嘉靖7通、隆庆2通、万历6通、天启1通。清代遗存的敕封碑最早一通是康熙十一年（1672）的《皇明钦赐紫衣大戒沙门法润禅师实行序》，最晚一通为光绪十二年（1886）的《光绪封赠杨玉科谥号碑》。这些敕封碑的数量分别为康熙2通、乾隆2通、嘉庆2通、道光4通、同治3通、光绪4通。

依据敕封对象的不同，可将明清时期的敕封碑分为三类：

一类是敕封官员。明代如宪宗时期的《鲍杰诰命碑》、穆宗时期的《敕褒南京户部四川清吏司郎中杨应东碑》、嘉靖时期的《杨玺诰封碑》和《敕封李玄圣旨碑》。清代如嘉庆时期的《陕西延安府宜川县知县赵廷俊及妻尹氏诰封碑》、道光时期的《诰授朝议大夫陕西兴安府知府秀峰赵公墓志铭》、光绪时期的《诰封奉直大夫若愚段公墓表》和《御制祭杨玉科文碑》。

二类是敕封官员亲人，如官员的祖父母、父母及妻子等。如嘉靖时期的《杨玺诰封碑》和《敕封李玄圣旨碑》是敕封官员的父亲，《追赠杨禧之母碑文》是敕封官员的母亲。《敕赠李元阳母董氏圣旨碑》和《敕封李玄圣旨碑》分别对李元阳父母进行敕封。在《敕封杨元吉之父母碑铭》中，嘉靖皇帝对杨元吉父母同时进行表彰。天顺年间的《封赠杨子渊及妻李氏碑》、成化时期的《诰封南京户部江西清吏司主事杨子渊及太安人李氏碑》则是敕封双亲。嘉庆年间的《封赠李蟠根祖父母碑》敕封李蟠根的祖父母。另外，敕封官员妻子的，如宣德年间的《封赠杨禧妻田氏碑》、嘉靖时期的《杨杲妻李氏诰封碑》，乾隆年间的《钦赐王氏为宜人诰命碑》、道光年间的《敕命呈贡县教谕杨绰生母张氏为孺人碑铭》和《诰封大参丞偕李恭人墓志铭》、同治年间的《蒋宗汉与妻施氏诰封碑》。

图六十三　追赠杨禧之母碑文。图片来源于杨世钰主编：《大理丛书·金石篇》1，中国社会科学出版社，1993 年，第 131 页。

三类是敕封家族的。如明代的《龙关赵氏诰封碑》中，记载了赵氏一家三代人受到两朝皇帝三次加封。

从第一类皇帝对官员的敕封碑的内容可以看出，皇帝们最看重的是官员个人的优良品德。

洪武十七年（1384）的《赵氏宗祠碑》中，明太祖朱元璋的诏书言：

“奉天承运皇帝诏曰：考绩褒勋，始著推恩之典。服官资敬，方昭奏捷之功。咨维云南总兵赵良，代传孝友，世擅忠贞，立身报国，本正气驭人。奉敕戍边，建奇功而裕后。先已懋昭功业，后应受享优封。敕封应阵翻浪伏军将军。”① 这里，皇帝敕封赵良是因为他具有“孝”“忠贞”以及一心“报国”的操守。

《鲍杰诰命碑》载：“咨尔大理卫指挥使鲍杰，家庭饱韬略之学，钤辖著忠勇之声。忠肃自循，克缵前人之业；恩威丕振，深怀下士之心。况兹大理，据南云之上游，置此卫军，壮四裔之重镇。特专守备，用笃辅毗。采诸剡章，畀以所寄。尚益笃忠贞，慎固封疆之守；载敷法理，申严边圉之防。”② 这里言“忠肃自循，克缵前人之业；恩威丕振，深怀下士之心”，充分肯定了大理卫指挥使鲍杰作为将领的忠心耿耿和身先士卒的作风。碑言：“尚益笃忠贞，慎固封疆之守；载敷法理，申严边圉之防。”盛赞鲍杰固守边关，保家卫国的功勋。

在《敕褒南京户部四川清吏司郎中杨应东碑》中，皇帝盛赞杨应东为“奉职之臣”。杨应东“起自儒科，试宰剧邑，政声章彻”而“擢任留曹”。后专职“国储剂量”，做到“审均节之度，慎出纳之司”③，再次得到了穆宗的擢升。其后，杨应东为穆宗出谋划策，成功辅助皇帝解决了“民不加赋”与国库不足的矛盾，还提出了“务生财之大道”。杨应东作为臣子与君“共忧”和为君“竭忠”，深受皇帝赏识。

从第二类碑中可见，皇帝特别表彰了官员父母育儿教子之功。同治十二年（1873）的《蒋能封赠碑》言：“尔蒋能，乃记名提督云南鹤丽镇中营游击图桑阿巴图鲁蒋宗汉之曾祖父……兹因尔曾孙克复云南、顺宁、云州等处出力，赏给正一品封典，赏赠尔为建威将军，锡之诰命。”又言“尔绞氏，乃记名提督云南鹤丽镇中营游击蒋宗汉之曾祖母……赏给正一品封典，赏赠尔

---

① 杨世钰主编：《大理丛书·金石篇》10，中国社会科学出版社，1993年，第28页。
② 同上，第61页。
③ 同上，第101页。

为一品夫人。”①《蒋宗汉祖父母诰封碑》记载皇帝对蒋宗汉的祖父敕封：“赏给正一品封典，赏闺封尔为建威将军，锡之诰命。”对蒋宗汉的祖母则“赏给正一品封典，赏封尔为一品夫人。”又言：“式逢庆世，特贲徽章。”《蒋宗汉与妻施氏诰封碑》载蒋宗汉的妻子施氏“赏给正一品封典，尔为一品夫人。”②

万历四年（1576）《明敕封文林郎知县致仕八十三翁史城杨公墓志铭》记述了嘉靖皇帝十八年（1539）对杨元吉家人的敕封：“嘉靖已亥，恭遇皇太子诞生，推恩臣工及其所自出，赠父裕庵文林郎，母杨氏封太孺人，妻何氏封孺人。珠冠霞帔，光生霜节，闾里荣之。时成都杨太史升庵慎题其巷曰‘节寿’，御史高灵湫镛题其堂曰‘立节’，及一时士大夫，皆作为咏歌，以昭母氏之烈。”③ 碑中“推恩臣工及其所自出”表明，在皇帝看来，官员臣属的成就与父母、妻子的关系密切，因此敕封他们是理所应当之事。尤其是杨母功劳甚大，被封为太孺人。碑文还描述了杨母受封时穿戴赏赐的珠冠霞帔，十分喜庆的场面。巷间乡里的人均以杨氏受封为荣耀。成都太史杨慎为巷里题名“节寿”，御史高镛为杨家堂屋题写“立节”匾额。

有的敕封碑对官员亲人的品德多有精当评价。成化十二年（1476）《诰封南京户部江西清吏司主事杨子渊及太安人李氏碑》言太安人李氏：“封太安人李氏，乃兵部武库清吏司员外郎杨绎之母，慈惠之善，著于闺门。有子登庸，已尝受封。子今进官，宜申恤典。兹特加赠为宜人，命服之华，永光幽壤。制诰之宝。”④ 这里言李氏有“慈惠之善”，即慈爱贤惠善良之意。在杨绎进官之时，皇帝也旌表李氏的培养之功，封赠为“宜人”。

乾隆二十六（1761）《钦赐王氏为宜人诰命碑》言：“奉天承运，皇帝制曰：锡类扬休，恩不殊于中外；循陔追慕，情无间于后先。尔王氏乃直隶宣化府延庆州知州芮泰元之前母。家风肃穆，内则娴明，瑀珮犹存，眷芳型之

① 杨世钰主编：《大理丛书·金石篇》10，中国社会科学出版社，1993 年，第 198 页。
② 同上。
③ 同上，第 107 页。
④ 同上，第 61 页。

未远，栝棬如故，欣庆典之方膺。兹以覃恩，赠尔为宜人，锡之诰命。”① 这里，皇帝表彰了直隶宣化府延庆州知州芮泰元之前母王氏，称赞言她娴明持家，用心培养芮泰元，功劳莫大。

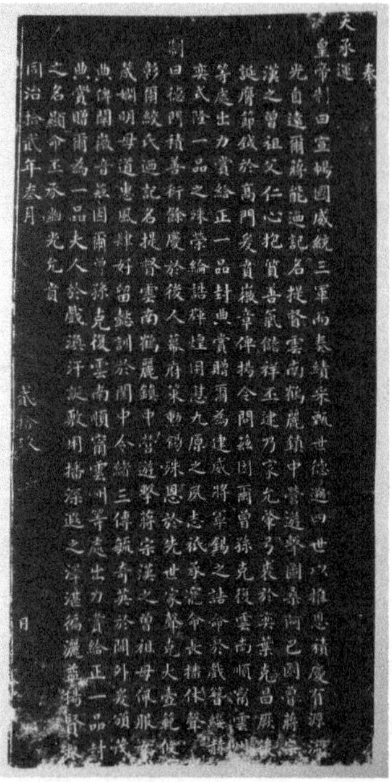

图六十四 蒋能封赠碑。图片来源于杨世钰主编：《大理丛书·金石篇》5，中国社会科学出版社，1993 年，第 79 页。

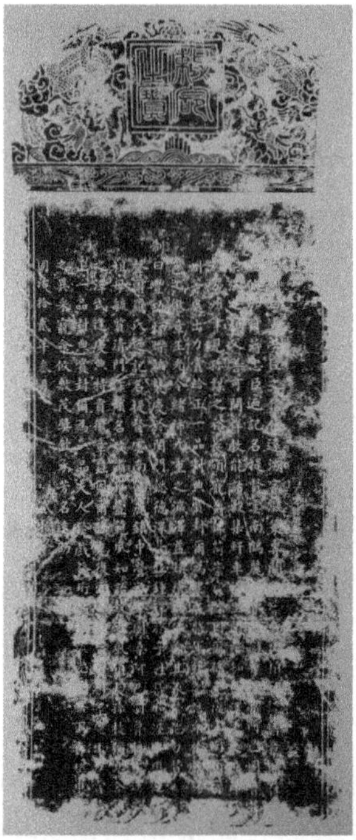

图六十五 蒋宗汉祖父母诰封碑。图片来源于杨世钰主编：《大理丛书·金石篇》5，中国社会科学出版社，1993 年，第 80 页。

当这一通通敕封文被刻为石碑上，树立于乡里村口，人们驻足瞻仰，看到的是个人和家庭，乃至家族以儒家道德伦理规范人生带来的荣耀。通过这些石碑的展示，明清统治者对儒家文化的倡导不再是空洞口号，这也为现实中个人与家庭价值观的追求树立了文化标杆和道德榜样。

① 杨世钰主编：《大理丛书·金石篇》10，中国社会科学出版社，1993 年，第 168 页。

三、控制宗教的举措

明清时期统治者从大一统政治的需要考量，重用归顺者，其目的在于驱使其忠心效劳，绝对膺服政权的一统，若偏离了政权，便是政治危机。所以对于明清时期的统治者来说，强化皇权统治，自然不分僧俗，对人才施以网罗之策，防止挂万漏一。

明清时期对宗教的一统政策主要表现在，一是网罗地方宗教首领；二是赐经护寺；三是清查寺院田产，对之进行规范化管理。

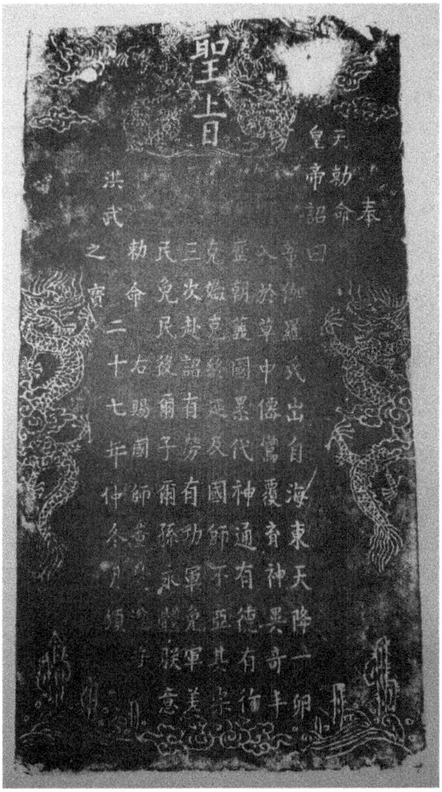

图六十六　明赐国师董贤圣旨碑。图片来源于杨世钰主编：《大理丛书·金石篇》1，中国社会科学出版社，1993 年，第 103 页。

明代统治者对以阿吒力教僧人为代表的地方宗教人士有意笼络。密教传入云南后，与白族本土的宗教、儒道文化融合催生了具有地方特色的阿吒力教。南诏、大理国时期是阿吒力教发展的黄金时期，元明清时期阿吒力教在民间继续保持着深厚的群众基础，发挥着重要的影响力。

董氏为白族阿吒力教世家，董氏的几代传人被皇帝多次宣召进京，加以赏赐。明太祖朱元璋三次诏董贤进京，并赐予国师名号①。

宣德七年（1432）四月二十二日，宣宗诏董贤之子董寿、董勋进京②，董氏受皇帝的恩赏和敕封。董寿之子董荣世袭大理阿吒力都纲司职，董茂则

① 杨世钰主编：《大理丛书·金石篇》10，中国社会科学出版社，1993 年，第 29 页。

② 《董氏族谱碑》（一），杨世钰主编：《大理丛书·金石篇》10，中国社会科学出版社，1993 年，第 219 页。

世袭赵州法官。

天顺五年（1461）正月，英宗召董慧智进京做法事，“皇上钦信，令其荣归。着大理府每年白米八十斛供养。”①

综合《明赐国师董贤圣旨碑》及《董氏族谱碑》来看，明朝统治者敕封董氏的原因主要有：

一是，虽然白族密宗阿吒力教世家众多，除了董氏之外，还有赵氏、陈氏等。但明太祖朱元璋敕封董氏一家，独显其尊贵，主要因为其多次护国有功。《明赐国师董贤圣旨碑》载：“历朝护国，累代神通。有德有行，克始克终。延及国师，不亚其宗。三次赴诏，有劳有功。军免军差，民免民役。尔子尔孙，永体朕意。右赐国师董贤遵守。”② 这表明了董氏作为阿吒力教僧人的身份得到了朝廷的认可，具有了宗教合法地位。二是，明太祖朱元璋将董氏召入京城并屡屡赏赐，也体现了统治者笼络地方民族宗教首领之意。

图六十七　董氏族谱碑（一）。图片来源于杨世钰主编：《大理丛书·金石篇》6，中国社会科学出版社，1993 年，第 9 页。

因为得到统治者的认可，董氏密教传家延至清代。光绪十八年（1892），董氏第 42 世族孙重立《董氏族谱碑》共 5 通，于凤仪镇北汤天村董氏宗祠。碑中罗列董氏从唐代至清代共 42 世祖，文约 9300 字。碑文从南诏时期的董

---

① 《董氏族谱碑》（一），杨世钰主编：《大理丛书·金石篇》10，中国社会科学出版社，1993 年，第 219 页。

② 同上，第 29 页。

氏始祖董伽罗开始追述，后来大理国时期的董普明、董祥明、董义明，元代董量等先祖以神力护国护君的事迹一一述及。其中对明代董贤进京事迹的记述既翔实又充满神话色彩。《董氏族谱碑》（一）载："永乐十年壬辰九月二十日，钦差太监李谦，奉旨召贤。贤骑苍山黑龙，三日到京。二十五日于武英门朝见，二十九日于奉天殿大宴。在朝二月余，皇上深钦。仲冬长至日，又于奉天殿大宴敕褒大我士国师，赐以爵禄，弗受。"① 这里言董贤接诏后骑黑龙进京，三日便到京城。皇帝在奉天殿亲自接见宴请董贤，极为隆重。董氏后人的描述在充满神话色彩的同时，还透露出强烈的家族荣耀感。光绪二十一年（1895），鹤庆县太平村董氏宗祠立《董氏宗谱祀碑》2 通，列唐代至清代 40 世祖，计约 3600 字。二碑对董氏一族的发展记述翔实丰富，可与《董氏族谱碑》互为参证。

① 杨世钰主编：《大理丛书·金石篇》10，中国社会科学出版社，1993 年，第 219 页。

第三章

白族古代金石文献与族群意识透视

“一群体之成员，相信大家同出于一母体，这样的‘血缘或拟血缘认同群体’是人类资源关系中最基本的结群方式。这样的群体，由家庭、家族（血缘认同群体）到族群、民族（拟血缘认同群体），都可包含与广义的‘族群’范围内。”① 白族主要聚居在以洱海为中心的湖泊群边，从洱海地区新石器时期文明为始，白族文化发展至今已有四千余年。白族在与周边民族的交融过程中不断改变，族群意识也随之变迁，或者是某种意识淡化，或者是某种意识凸显，或者是产生新的意识。

第一节　白族古代金石文献族群意识的书写

南诏、大理国时期白族族群意识鲜明突出，这是白族自我体认的积累和独立政权下自我体认强化双重作用的结果。

一、孕诞之源“阿姎白”

“阿姎白”是剑川石窟第8号窟的一躯特殊造像。该造像雕造于“盛德四年”（1179）。该窟为上下龛结构。上层正中为圆拱形龛，龛高0.89米，宽

① 王明珂：《英雄祖先与弟兄民族：根基历史的文本与情境》，中华书局，2009年，第27页。

0.59 米，深 0.65 米。龛正中刻的女性生殖器便是“阿姎白”，高 0.52 米，立于莲台上。① “‘阿姎白’是当地白族话的汉语译音。‘阿姎’是白族语中‘姑娘’的意思。‘白’是白语（掰）的记音，白族语‘掰’即‘开裂’‘裂缝’之意。‘阿姎白’就是姑娘身上开裂的地方（即女性生殖器）。”② 在第 8 号窟的龛楣上有“西匹乃”三个字，这三个字是白族语的汉字记音。“‘西’在白族语中是‘死’的意思，‘匹（biē）乃（néi）’在白族语中是‘女性生殖器’的意思。”③

图六十八　剑川石窟第 8 号窟阿姎白。图片为作者拍摄。

① 刘长久：《中国西南石窟艺术》，四川人民出版社，1998 年，第 169 页。

② 云南省剑川县文化体育局编：《南天瑰宝——剑川石钟山石窟》，云南美术出版社，第 42 页。

③ 同上，第 43 页。

在“阿姎白”周围书刻了不少题记。最长的一则题记录文为：

□□圣主□在□□□□道兰
□观世音者法〈无□渡四生
而方便法师忙〈无形□□情
□□□□□其造像□□坐
上士布□□□天王者□言
继于相如切能　于□□万
代次名□□□□福田无穷
子孙世〈□□□果生〈无尽后
盛德四年作□己亥岁次八月三日记①

由于文字残缺，我们无法确知整篇题记的含义。其中“盛德四年”是公元1179年，为大理国皇帝段智兴的年号，说明这则题记题写于这一年。

在“阿姎白”龛窟左右两边书题写“大开方便门，广集化生路”十个字。“大开方便门”内含女性生育“顺产”的祈愿。“广集化生路”则是劝诫世人要广集佛缘，今生好好修行，来世都要从这里出来做人，不要掉到地狱的意思。

在“阿姎白”造像周围的其他题记，录文如下：

① 杨延福：《剑川石宝山考释》，云南民族出版社，1999年，第82页。《南天瑰宝——剑川石钟山石窟》（云南美术出版社，1998年，第42页）对第8号窟题记的录文为：“□□圣主□在□□□□道兰/□观世音者法了无□渡四生/而方便法师忙了无形□□情/□□□□□其造像□□坐/上土布□□□天王者□言/继于相如切能乔于□□万/代次名□□□□福田无穷/子孙世了□□□/果生无尽后/盛德四年作□己亥岁次八月三日记”。刘长久：《中国西南石窟艺术》（四川人民出版社，1998年，第164页）对第12号窟题记的录文为：“□□圣主□在□□□□道兰□观世音者法了无□渡四生而方便法师忙了无形□□情□□□□□其造像□□坐上士布□□□天王者□言继于相如切能乔于□□万代次名□□□□福田无穷子孙世了□□□果生了无尽后盛德四年作□己亥岁次八月三日记”。

泰定元年九月二十七日（下面的字已模糊不清）①

元统二年□□□八日凤羽住人李生杨际一行人烧香到此②

至元四年岁次（下面字迹已模糊不清）③

至元六年庚辰四月十一日（下面字迹已模糊不清）④

至正六年十一月初九日（下面字迹已模糊不清）鹤庆路（仝前）赵俊才到此⑤

至正十年五月（下面字迹已模糊不清）⑥

以上的题记分别为泰定元年（1324）、元统二年（1334）、至元四年（1267 或 1338）、至元六年（1269 或 1340）、至正六年（1346）、至正十年（1350）题写，除了泰定元年题记为泰安帝时期外，其他或为世祖时期，或元代惠宗（顺帝）时期。从内容来看，主要记录了前来观览或膜拜的人名及来源地。人名有李生、杨际、赵俊才，他们来自凤羽和鹤庆。这些题记说明元代到剑川石窟观览“阿姎白”的人络绎不绝。若不是这些题记已经占满了“阿姎白”周围的空白石壁，使后来人无处题刻，或许我们今天还会看到更多的题刻文字。

从宗教的角度来看，“阿姎白”的出现可能与印度密宗性力大乐思想的影响有联系。印度教对湿婆神威力的崇拜引申出生殖力的崇拜。在湿婆神的威力中包含了男性与女性的生殖力崇拜，而生殖一职则由妻子担任，因而产生了崇拜湿婆之妻的一派，这便是女神的性力崇拜。在女神的性力崇拜中破坏与温和都是女神（女性）的属性，宇宙万物均由女神（女性）的性力而生。第 8 号窟“阿姎白”对女性生殖器的供奉，可以说是白族性力崇拜思想的具象化。

从社会历史的角度来看，“阿姎白”与南诏、大理国时期人们对女性的族

---

① 杨延福：《剑川石宝山考释》，云南民族出版社，1999 年，第 159 页。
② 同上。
③ 同上。
④ 同上。
⑤ 同上。
⑥ 同上。

群社会地位的认同有关联。一方面南诏、大理国的帝母不乏被尊为“圣母”的例子；另一方面，民间女性被奉为神灵的情况较为普遍。

南诏时期有一位从西域来的神僧名为赞陀崛多。他为南诏王劝丰佑选了一个王妃，名为师母贤，是罗次县人，但与劝丰佑没有子嗣。后来又选了渔人的女儿作二妃。二妃生子世隆。但世隆从小由元妃养大。元妃死后被封为神，供养于“罗次寺”，号为“圣母寺”①。大理国开国皇帝段思平尊奉自己的母亲杨氏为“圣母”。段思平即位后，在喜洲建灵会寺，追封其母亲为“天应景星懿慈圣母”，《三灵庙记》记载了此事。碑言：“院塝有一长者乏嗣默祷，其圃种一李树，结一大颗，堕地现一女子，姿禀非凡，长者爱育，号白姐阿妹。蒙清平官段宝璫聘为夫人，浴濯霞移江，见木一段顺流触阿妹足，乃知元祖重光，化为龙，感而有孕。将段木培于庙庭之石，吐木莲二枝，生思平、思胄。□□帝先王思平丁酉岁立位，国号大理，建灵会寺，追封母曰天应景星懿慈圣母。”② 这段文字对段思平母亲的身份及其孕诞段思平的过程赋予了神异色彩。《僰古通纪》载段思英立，其母杨桂仙娘“殁而为神，封榆城宣惠国母”③。

在白族民间，人们还将许多女性尊奉为本主，旌表女性的繁衍之功。

如白族支系怒江的勒墨人；鹤庆县北衙，鹤庆县松桂乡的新窝村、宝窝村、西邑村、奇十村；洱源县老马槛村、新桥十八村均供奉七妹为女性始祖④。鹤庆县西山黑泥绍村、竹南箐村、马厂村的本主神为劳苔、劳谷。劳苔和劳谷是开天辟地的始祖，他们结为夫妇，生下十双儿女。这些儿女分别到十个地方学习生产技术和生活本领，继续繁衍子孙后代。劳苔、劳谷是鹤庆西山最高的本主神，他们的十双儿女也被尊为西山各村的本主神⑤。另外，还有“九天卫房圣母”“送子娘娘”“阿利帝母”“三霄圣母”等女性神灵都被尊为生育、繁衍之神加以崇拜。

---

① 尤中校注：《僰古通纪浅述校注》，云南人民出版社，1988 年，第 63 页。

② 杨世钰主编：《大理丛书 · 金石篇》10，中国社会科学出版社，1993 年，第 49 页。

③ 尤中校注：《僰古通纪浅述校注》，云南人民出版社，1988 年，第 100 页。

④ 杨恒灿编著：《白族本主》，云南科技出版社，2010 年，第 9 页。

⑤ 同上，第 11 页。

二、建国观音——观音的子民

剑川石窟有三个龛窟雕造了观音造像，分别是第7号窟“甘露观音”、第10号窟“观音化现梵僧造像”和第13号窟“阿嵯耶观音”造像。

第7号窟“甘露观音”是一大型造像龛，岩壁立面凿成莲花叶瓣形大龛，龛前有三躯石刻造像：正中前的菩萨像即“甘露观音”。菩萨像端坐在莲台上，像高156厘米，头髻前戴化佛宝冠，冠的帔带左右结饰而垂于肩，耳戴珠花环，面容丰腴，凝眸正视，容貌慈祥。身穿短窄袖长衣，袒胸，项与胸饰璎珞，胸部凿一方形孔洞。① 菩萨像后稍缩一位，为二供养女子像立左右，两像皆高148厘米。左右二躯女供养像的头发均梳为双脚髻，而服饰有别②。造像龛左方崖壁上，书刻着字形较大的明崇祯己卯年（1639）郡人王元英步李元阳韵的诗，旁边还书刻着南明隆武丁亥年（1647）段曜的诗。造像龛的弧形边缘右方，留有古代用白色铅粉书写的藏文数行。下面的龛壁右边，书刻着“明成化三年季春吉旦剑川州知州张述吏目刘铨学正陈直等题”一行。又北面的岩壁上书刻明嘉靖李元阳手书的题名和题诗。

第10号窟“观音化现梵僧造像”雕造于狮子关凌空石壁上。高166厘米，凝视站立，头顶作两叠式莲花形冠，头后作一圆光，眉间作白毫像，面目慈祥，披袈裟，左手持净瓶陈胸前，右手伸举而结大梵天印。足穿短筒（筒口下卷）翘尖靴。左足旁有一犬，躬身回首而双目圆睁，项系铃③。

第13号窟“阿嵯耶观音”造像，位于沙登箐通往石龙村的山路旁的一块大岩石上。在岩石东面平整的石壁上凿一拱形浅龛，内雕一躯菩萨立像，高70厘米，像背的头光与身光组成莲花瓣叶式的背屏，屏周边雕缠枝纹饰。造像头顶作高髻化佛宝冠，穿圆领短窄袖细腰长衣，衣叠稠褶，左手向下垂而稍曲身前，手指结与原印。右手伸举于胸前侧而结施无畏印，两手臂上皆饰一环。腰结带束帛，跣足，立于台阶式的踏座上。背屏左旁留有古代墨书“圣□四年壬寅岁”一行7个字，右旁也留有古代墨书“南无琉璃光佛”一行

① 杨延福：《剑川石宝山考释》，云南民族出版社，1999年，第80页。

② 同上，第81页。

③ 同上，第86页。

6个字。左、右留有墨线条画的两个小佛像，较模糊。龛外缘左旁书刻着"奉为造像施主药师祥妇观音等敬彫"一行15个字。菩萨造像龛的左、右石壁上雕着八座塔，高低不一，塔的基座皆为须弥座式，每座塔的下一层级正面作一小龛，内各雕一躯小佛像。大概有两座是金刚宝塔，有五座是方形七级密檐塔，有一座圆筒状单顶檐塔。各塔已风化，这八座塔大概是表示释氏八大成就的"释迦八塔"①。左边第三座塔的左上石壁间，有一方条形框的榜题，里面书刻两行题记，直书右行（录文见本章第二节）。在左第四座塔的左上石壁间，凿一拱形小龛，内雕一躯骑象的六臂日月神像，外部已多风化。这里的阿嵯耶观音造像与南诏末代王舜化贞中兴二年（899）的《南诏国史图传》、大理国段智兴盛德五年（1180）的《宋时大理国描工张胜温画梵像》中的造型一致。另外与大理国时期出土的不少铜铸阿嵯耶观音造像是同款。

剑川石窟的这三窟观音造型虽然不同，却说明观音崇拜在南诏、大理国时期白族信仰世界中非同一般的地位。在金石文献中也留下了白族自视为观音子民的族群记忆。

首先，在多通碑文中描述了观音建大理国的故事。永乐丙申年（1416）《张公圹志》载：

> 张氏之先，肇自观音建国十二请兵，由西天来助，就居此邦，分为各姓，张氏妃生焉。稽诸郡志，昔乃设官分职，与中国齿。而始祖张般若山任喜洲同知，相与辅弼，克底于诏②。

这里的"国"指大理，"十二请兵"意指观音请来帮助建国的天兵，这些从西天来的天兵助观音建国之后就居住在大理，在民间以不同的姓氏分散而居，张氏也是其中之一。

《应国安邦神庙记》（1432）载：

① 杨延福：《剑川石宝山考释》，云南民族出版社，1999年，第89-90页。

② 杨世钰主编：《大理丛书·金石篇》10，中国社会科学出版社，1993年，第31页。

□太极判而阴阳分，天地位而万物育，圣人作而宇宙清，一也。夫自上古观音大士从西天□□过化叶榆，睹点苍之峻高，洱海之弥深，圣迹无比，建其国欤①。

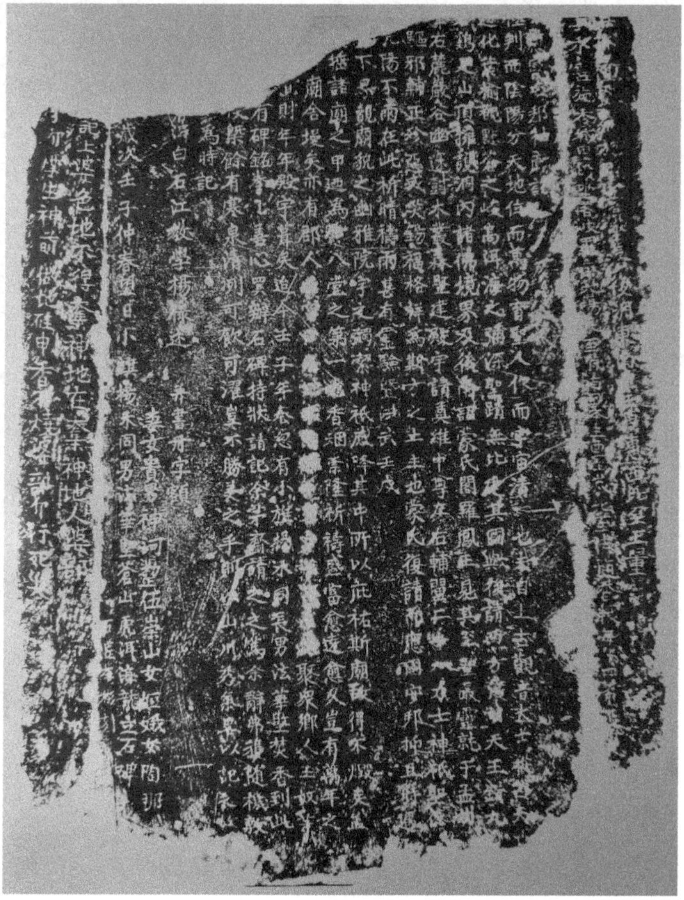

图六十九　应国安邦神庙记。图片来源于杨世钰主编：《大理丛书・金石篇》1，中国社会科学出版社，1993 年，第 128 页。

这段记述言：一是，早在上古时期，观音已开化叶榆之地；二是，因观音见苍洱风光奇秀，因而在叶榆建国。观音被赋予了开化者和建国者的双重

① 杨世钰主编：《大理丛书・金石篇》10，中国社会科学出版社，1993 年，第 37 页。

身份。

《故宝瓶长老墓志铭》（1438）载：

> 稽郡志，唐贞观时，观音自西域建此土，国号大理，化人为善，摄授杨法律等七人为吒力灌顶僧①。

这里言观音在大理建国的时间为唐代贞观年间，国号为“大理”。对照历史可知，唐代贞观年间立国者乃南诏。这里说明杨氏具有阿吒力僧的身份是观音摄授。

《重理圣元西山碑记》（1450）载：

图七十　重理圣元西山碑记。图片来源于杨世钰主编：《大理丛书·金石篇》2，中国社会科学出版社，1993年，第25页。

> 佛教之来尚矣，肇于毗卢，有过现未之教主，其劫中各出一千佛，摄化度生，莫非导人明善复初而已。姑以现在论之，周时释迦出世，演法西域。自汉入东土，迨唐，其教愈盛。睹相希风，无为而化。其阴翊世教，不亦博哉。按郡志：贞观癸丑，圆通大士开化大理，降伏罗刹，凿天桥，沧洱水，以妥民居。摄授蒙氏为诏之后，重建圣元梵刹，以崇报之。段氏继立，仍复敬奉，举杨连为左右。繇是郡中佛教最胜②。

这里言观音在贞观年间开化大理，降伏了罗刹，开凿了天桥，把洱海周边变成百姓安居之地，观音摄授蒙氏建立南诏，蒙氏感恩，重建了圣元寺。

① 杨世钰主编：《大理丛书·金石篇》10，中国社会科学出版社，1993年，第43页。
② 同上，第48页。

段氏建大理国后，也崇拜观音。

成化七年（1471）《故大密李公墓志铭》载：

> 李氏巨门，乃观音菩萨从西乹带来摩伽陀，来到大理，建立西苍东洱，上下两关，小奴罗为白皇，皇乃西乹阿育王子孙也。后蒙氏十三皇帝，将李氏始祖为国师，金榜李神秀为天师，日主阳，夜判阴，能使十二青兵，降龙伏虎①。

图七十一　故大密李公墓志铭。图片来源于杨世钰主编：《大理丛书·金石篇》2，中国社会科学出版社，1993年，第70页。

这里言观音来到大理后，建立了西边的苍山、东边的洱海、上关和下关。观音建国后，以细奴逻为国王。蒙氏将李氏始祖奉为国师，将李神秀奉为“天师”。李神秀有异术，能御使天兵，降伏鬼怪。

总结以上五段关于观音建国的记述可见：一是，记述中出现了“观音建国”“建立西苍东洱，上下两关”“观音自西域建此土”“圆通大士开化大理”等话语。虽然表述有异，但都明确地传达了一个信息，即观音建立（开化）南诏或大理。

二是，这些碑记中描述的观音建国的故事情节并不完整，偏重于叙述观音的神力。有的重在描述观音与佛教神祇的关联。如《张公圹志》载：“观音建国十二请兵，由西天来助”。《故大密李公墓志铭》载：“观音菩萨从西乹带来摩伽陀，来到大理，建立西苍东洱，上下两关”。在这两段记述中，观音

① 杨世钰主编：《大理丛书·金石篇》10，中国社会科学出版社，1993年，第59页。

请了佛界的神祇来到大理，助其建国，观音成为佛界与大理联系的桥梁。有的重在描述观音建国过程中的功勋。如《重理圣元西山碑记》载："圆通大士开化大理，降伏罗刹，……以妥民居。"有的则强调了观音开化人心的功绩。如《故宝瓶长老墓志铭》言观音"化人为善"。

三是，从这些碑中可见，观音虽有建国（开化）大理之功，却不是人间的统治者。在建国后，观音恢复神祇的身份，成为人们崇拜祈福的对象。《重理圣元西山碑记》载："降伏罗刹，凿天桥，沦洱水，以妥民居。摄授蒙氏为诏之后，重建圣元梵刹，以崇报之。段氏继立，仍复敬奉，举杨连为左右。"从这段记述中可知，蒙氏为观音摄授统治南诏。蒙氏立国后重建圣元寺供奉观音。蒙氏之后，段氏建立大理国。

不仅观音受崇奉，镇守地方的天王也享受崇奉。《应国安邦神庙记》载："后请西方广目天王镇九□□石鸡足山顶，拥护洞内诸佛境界。及后，南诏蒙氏阁罗凤王见其至圣最灵，就于孟州□□峰，右麓岩谷幽邃，树木丛林，竖建殿宇，请奠维中，尊左右辅翼二十一力士神祇，圣德□□□驱邪辅正，殄恶灭灾，赐福格祥，为斯方之土主也。"① 观音在大理建国后，请西方广目天王镇鸡足山，护卫佛境。时间延至南诏，观音感应灵验，南诏王阁罗凤专门在孟州建立寺院供奉观音，并塑二十一力士辅翼左右。

四是，通过以上碑刻的记述可知，张氏、李氏、杨氏、段氏等的始祖为观音建国时摄授的灌顶僧。《故宝瓶长老墓志铭》载杨法津等七人为阿吒力灌顶僧。《故大掾李公同室李氏墓志铭》载："公讳惠，字思聪，姓李氏，世处苍洱之喜脸，密祖李畔富之裔。按郡志，昔蒙诏主宰斯土，选立七祖，而为灌顶师，而畔富实居其一焉。"② 这里言李惠为灌顶师七祖之一李畔富的后裔。

此外，人们的名字中多见"观音"佛号的使用。《宋史》载："乾道九年，大理人李观音得等二十二人至横山砦求市马，知邕州姚恪盛陈金帛夸示

① 杨世钰主编：《大理丛书·金石篇》10，中国社会科学出版社，1993年，第37页。

② 同上，第50页。

之。"①《故安人车氏墓铭》载："安人车氏，讳观音金，乃昭信校尉百户杨公敬之配也。"②《故理阳寨长官司案牍段琏墓铭并序》载："七世祖曰观音海，配乃大高氏贵□□□之女。"③《处士李土公赐同妻张氏观音梅寿藏墓志铭》载，"妻张氏讳观音梅，懿行雍容，慈祥淑善，寿已六十八岁"④。《故昭信校尉百户赵公墓志铭》剑川赵坚的第四个儿子赵善娶本州元达鲁花赤孙女观音奴，生了孙子赵中、赵庆、赵文喜⑤。

这些保留在明代碑记中白族认同为观音子民的信息，与南诏、大理国时期剑川石窟中出现的三躯观音造像，虽然时空相隔，却遥遥呼应，体现了从南诏、大理国时期以来人们对观音子民认同的内在延续性。佛教对白族族群心性的影响深藏在金石文献记录的个人或家族的历史中。南诏、大理国时期是白族建构民族记忆的重要阶段。

第二节　白族古代金石文献与明清时期族群意识

明清时期人们对个人、家庭、家族生存的思考并不局限于现世或是道德层面上，而是对新的政治格局中族群文化层面的生存意义进行了思考，强化民族的共同性成为人们的自觉意识。通过回溯族源、寻找民族历史的认同感，以开放的心态面对白族与其他民族的共融成为明清时期白族族群体认的具体表现。

一、明代"九隆（龙）族裔"之说盛行

以明代嘉靖作为时间的分界点，嘉靖前的白族碑刻中多次出现"九隆族""九隆人""九龙族"的自我称谓，而嘉靖后"九隆族"等称谓销声匿迹，取而代之的是"巨族""望族"等说。嘉靖前的情况举例如下：

---

① 脱脱等撰：《宋史》，中华书局，1977 年，第 4956 页。
② 杨世钰主编：《大理丛书 · 金石篇》10，中国社会科学出版社，1993 年，第 55 页。
③ 同上，第 22 页。
④ 同上，第 45 页。
⑤ 同上，第 36 页。

善人讳保，字惟贤，九隆族之裔①。

先生讳山，字伯仁，姓杨氏，九隆族之裔，世处苍洱喜睑史城之东，自蒙段守土以来，世为医官，代不乏贤②。

公讳福，姓张氏，九隆族之裔，世处大理太和之喜睑③。

善士讳正宇，厥姓九隆族之裔，世处五峰之下阳溪，代不乏贤④。

盖祖宗乃九隆人，固心行慈善，宗支被泽而芳茂者哉⑤。

五峰弘圭赤土江里长段公乃是名家九隆之旺族，自于曾祖段泰为延顺之职⑥。

公讳永，字有年，姓杨氏，九隆族之裔，代不乏贤，世处弘圭之市户⑦。

图七十二　故善人里长段公墓铭。图片来源于杨世钰主编《大理丛书·金石篇》2，中国社会科学出版社，1993年，第78页。

---

① 《杜善人寿藏同配赵氏墓志铭》（景泰元年：1450），杨世钰主编：《大理丛书·金石篇》10，中国社会科学出版社，1993年，第49页。

② 《处士杨先生墓志铭》（景泰二年：1451），杨世钰主编：《大理丛书·金石篇》10，中国社会科学出版社，1993年，第50页。

③ 《故善人张公圹志铭》（景泰八年：1457），杨世钰主编：《大理丛书·金石篇》10，中国社会科学出版社，1993年，第52页。此处“脸”同“睑”。碑记为“景泰八年”，应为天顺元年。

④ 《杨善士正宇墓志铭》（天顺六年：1462），杨世钰主编：《大理丛书·金石篇》10，中国社会科学出版社，1993年，第56页。

⑤ 《赵公同室墓志铭》（成化八年：1472），杨世钰主编：《大理丛书·金石篇》10，中国社会科学出版社，1993年，第60页。

⑥ 《故善人里长段公墓铭》（成化十三年：1477），杨世钰主编：《大理丛书·金石篇》10，中国社会科学出版社，1993年，第61页。

⑦ 《故善人杨公墓志铭》（成化十九年：1483），杨世钰主编：《大理丛书·金石篇》10，中国社会科学出版社，1993年，第63页。

公讳绣，字文显，姓杨氏，九隆族之裔，代不乏贤，世处弘圭之寺下①。

处士讳甫，字天然。享年八秩有四，以疾善终。忆昔始祖讳义宗，乃九隆族子云之后②。

公讳山，字允中，世居大理喜脸九隆族之裔，代不乏贤③。

公讳文，字德昭，姓尹氏，九隆族之裔，世居大理之喜脸，诗礼传家，代不乏贤④。

公讳仕轩，号贯道，姓□氏，九隆族之裔，世居喜郡何矣城⑤。

善人讳忠，姓杨氏。乃九隆族之裔，代不乏贤⑥。

以上 13 通碑铭中，杜氏、杨氏、张氏、赵氏、段氏、尹氏等都自称是“九隆之旺族”“九隆族之裔”。在《后汉书》《华阳国志》和《纪古滇说集》中均有九隆神话的记载。其中，《后汉书》《华阳国志》对九隆神话故事的记述相似，而《纪古滇说集》则有较大的改变。

《后汉书·南蛮西南夷列传》“西南夷”载：“哀牢夷者，其先有妇人名沙壹，居于牢山。尝捕鱼水中，触沈木若有感，因怀妊十月，产子男十人。后沈木化为龙，出水上。沙壹忽闻龙语曰：‘若为我生子，今悉何在?’九子见龙惊走，独小子不能去，背龙而坐，龙因舐之。其母鸟语，谓背为九，谓坐为隆，因名子曰九隆。及后长大，诸兄以九隆能为父所舐而黠，遂共推以

① 《故布政司承差杨公绣墓志铭》(成化十九年：1483)，杨世钰主编：《大理丛书·金石篇》10，中国社会科学出版社，1993 年，第 63-64 页。

② 《处士杨君讳甫墓志》(成化十九年：1483)，杨世钰主编：《大理丛书·金石篇》10，中国社会科学出版社，1993 年，第 64 页。

③ 《故善士尹公墓志铭》(成化二十年：1484)，杨世钰主编：《大理丛书·金石篇》10，中国社会科学出版社，1993 年，第 65 页。此处“脸”同“睑”。

④ 《尹公讳文墓志铭》(弘治三年：1490)，杨世钰主编：《大理丛书·金石篇》10，中国社会科学出版社，1993 年，第 67 页。

⑤ 《故弘圭法主玉泉庵贯公墓志铭》(弘治五年：1492)，杨世钰主编：《大理丛书·金石篇》10，中国社会科学出版社，1993 年，第 68 页。

⑥ 《故善人杨公墓铭》(正德丁丑：1517)，杨世钰主编：《大理丛书·金石篇》10，中国社会科学出版社，1993 年，第 73 页。

为王。后牢山下有一夫一妇，复生十女子，九隆兄弟皆娶以为妻，后渐相滋长。种人皆刻画其身，象龙文，衣着尾。九隆死，世世相继。乃分置小王，往往邑居，散在溪谷。绝域荒外，山川阻深，生人以来，未尝交通中国。”① 东晋常璩《华阳国志·南中志》载：“永昌郡，古哀牢国。哀牢，山名也。其先有一妇人，名曰沙壶，依哀牢山下居，以捕鱼自给。忽于水中触有一沈木，遂感而有娠。度十月，产子男十人。后沈木化为龙出，谓沙壶曰：‘若为我生子，今在乎？’而九子惊走。惟一小子不能去，陪龙坐，龙就而舐之。沙壶与言语，以龙与陪坐，因名曰元隆，犹汉言陪坐也。沙壶将元隆居龙山下。元（龙）［隆］长大，才武。后九兄曰：‘元隆能与龙言，而黠有智，天所贵也。’共推以为王。时哀牢山下复有一夫一妇，产十女，元隆兄弟妻之。由是始有人民，皆象之，衣后着（十）尾，臂胫刻文。元隆死，世世相继，分置小王，往往邑居，散在溪谷。绝域荒外，山川阻深，生民以来，未尝通中国也。”② 从《后汉书》和《华阳国志》的两段故事可知，哀牢山下沙壹触龙木感生十子，十子中唯独最小一子见龙不惊，遂被立为王，成为哀牢夷的统治者。

图七十三　故善人张公圹志铭。图片来源于杨世钰主编：《大理丛书·金石篇》2，中国社会科学出版社，1993年，第37页。

① 范晔撰，李贤等注：《后汉书》，中华书局，1964年，第2848页。
② 常璩撰，刘琳校注：《华阳国志校注》，巴蜀书社，1984年，第424页。

图七十四　明处士闵公墓志。图片来源于杨世钰主编：《大理丛书·金石篇》3，中国社会科学出版社，1993年，第66页。

元代张道宗《纪古滇说集》的记载较之《后汉书》《华阳国志》有了新的变化。《纪古滇说集》载："哀牢国，永昌郡也。其先有郡人蒙迦独，妻摩梨羌，名沙壹，居于牢山。蒙迦独尝捕鱼为生，后死牢山水中，不获其尸。妻沙壹往哭于此，忽见一木浮触而来，旁边漂沉，离水面少许。妇坐其上，平稳不动。明日视之，见水（木）沉触如旧。遂尝浣絮其上，若有感。因怀妊十月，十月孕，生九子。复产一子，共男十人。同母一日行往池边，询问其父，母指曰：'死此池中矣！'语未毕，见沉木化为龙出水上，沙壹与子忽闻龙语曰：'若为我生子，今俱何在？'九子见龙惊走，独一小子不能去，母固留之。此子背龙而坐，龙因舐之，就唤其名曰习农乐。母因见子背龙而坐，乃鸟语谓背为九，谓坐为隆，因其名池曰九隆。习农乐后长成，有神异，每有天乐奏于其家，凤凰栖于树。有五色花开，四时常有神人卫护相随。诸兄见有此异，又能为父所舐而与名，遂共推以为王，主哀牢山下。"① 从这段文字可见，《纪古滇说集》中九隆神话的情节变化较大，改为南诏王细奴逻的母亲"茉莉羌"与龙生下十子。习农乐（即细奴逻，南诏第一代国主）是幼子，见龙不惊走，有神异，遂被推为王。这里把哀牢夷的传说和南诏的起源进行了结合。

《南诏野史》言："按《哀牢夷传》，有妇名沙壶，因捕鱼触一沉木，感

① 张道宗：《纪古滇说集》，1941年辑玄览堂丛书影印明嘉靖刻本，第2、3页。

而生十子。后木化为龙，九子惊走，一子背坐，名曰九隆。又云哀牢有一妇名奴波息，生十女，九隆兄弟各娶之，立为十姓，曰董、洪、段、施、何、王、张、杨、李、赵。九隆死，子孙繁衍，各居一方，而南诏出焉。"① 从这段记载可以看出，沙壶触木感生十子，九隆乃其中一子。因其见龙未惊走，显得与众不同。沙壶的十子与奴波息的十女结合，由此立十姓。九隆的子孙繁衍，南诏为九隆子孙中的一支。白族碑刻中出现的段、杨、赵氏等墓碑中祖述为"九隆之裔"等说法，说明明代洱海地区的白族大姓尊"九隆"成为族源的共识，"九隆"之说已经成为白族族源的一个"集体象征"②。

对比《南诏野史》和《纪古滇说集》可知，《南诏野史》对九隆神话重点是叙述九隆十兄弟与奴波西所生的十个女儿结合，成为白族的十大姓氏，进而繁衍为九十九部，构成了南诏最早的姓氏。"白族为九隆之裔、白子国之裔的说法，就成了大理地区白族为之自豪的说法，成了他们自信地继续生存并尽力发展本民族文化的精神支柱，成为白族作为一个民族共同体的共同文化特点和心理素质的象征。"③

嘉靖之后的墓碑文中，鲜有提及"九隆"之说，而以"巨族""蕨族""望族""世族"概称。如：

杨公讳汝舟，字济川，世居喜洲，巨族也④。

（上阙）何君讳邦佐，字宗汤，家世史城洱渼之邑曰矣城邑，惟家蕃衍，盖大姓蕨族也⑤。

① 杨慎辑，胡蔚订正：《南诏野史》（袁嘉谷跋本三卷），杨世钰、赵寅松主编：《大理丛书·史籍篇》卷三，云南民族出版社，2012 年，第 23-24 页。

② 连瑞枝：《隐藏的祖先——妙香国的传说与社会》，生活·读书·新知三联书店，2007 年，第 67 页。

③ 侯冲：《白族心史——〈白古通记〉研究》，云南民族出版社，2002 年，第 444-445 页。

④ 《杨公汝舟墓志铭》，杨世钰主编：《大理丛书·金石篇》10，中国社会科学出版社，1993 年，第 78 页。

⑤ 《□□□宗汤何君夫妇墓志铭》，杨世钰主编：《大理丛书·金石篇》10，中国社会科学出版社，1993 年，第 89 页。

杨氏西园公，城北邑望族，予妻叔大父也①。

杨公讳秉文，天济其字也，邕庵其号也。祖讳资，父讳霖，世居叶榆喜郡之阳，人皆以巨族归之②。

喜郡闵公者，乃太和之巨族也。幼而颖异，长而醇谨，霜林风骨，玉洁冰操③。

公讳廷瑞，字天祥，号福轩，太和世族也④。

以上6通碑刻中，不再像嘉靖前的墓志铭一样详细描述每一世系的名字或政治等方面的功业，就连九隆之裔这一已经简略的祖源交代也隐晦不言，而采用“巨族”“望族”等说法，在族源的追述上更为简略而普遍，已经不再具有源头的指向性。可以说，在明代大一统政治格局背景之下，南诏、大理国时期曾经显赫的白族大姓氏族不再宣称自己的族源，避免了可能产生指涉过去王权的嫌疑。

二、南诏、大理国情结

明代碑刻中，人们对于南诏、大理国时期先祖的事迹多有追述。在追述时，分为二种情况：一是先祖为南诏、大理国时期的高僧；二是南诏、大理国官员。先祖为高僧者举例如下：

公讳胜，字愈之，乃太和蒙郡人也。曾祖大阿左梨，讳日，精通秘密教，蒙氏时为僧官⑤。

---

① 《杨氏西园公墓志铭》，杨世钰主编：《大理丛书·金石篇》10，中国社会科学出版社，1993年，第90页。

② 《处士邕庵杨公配杨氏合葬墓碑铭》，杨世钰主编：《大理丛书·金石篇》10，中国社会科学出版社，1993年，第95页。

③ 《明处士闵公墓志》，杨世钰主编：《大理丛书·金石篇》10，中国社会科学出版社，1993年，第99页。

④ 《处士福轩杨公墓志铭》，杨世钰主编：《大理丛书·金石篇》10，中国社会科学出版社，1993年，第104页。

⑤ 《故居士杨公墓志铭》，杨世钰主编：《大理丛书·金石篇》10，中国社会科学出版社，1993年，第31页。

公讳巨卿，字重臣，姓杨氏，世居大理弘圭之寺上者。乃祖积善数百余年，超越出众，足有征矣。厥先祖号宝峰者，蒙诏请为僧官，修德行道，为国弭灾捍患，号曰□赞明德赤面大阿左梨师。迨及曾祖讳兴、讳海，亦习显密通瑜伽教，段氏请为僧官，给与口粮①。

李氏巨门，乃观音菩萨从西軋带来麽伽陀，来到大理，建立西苍东洱，上下两关，小奴罗为白皇，皇乃西軋阿育王子孙也。后蒙氏十三皇帝，将李氏始祖为国师，金榜李神秀为天师，日主阳，夜判阴，能使十二青兵，降龙伏虎②。

图七十五　故居士杨公墓志铭。图片来源于杨世钰主编：《大理丛书・金石篇》1，中国社会科学出版社，1993 年，第 110 页。

这 3 通墓志铭中出现的杨氏、李氏的先祖，在南诏时期都是精通密教的高僧，他们以神力护国有功而得到南诏王的赏识，或担任僧官，或奉为国师、天师，赐予“大阿左梨”“赤面大阿左梨师”的封号。这成为高僧的后人骄傲夸赞的家族荣耀。

① 《故善士杨公同妻赵氏墓志铭》，杨世钰主编：《大理丛书・金石篇》10，中国社会科学出版社，1993 年，第 57 页。

② 《故大密李公墓志铭》，杨世钰主编：《大理丛书・金石篇》10，中国社会科学出版社，1993 年，第 59 页。

先祖为高官者，举例如下：

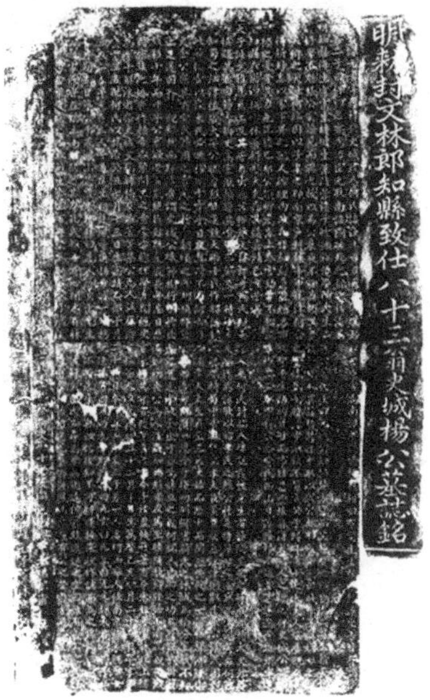

图七十六　明敕封文林郎知县致仕八十三翁史城杨公墓志铭。图片来源于杨世钰主编：《大理丛书·金石篇》3，中国社会科学出版社，1993年，第92页。

张之得姓，肇自清河，其有禄位功德于后世，而蔓延于天下者不能详赘。至于世居大理之弘圭者是有征矣。居士讳琏，字天玺。其先自蒙以来相与辅弼，克底于治，授文职，授武爵，枝分派别，莫可缕纪①。

令史讳福，字□之，世为大理之弘圭望族人也。厥始祖杨生名，自蒙氏时授布燮职，辅佐政事②。

公字政，世居大理，喜睑人也。始祖杨生名，昔蒙氏威成王时，授本处布燮职事③。

□□益字伯谦，姓李氏，世居大理海东孟州之高兴。按郡志，昔蒙氏肇，细奴逻称奇王，主宰斯土。迄□□阁罗凤神武王立太和赞普钟碑，书李克铎为将。克铎即公之远祖也。殊勋伟绩，不乏贤④。

赵君讳士元，字宗庞，别号东圃，滇太和人也，世居弘圭乡之城南村。裔肇自秦，著姓于隋末，唐初嗣有讳铎罗者，仕蒙氏为相，世系皆可考，是为□□。铎罗□生习，习生圣，圣生行，行生亲，亲生旂，旂生

① 《故居士张公墓志铭》，杨世钰主编：《大理丛书·金石篇》10，中国社会科学出版社，1993年，第34页。

② 《云南布政司令史杨公并妻赵氏寿藏铭》，杨世钰主编：《大理丛书·金石篇》10，中国社会科学出版社，1993年，第37页。

③ 《故善人杨公圹志铭》，杨世钰主编：《大理丛书·金石篇》10，中国社会科学出版社，1993年，第38页。

④ 《李益墓志铭》，杨世钰主编：《大理丛书·金石篇》10，中国社会科学出版社，1993年，第41-42页。

和，和生顺，顺生珠，皆占仕籍①。

公讳元吉，字履祥，号史城。孺人何氏，讳汝玉。世为太和人。其始祖曰生者，为南诏布燮，时称辅相曰布燮②。

公讳谦，字惟光，号升桥，世为太和市上人。始祖杨奇捐为蒙氏相③。

尝谓渤海郡龙尘豹颈高氏曰智升，段氏用事之节，受秩封为布燮之号。生于镇南甲郡，处在摩用华村。后天将南下，庶民荡散，胤嗣流迁，居于凤羽之乡④。

先生讳山，字伯仁，姓杨氏，九隆族之裔，世处苍洱喜睑史城之东，自蒙段守土以来，世为医官，代不乏贤⑤。

段为南诏之著姓，尝按其谱系，自皇唐历宋元以来，享禄位名势者比比皆焉。厥后子孙蔓延兹土，有曰忠国者初名俭魏，喜睑之定子邑人，即其始祖也。自幼好武骑，蒙氏据有邦时，阁罗凤举为清平官，而子孙皆袭其爵胄。六世孙思平，生有英质，豪杰迈人，徙居通海，拜节度

图七十七　故善人杨公圹志铭。图片来源于杨世钰主编：《大理丛书·金石篇》1，中国社会科学出版社，1993年，第134页。

① 《明处士东圃赵君墓碣铭》，杨世钰主编：《大理丛书·金石篇》10，中国社会科学出版社，1993年，第99页。

② 《明敕封文林郎知县致仕八十三翁史城杨公墓志铭》，杨世钰主编：《大理丛书·金石篇》10，中国社会科学出版社，1993年，第106页。

③ 《隐君升桥先生及孺人李氏合葬墓志铭》，杨世钰主编：《大理丛书·金石篇》10，中国社会科学出版社，1993年，第110页。

④ 《高公张氏墓志》，杨世钰主编：《大理丛书·金石篇》10，中国社会科学出版社，1993年，第61页。

⑤ 《处士杨先生墓志铭》，杨世钰主编：《大理丛书·金石篇》10，中国社会科学出版社，1993年，第50页。

使。后杨干贞继蒙为诏，暴虐无道，思平举兵入河尾关讨平之，竟以立位，号神武先帝，国号大理，改元文德。传至二十二世系孙曰兴智，以德服人，相继为君长，故封神之号，授龙之敕自此始①。

中有陈氏，其高祖乃前古蒙朝世为布爕之相国。其后胤曰升，其子曰恭，袭其前爵，有经济之材，出不世之德，段氏用事之时为其侍用大臣②。

以上11通碑记中，杨氏、李氏、赵氏、张氏、高氏、段氏、陈氏等在追述祖源时都对先祖在南诏、大理国时期担任的官职进行记叙，其中提及的官职名有“布爕”“将”“相”“医官”“清平官”“节度使”。其中，“布爕”是南诏最高行政长官“清平官”的别称。“将”极有可能就是南诏主管军事的大军将。“医官”指掌管医疗事务的官员。南诏的“清平官”一职相当于国相，所以“相”所指的应为清平官。“节度使”为掌握地区军事大权的官员。这些官职都是南诏、大理国时期官僚体系中正式设置的职务，尤其是“清平官”“布爕”“大军将”“节度使”等职位较高。因此，对杨氏、李氏等姓氏的后人来说，先祖在南诏、大理国时期居官，是值得夸耀的。

三、清代金石族谱流行

由于兵燹，明代一些白族大姓世家的家谱被毁。如世居太和弘圭城北的望族张氏因兵燹家谱被毁，因此世系难以详考。《处士张公既室杜氏合葬墓志铭》载：“张公名能，字士杰，世居太和弘圭城北，望族也。厥先世系，荐经兵燹，谱牒不具，莫考其详。”③

清代白族大姓世家则多将族谱刻于金石之上。这些“金石族谱”内容详细，保存较完好。这里以《董氏宗谱记碑》为例进行说明。

---

① 《故处士段公墓志铭》，杨世钰主编：《大理丛书·金石篇》10，中国社会科学出版社，1993年，第42页。

② 《布爕陈氏同穴墓铭》，杨世钰主编：《大理丛书·金石篇》10，中国社会科学出版社，1993年，第45页。

③ 杨世钰主编：《大理丛书·金石篇》10，中国社会科学出版社，1993年，第62页。

《董氏宗谱记碑》共有二通碑。第一通碑追述了董氏先祖董伽罗尤诞生的神话。碑言：

> 始祖董伽罗尤，出自大唐，生于洱海东岩上芝草中，仙鸾覆育。云南王蒙氏狩其处，仙鸾腾起，有哭声，响彻云霄。王亲寻之，见小孩，命褓回宫中抚养。龆龀之年，隽异超伦。工（王）曰：天生神童，用相我国，爰以董为姓，字伽罗尤。盖因生以赐也。后至生处，得经书法宝，一目了然。年十五，精通秘密，神术无方，蒙王封为国师，以女妻之，招为驸马①。

从这段记载中可见，董氏将其始祖董伽罗尤的诞生书写得极富宗教色彩，不但为仙鸾覆育，而且在其诞生之处发现了“经书法宝”等与佛教相关的器物，突出董氏作为阿吒力教高僧不凡的身世。董伽罗尤在少年时期便显现“隽异超伦”，聪颖异常。在学习佛经之后，更是才华横溢，精通神术。董伽罗尤诞生和成长的神异性为其后董氏家族成为南诏、大理国时期护国护法神僧埋下伏笔。接下来，碑文详细描述了董伽罗尤大显神通的事迹。如董伽罗尤可以在顷刻间造山填海，可以呼风唤雨改变自然气候。他为南诏王地主山“起层峦”，还可以“赤雪不止”“禳之即止”，还降服孽怪，为民保平安。后来，董伽罗尤在天宝战

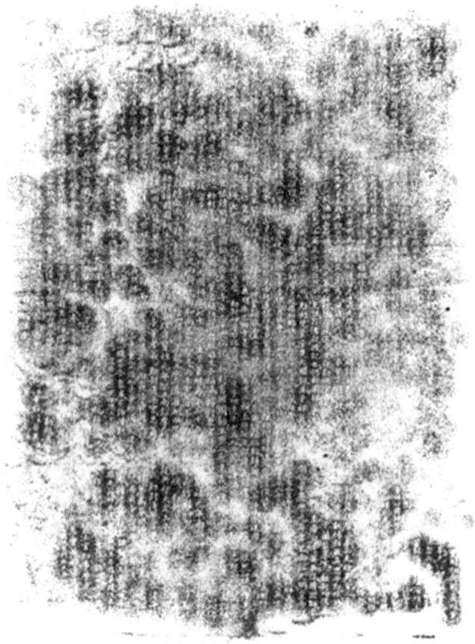

图七十八　董氏宗谱记碑。图片来源于杨世钰主编：《大理丛书·金石篇》6，中国社会科学出版社，1993年，第19页。

① 杨世钰主编：《大理丛书·金石篇》10，中国社会科学出版社，1993年，第223页。

争中施展法术，“尤登八卦台，以神法御兵，唐师尽溺”，为南诏击败唐军而立大功。大理国时期，董伽罗尤的后代董普明施展神术，用树叶做舟，帮助段思平渡河，“拈一叶作舟，渡过河尾，二人向南而去”，阻断杨干贞追击，为段思平指引南行的路向，躲过劫难。大理国建立后，董普明成为段思平的国师，为其解梦，吉言天子之兆，并辅助其立国。

《董氏宗谱记碑》与其他地方的董氏宗祠碑等形成了呼应。这些董氏宗祠碑记对董氏祖源的记述保持一致。如《凤仪北汤天董氏宗祠新建祠记》载：“我董氏自大唐始祖分派，族繁地异，亦各立有祠。明洪武年间，钦赐董贤巅池，起盖大藏殿，为家佛堂，即于左丑山未向，设祠奉祀。”① 清代《大我士寺碑》载：“盖自五代时，有董伽罗者，居赵之汤颠村，习秘密教，能驱役鬼神，呼风召雨。传至明之董贤，其神异亦然。永乐初，召至京，有逐邪功，上喜甚。深嘉之曰：天下之大，我所信任者，惟此一士也。赐以爵禄，弗受。无已，敕赐都纲司世职。随命内监李巡滇，至苍洱间，命太守张，度地于榆城西南隅，周围四十八丈，为建圣旨坊以旌之，祠堂以祀之。且以其好佛，又大建琳宫，凡杰阁层楼，不可胜纪。兼有敕赐匾额，此大我士之所由名也。”② 虽然这些碑记的记述繁简有别，但董氏后人对共同的先祖董伽罗尤的神异法术念念不忘，他们不断追述董贤奉诏进京施法驱邪，受到皇帝旌表嘉奖的事迹，透露出自豪之意。

第三节　白族古代金石文献族群意识的跨文化意义

白族的发展离不开与其他民族的交融。在白族与其他民族交融的过程中，我们看到了白族族群意识开放的一面。

一、流寓大理

白族的聚居地大理，既是滇西重镇，也是南方丝绸之路和茶马古道的重要枢纽，来自四面八方的人士多汇聚于此。

---

① 杨世钰主编：《大理丛书·金石篇》10，中国社会科学出版社，1993 年，第 168 页。

② 同上，第 188 页。

在白族古代金石文献中不乏流寓大理者的记述。《故杨公孝先墓志铭》载："（上阙）字孝先，诚斋其号。上世本华阴人，唐玄宗时，有蛮祐者，从鲜于仲通征云南，军败陷焉。云南王阁罗凤爱其（上阙），累迁崇文馆大学士，兼太傅、清平官。后以劝异牟寻去吐蕃复归于唐，唐封长城郡王，子孙因家云南。曾（上阙）学士春卿侍郎，兼谏议大夫，博学善属文，有《莲塘集》传于世。祖讳君，袭父职，兼宥密使。生二子，长曰祐，入本朝，历官（上阙），潜德弗耀，号志道先生，即先生之考也。妣高氏，故鄯阐演习实之女。先生生于至元辛巳，幼孤，举止不凡。长而好学（上阙）经史子集莫不洞究其义。"① 可知碑主杨孝先的曾祖杨蛮祐为华阴人。唐玄宗时随唐将鲜于仲通征云南，天宝一战唐军大败，杨蛮祐滞留云南。南诏王赏识杨蛮祐的才华，授予崇文馆大学士、太傅、清平官等要职。异牟寻时期，杨蛮祐因劝异牟寻归唐有功，被唐朝册封为长城郡王。杨蛮祐的儿子杨君袭父职，生二子。长子杨祐娶鄯阐白族大姓高氏之女为妻，生杨孝先。

武略将军赵海的先世可追溯至周穆王时期。《武略将军赵公之墓碑》："自周穆王封造父于赵城，故后子孙以赵为姓，以天水为郡，子孙散处中原，至汉时始居云南。赵姓极大，而子孙极盛。侯由祖讳保者，前任寸白百户，有功我朝，授鹤庆府守御百夫长昭信校尉。"② 赵海的先祖非大理本土人士，周穆王时受封天水郡，在汉代移居云南后，子孙繁衍。赵海的祖父赵保，曾担任寸白军百户长，被授予鹤庆府守御百夫长昭信校尉的职位。

《处士杨公墓铭》载："余惟杨公讳晟，自厥高祖讳兴，系四川重庆巴县源也，仕翰林学士，奉命来使蒙国，蒙遂重其行实，留居焉。传而生子曰隆。隆生子曰义，为万户侯。义生子曰谦，为大理路判。谦生子曰仲平。仲平生父曰晟，字德辉，尝晦迹韬光，不求闻达。郡邑爱重，征之乡饮上宾。娶母尹氏，叶榆望族，相夫尽道。生子三人：孟曰镛，从事藩司，授蜀涪陵驿丞，娶妇千氏；仲曰钦，娶妇陈氏；季曰钰，取杨氏。俱善事舅姑，妇道不失。生女皆适名门。孙：长时中，次曰时和，亦皆志学，期以远大。镛兄弟一旦

① 杨世钰主编：《大理丛书・金石篇》10，中国社会科学出版社，1993 年，第 23 页。
② 同上，第 41 页。

命□□□父母佳城于点苍玉局山，近落成巍状树碑，永远其传。”① 可知处士杨晟的高祖为杨兴，是重庆巴县人，翰林学士。奉命出使南诏，为南诏重用，后留居南诏。后嗣为杨隆、杨义、杨谦、杨仲平。杨仲平娶叶榆望族尹氏生杨晟。杨晟的三个儿子皆婚，女儿也嫁人，孙子读书好学。

图七十九　武略将军赵公之墓碑。图片来源于杨世钰主编：《大理丛书·金石篇》2，中国社会科学出版社，1993 年，第 2 页。

赵春柳的先祖乃天水（今甘肃天水）人，后与弘农名家结亲。赵春柳自幼习三从四德，终守节义洁贞。嫁与夫家恪守妇道，并在家修行佛法。《萱堂寿藏记》载：“绩纺丝麻之业，织缝布帛之工。俭齐家道，勤修身心。朝则焚

① 杨世钰主编：《大理丛书·金石篇》10，中国社会科学出版社，1993 年，第 66 页。

香礼佛，夕则献花诵经。长斋不食荤辛，受戒不贪财气。须臾渐进，顷刻不忘。”① 生二男名为杨增、杨珍，一女杨妙定。杨增娶陈鲁，生孙女杨芹。杨珍娶李梅，生孙子杨心，孙女杨蔚。杨妙定嫁本村赵增为妻。

《隐德何公墓志铭》载：“□□□□□□□其先湖南江夏人也，唐有履光者，天宝十三载，以广府节度使，佐剑南留后李宓，率师伐南诏，全军□□没，履光得不死，遂为大理人。其八世孙曰君坚，官曰布燮，犹唐言宰相也，卒封王，谥英灵明义。”② 可知碑主何瑞的先祖何履光，籍贯为湖南江夏。天宝十三年，何履光以广府节度使的身份辅佐剑南留后李宓率唐军攻伐南诏，后留居南诏。

《大明武毅将军葵轩韩公宜人王氏墓志》：“宜人王氏，名秀瀛，字某。先世江西吉水人，祖仲敬者戍大理卫左前所，因家焉。”③ 可知王氏先祖为江西吉水人，祖辈任职大理，后留居大理。

二、跨族婚姻：血缘交融

白族与异族通婚自古有之，跨族婚姻使得白族与其他民族之间形成了血缘与文化的交融。

南诏皇室与异族通婚屡见不鲜。民间传说阁罗凤娶吐蕃女子为妻，名为白妃，传说白妃年幼时学法于吐蕃雪山圣峰寺。南诏也有将王女嫁给梵僧的例子。传说南诏王劝丰佑将自己的妹妹越英嫁给来自西域摩伽国的僧人赞陀崛多④。

唐昭宗年间，南诏国王隆舜迎娶唐朝的安化长公主为妻。《资治通鉴》卷二百五十五唐纪七十一载：“以宗女为安化长公主，妻南诏。”⑤

元代段琏的先祖来自楚国，留居大理后与白族通婚。《故理阳寨长官司案牍段琏墓铭并序》中记载：“乃楚庄跻之□□将官也。威王使跻伐滇，既克，

---

① 杨世钰主编：《大理丛书·金石篇》10，中国社会科学出版社，1993年，第63页。

② 同上，第81-82页。

③ 同上，第82页。

④ 尤中校注：《僰古通纪浅述校注》，云南人民出版社，1988年，第62页。

⑤ 马司光编著，胡三省音注：《资治通鉴》，中华书局，1956年，第8300页。

会秦灭楚，跅遂留王滇池，以其众分为五将，而已总以统之，因成一百□□之属，段氏其一也。”① 从这里可知，段琏先祖可追溯至庄跅将官之后，又言“七世祖曰观音海，配乃大高氏贵□□□之女，□□□满世生金豆保，保生金细容，容生祥生，以宦迁家第于理州。”② 段琏的七世祖与大理国高氏通婚，之后段满世生段保，段保生段容，段容生段详生。因为官的原因迁家于理州。

元代第九代大理总管段功迎娶了蒙古梁王之女阿盖公主。明代杨慎的《滇载记》载：“红巾既退，梁王深德段功，以女阿妻之，为之奏授云南平章。”③ 联系历史可知，元朝末年统治腐朽，社会危机频仍。至正二十三年（1363）红巾军起义。梁王无力抵抗红巾军的进攻，求助于大理段氏。《滇考》载：“二十三年，明玉珍自楚入蜀，以红巾为号，自将三万人攻云南。梁王奔威楚求救于功，功谋于员外杨渊海，卜之吉乃进兵。……功追之至七星关，大胜而还。梁王深德功，以女阿盖妻之，为奏授云南平章，曲意奉之，功遂留善阐。”④ 段功率军击退红巾军，梁王对其封赏并将阿盖许配于段功。

明代《故昭信校尉百户赵公墓志铭》载剑川赵坚的第四个儿子赵善娶本州元达鲁花赤孙女观音奴，生了孙子赵中、赵庆、赵文喜⑤。《杨公寿藏志铭》记载了杨氏流居大理的经过。碑言：“大和巨擘世家，其姓杨讳成者，厥先昔元朝皇帝之时，帅师金牌相公喝剌彰大臣之子孙也。祖贯大都，獫狁番人，赐曰□□□□□挂将军印，奉命克服叶榆而有功，彰没，封伊子兀鲁孔宗，镇处弘圭作邑，即□□□□□二村人民百余户，免其差遣，役使耕田，代代承袭不已。”⑥ 杨成的祖父籍贯是大都人，为獫狁人。后随元军征大理有功，留居大理，世代免除差役。

《邓川州土官知州阿氏五世墓表》记载阿氏第五代开始与白族通婚，女子

---

① 杨世钰主编：《大理丛书·金石篇》，中国社会科学出版社，1993年，第22页。

② 同上。

③ 杨慎：《滇载记》，方国瑜主编：《云南史料丛刊》卷四，云南大学出版社，1998年，第763页。

④ 冯苏纂修：《滇考》，《中国方志丛书》第一四〇号，成文出版社，1976年，第254-256页。

⑤ 杨世钰主编：《大理丛书·金石篇》10，中国社会科学出版社，1993年，第36页。

⑥ 同上，第42页。

多嫁当地土官，男子多娶土官之女。碑言阿氏为“西南盛族，世居威远州，姓刀。其始祖讳这，字开先，随父讳哀者，忠干天植，激烈性生，恩威并茂，为钦仰焉。乃于洪武十五年壬戌，天兵南征，开先公向义奋勇，率众输粮，攻克佛光、三营、寺寨数寨，擒获伪平章高生，右丞普颜都等。一时地方赖以平靖，抡功授任本州土官知州。拜命之后，创州治，编户口，建学校，兴祠祭，事皆就绪。配太宜人刀氏阿腊，生十一男：子贤、子廉、子恭、子敬、子信、子美、子周、子寿、子郁、子华、子义。公于永乐元年六月初十日卒，合葬羊塘罗武城山。次年，嫡长男子贤袭继之，是为阿氏高祖。……配宜人刀氏阿夷，生四男：永忠、永良、永奇、永赟。四女各适名门。公洪熙元年三月初十日卒，合葬州治后卧牛山麓。宣德三年，嫡长男永忠袭继之，是为阿氏曾祖。……配宜人刀氏阿壹，沅江知府刀丙女。生三男：曰昭、曰昕、曰暲。六女，俱有归。公洪武二十五年八月十五日生，正统九年以疾致仕，十四年五月初六日卒。嫡长男昭袭继之，是为阿氏祖。……配宜人妙吾，景东知府陶干之女也。……生三男：孟叔谦，季寿昌，俱早逝。仲曰旻。四女：长妙元，适土官知府陶洪；次妙静，适蒲陀崆巡检应袭舍人杨麟；妙清，适蒙化舍人左相；妙全，早殁。后娶鹤庆土官知府高伦侄女妙凤，生三男：曰昺，曰冕，曰壘。二女：妙亨，适姚州土官舍人高清；妙金早殁。又二男：曰圭、曰贞，张氏所生也。……应袭男旻，字仁覆……先娶剑川土官河泊赵祥女妙香，生二女，长善贵，适丽江土官知府木泰。次善淑，适兰州土官知州罗世爵。后娶景东土官知府陶赞女妙金，生二男，长曰骥，即今郡侯也。次曰骐，早殁。一女曰善财，适太和千户陈全。”① 阿氏先祖阿开先配刀氏阿片音，生十一男。阿贤为嫡长子，为阿氏高祖，配刀氏阿夷，生四男四女。嫡长男阿永忠为阿氏曾祖，配刀氏阿壹，生三男六女。嫡长男阿昭为阿氏祖，配妙吾，生三男四女。后娶鹤庆土官知府高伦侄女妙凤，生三男二女，女儿妙亨适姚州土官舍人高清。从阿昭开始阿氏与白族通婚。

《彭公墓志铭》载：“彭公曾祖彭士能，原籍南京直隶镇江府单畾（丹

---

① 杨世钰主编：《大理丛书·金石篇》10，中国社会科学出版社，1993 年，第 71-72 页。

涂）县人，于洪武初来征，调金齿司永平前前所样备羊市坪，屯住营军。士能生祖彭昂，即生父彭祥。自幼演习军事，初姻张氏，生男彭文成。续娶太和县河矣城段掾女段氏，生男彭文才、彭文友。”① 可知彭氏祖籍为丹涂，在洪武年明朝征云南时，曾祖彭士能调至羊市坪住屯。彭祥娶太和县河矣城段掾之女，生彭文才、彭文支。

《明蒙恩邑杜公父子墓铭》载：“公讳祯，字国瑞，祖贯河南府新安县十一社人也。祖庆中洪武甲子乡试，丙子来官大理府同，卒于官。遗留太和紫阳朱氏，生二子，长曰榆城禾，即河矣城百夫杜祥之鼻祖。次曰榆城俊，祯之祖也。昆仲分为二里，子孙田地彼此俱胜，咸太和翘楚也。”② 杜祯祖籍河南新安，先祖庆中到大理为官，与太和朱氏成婚，生二子。次子杜俊乃杜祯的祖父。

图八十　故安人车氏墓铭。图片来源于杨世钰主编：《大理丛书·金石篇》2，中国社会科学出版社，1993 年，第 46 页。

《故安人车氏墓铭》③ 载：“安人车氏，讳观音金，乃昭信校尉百户杨公敬之配也。其先出于梁王之族，鄯阐车元帅之女。姿禀聪慧，端淑静一；勤于织纴，父母钟爱。”从此可知车氏的身份是元代梁王一族，父亲担任元帅一职，车氏从小品性端淑，深受父母宠爱。车氏嫁

① 杨世钰主编：《大理丛书·金石篇》10，中国社会科学出版社，1993 年，第 74 页。
② 同上，第 78 页。
③ 同上，第 55 页。

给了昭信校尉百户杨敬。杨敬出生于大理白族世家。碑言："自蜀汉武侯建铁柱，封张氏为酋长，以杨氏为武将，宰守斯土，迄蒙段继立，杨氏韬略传家。元世祖驾至大理，赐杨氏明珠虎头金牌，掌僰爨军。传至义圆。为布燮。再传至铭，任景东贰守。铭生敬，即安人所适也。"可知杨家先祖曾担任张乐进求的武将。南诏、大理国时期，杨门显赫，一直持续到元代。车氏在杨家恪守妇道，十分贤惠。碑言："事舅姑尽孝，和睦亲族，处家以俭，御下以慈，岁时相祀惟谨，克勤中馈。"车氏孝敬父母，疼爱子女，勤俭持家，与家人和睦相处。车氏虽是蒙古贵族，但能够入乡随俗，尽心尽力辅助丈夫，其美德受到赵州百姓的称赞。碑言杨敬在军中"持心操节，抚安军士，不虐无辜，远迩称颂，人皆知安有以相之也"，邻里们称赞这是车氏的功劳。车氏生有"子男七人"，"女八人"，一共十五个儿女。又有"孙男十九人"，"孙女九人"，可谓人丁兴旺。碑文撰者慨叹："若瓜实之小者近本，而大者在末也。岂非安人贞吉之余庆所以致欤。于戏！凌云之木，其根必深。潮宗之水，其源必远。物本乎天，人本乎亲。"可以看出，车氏的人生已经与杨家水乳交融，杨敬父母亲族对车氏的夸耀，子女对车氏的念念不忘，均表达了对车氏的赞美之情。

综上所论，"一个族群也需要强调'共同的起源'。传说中的始祖（如汉族传说中的炎黄），或是一个重要的事件（大规模的移民或战争），成为一群人重要的集体记忆。一个族群，常以共同的仪式来定期或不定期地加强此集体记忆，或以建立永久性的实质纪念物来维持此集体记忆，或民族国家以历史教育来制度化地传递此集体记忆。"① 在白族金石文献的记述中，我们看到人们对族源的记忆呈现出阶段性的变化。明代以前，"阿姎白"崇拜体现了白族对民族起源的自我意识。明代以来，"观音的子民""九隆（龙）裔"成为人们较为普遍的看法。清代族谱的书写成为白族对族源追述的重要形式。而在现实的生活中，白族和其他民族通婚的历史一直伴随着白族的发展，白族与其他民族血缘、文化的融合不断强加，形成了民族的真正交融。

---

① 王明珂：《华夏边缘：历史记忆与族群认同》，社会科学文献出版社，2006年，第31页。

第四章

白族古代金石文献与儒释道文化的民间受容

本书的第一章、第二章从宏观层面探讨了儒释道文化在制度和政治格局中的融合与效用。而当我们聚焦民间就会发现，白族民间对儒释道文化的接纳与官方有着很大的不同，其区别在于对文化接受的目的和方式上。官方对儒释道文化的受容出于统治需要，传达给普通民众的是“政策”；而民间则把儒释道文化当作生活的一部分，一种大家共同参与和自觉遵循的“方式”，中间没有对儒释道文化孰优先、孰有决定权的区别，个人的学习进取、家庭的教育发展都离不开对儒释道文化的关注，表现在平常的日子里，大家各自忙碌于生活，而每逢节庆、法会等重要的日子，人们则聚集在村中、庙前，人们之间的文化联系十分明显。

第一节　白族古代金石文献儒释道文化的民间世俗化

一、儒家文化的民间世俗化

儒家文化对白族民间的影响深远，儒家文化的民间世俗化贯穿了白族发展的历史。

汉代人们学习儒家文化的序幕已揭开。《滇史》载：“及元狩间，相如入滇，有叶榆人张叔者天资颖出，见土俗不知书，心每疾之，思变其俗。闻相如于若水造梁，遂往求授经，归教乡人。又盛览字长通，亦叶榆人，学于相如，所著有《赋心》四卷。”① 武帝元狩（前122-前117），司马相如到云南，叶榆人张叔慕名前往拜师学经。盛览也拜司马相如为师，著有《赋心》四卷。此二人被视为“滇人开文学之始”②。后汉桓帝年间，有尹珍到汉朝拜许慎习儒一事。《滇史》载：“汉桓帝□□□年，滇人有尹珍者，字道真，牂牁毋敛人也。自耻生于荒裔，不知礼义，乃负策远游，入中国，从汝南许慎应奉受经书图纬。学成，还乡里，于是南土之人始知学焉。珍又劝谕蛮夷，倡兴诗礼，渐迁其俗。”③ 可见，这些拜师求学者学成后，回归故乡，教育乡人，传播儒家文化。汉代的张叔“归教乡人”，尹珍“学成，还乡里，于是南土之人始知学焉。珍又劝谕蛮夷，倡兴诗礼，渐迁其俗。”④ 南诏时期的许叔“元和中，昆明有许叔者笃志经术，复入中国，受五经归，教授郡人，诸夷益知向学。”⑤

大明正统二年（1437）《李益墓志铭》载碑主李益“尝从学于大理郡庠司训苏老先生之门，涉猎经史”⑥。弘治己酉（1489）《故处士杨公墓志铭》载大理喜郡的杨荣“天性仁厚，志尚儒术。训育本乡子弟，令德昭扬，为时礼重。”⑦ 杨荣崇尚儒家文化，教育本乡子弟习儒，宣扬了儒家道德和礼乐文化。嘉靖丙戌（1526）《杨公汝舟墓志铭》期间记述了杨明在当地人教学的情况。杨汝舟的祖父杨明好读书，“为人纯朴孝谨”。在本地隐居教学，教人以善⑧。

学习儒家典籍成为人们自我教育的重要内容，通过精研儒家典籍，培养良好的儒家文化素养者比比皆是。

《宋史》记载了大理国人到宋朝购买儒家典籍一事。《宋史》载：“乾道

① 诸葛元声撰，刘亚朝校点：《滇史》，德宏民族出版社，1994年，第27页。

② 同上。

③ 同上，第60页。

④ 同上，第27、60页。

⑤ 同上，第172页。

⑥ 杨世钰主编：《大理丛书·金石篇》10，中国社会科学出版社，1993年，第41-42页。

⑦ 同上，第66页。

⑧ 同上，第78页。

九年，大理人李观音得等二十二人至横山砦求市马，知邕州姚恪盛陈金帛夸示之。其人大喜，出一文书，称‘利贞二年十二月’，约来年以马来。所求文选、五经、国语、三史、初学记及医、释等书，恪厚遗遣之，而不敢上闻也。”① “乾道九年”为公元1173年，正值大理国段智兴执政时期。这一年的9月，李观音得等22人到横山买卖马匹，邕州知州姚恪以金帛交换。李观音得等向姚恪索求《文选》《经》《国语》《三史》《初学记》以及医学、佛教等方面的书籍，姚恪慷慨赠予。

至正癸卯（1363）《故杨公孝先墓志铭》载：“先生生于至元辛巳，幼孤，举止不凡。长而好学（上阙）经史子集莫不洞究其义。”② 杨孝先自幼好学，对于经史子集无不精研洞悉。成化二十年（1484）《故李参幽堂碑铭》载碑主李参“自幼而长克罄孝弟之职，余习诗书六艺之文，美质与俗不侔。”③ 可见李参通过学习诗书六艺之文培养了良好的修养。嘉靖丙戌（1526）《杨公汝舟墓志铭》载碑主杨汝舟“尤力为学通葩，经子史百家无不涉猎，为文典雅”④。他广泛涉猎经子史百家之文，文章有典雅之风。

清代高第为太和喜洲人，精通儒家经典。据乾隆戊寅（1758）《高第先生西逝诔词》载：“至先生之学，又有与年俱进者，五经四书，每岁必读一竟，记传子集，固为搜讨，即艺术诸编，亦必尽其精微。读既见书，则于故中知新也；读未见书，则于新中逢故也。”又言“通于《周易》，尤加体会，即画卦分爻取象中，深究其不易变易之理，参互考订，手自编集”。⑤ 可知，每年通读一遍“四书五经”成为高第生活中的重要内容。不仅如此，高第对书中的内容必定搜集资料加以研讨，探求其中的精微之理。他通晓《周易》，为了加深体会，还画卦、分爻、取象研究其中的道理，将研究心得编辑为文集。

在白族古代金石文献中记载了不少家庭学习儒家文化的情况。

成化十三年（1477），《故善人里长段公墓铭》载五峰弘圭赤土江段氏乃

① 脱脱等撰：《宋史》，中华书局，1977年，第4956页。
② 杨世钰主编：《大理丛书·金石篇》10，中国社会科学出版社，1993年，第23页。
③ 同上，第66页。
④ 同上，第78页。
⑤ 同上，第167页。

奉行儒学教化的旺族世家。碑主段接“为人恭直好善，和睦乡里，统一百一十户纪纲。齐家孝悌，弃末务本，教子诗书，孜孜为良，乡里称为巨美。”① 可知段接不但自己行仁义之理，继承家学传统，而且注重子嗣的儒学教化，为乡里称道。段接的四个儿子习儒各有所长，长子段宏穷究经史，次子段文入仕为曹掾，三子段让习诗书，四子段忠行六艺，念道经。段接一家被乡里称为“巨美”。

图八十一　故善人里长段公墓铭。图片来源于杨世钰主编：《大理丛书·金石篇》2，中国社会科学出版社，1993 年，第 78 页。

太和杨德亨一家是诗书世家。万历十年（1582）《明县博竹溪杨先生偕孺人尹氏合葬墓志铭》载：“先生讳德亨，字应阶，弘治戊子年九月十九日生。父廷畅，大父聪，曾大父荣，俱有隐德，世称太和诗书族也。”② 杨德亨曾祖、祖父、父亲皆施德于人，被世人称为诗书家族。杨德亨“明毛诗，善讲学，精觚翰，一时缙绅名士多出其门。”可知杨德亨通晓毛诗，又善于讲学和撰文，因此很多名士投到他的门下学习。杨德亨归隐乡里后，“课子读书，守竹篳家法，葆真养素，恬如也”③，专注于子弟的教育，恪守家法，生活过得单纯恬淡。

白族民间对儒家文化的学习，形成了良好的氛围，儒家道德礼仪成为人们的生活规范。

一是孝敬父母被视为美德。如《故善士杨公同妻赵氏墓志铭》言：“盖人受天地之中以生，气已成形，理亦赋其性焉。莫大乎亲，修行之实，莫先乎

① 杨世钰主编：《大理丛书·金石篇》10，中国社会科学出版社，1993 年，第 61 页。
② 同上，第 111 页。
③ 同上。

善。父母之恩，同乎天地之大也。”① 认为人间亲情最重要，人的修行则以善为贵，父母对子女的恩情与天地一样宏大。

《杨公汝舟墓志铭》记载了大理喜洲人杨汝舟为父割股治病的故事。杨汝舟之父杨明是雅好读书之人，且“为人纯朴孝谨”②，在本地隐居教学，教人以善。杨明生病，杨汝舟为父亲四处求医问药。为治愈父亲，杨汝舟割下左股作为药引。碑载：“吾闻世有割股，能已其亲之病者。人子一身，亲之所遗，皆亲有也。苟有益于亲，虽杀身以为之，况割一股而能已其亲之病乎？即欣然刓其左股□而敬进于太父，奈天命有数，太父不幸而卒。”③ 在杨汝舟看来，身体受之父母，只要能够医治好父亲的病，即便为之付出生命也在所不惜，何况一股。

《大明张孺人李氏墓志》记载了张守成孝敬母亲李氏的故事。孺人李氏生五个男孩、两个女儿，其中只有二儿子守成和两个女儿活下来。丈夫去世后，李氏一直孀居守节。碑言：“正德戊辰春，和轩以疾卒，孺人孀居，持斋诵经，闺门罕见，冰雪之操，始终一致。事姑之孝，前后不渝。至于抚孤成立，袭官聘配，其错费皆孺人之力。”一方面李氏居家尽孝，另一方面用心抚养孩子。其中儿子张守成袭官职及婚配一事皆由李氏操持。李氏的两个女儿也分别嫁人，“长适鹤庆土舍田希古，次适千户嫡嗣陈守爵。”又有“孙男五：曜、曦、曙、箴、韬，女六。外孙男四，女一，俱尚幼。”④ 可谓子孙兴旺。嘉靖十八年（1539）春天，李氏生病，张守成请假回家照顾母亲，为母亲熬药，每次必亲尝，每天亲自给母亲喂饭。碑言：“趋府请假，远迩延医，忧泣减食，汤药必亲尝，饮食必亲进，不解衣，不设榻。每夕焚香籲天，愿以身代，以至祷词祭祀，供设斋醮。于凡可以愈亲之疾者，无不罄竭心力而为之。”⑤ 张守成每日焚香祈祷母亲早日康复，甚至愿意代替母亲受病。张守成为了治愈母亲殚精竭虑，尽其所能，可谓孝顺至极。

---

① 杨世钰主编：《大理丛书·金石篇》10，中国社会科学出版社，1993 年，第 57 页。
② 同上，第 78 页。
③ 同上。
④ 同上，第 84 页。
⑤ 同上。

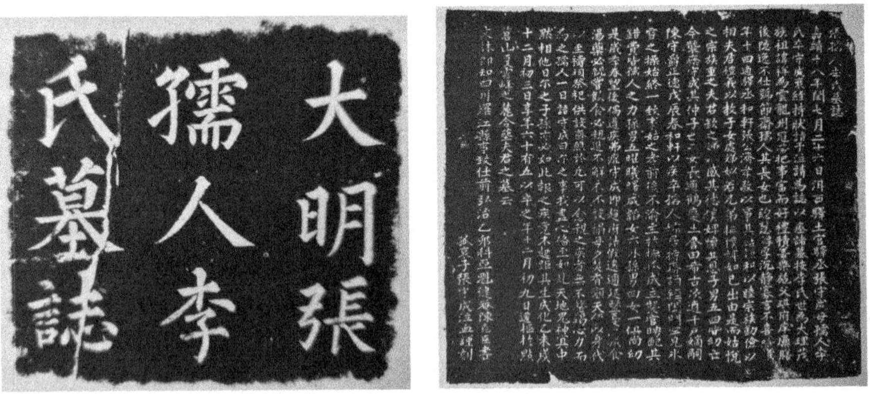

图八十二　大明张孺人李氏墓志。图片来源于杨世钰主编：《大理丛书·金石篇》3，中国社会科学出版社，1993 年，第 27 页。

二是白族民间注重培养弟子，鼓励弟子积极仕进，为国效力。

嘉靖四十三年（1564）《大理府卫州县历科进士题名记》碑立。碑言："西南多士，彬彬奋庸，况内地乎。大理进士，自永乐壬辰，迄今嘉靖庚戌，杨荣而下，凡三十有三人。比诸列藩名郡之盛为不足，较诸滇省各郡之第，亦庶乎其不乏。"① 从这段话可知，从永乐至嘉靖，大理府科考高中者居云南的榜首，其中士子通过参加全国的科举考试入朝为官众多。该碑又列永乐至嘉靖进士题名 37 人。其后又补刻隆庆、万历科题名 9 人。这些士子"为院副，为部属，为科道，为寺司，为藩臬，为守令者，咸有焉，官之备也"②，担任多种官职，可谓人才济济。

《大理府卫州县历科进士题名记》碑文撰者慨言大理举业兴盛。碑言："大理虽在僻远，士之登进者，皆遘逢泰运，砥砺树立，与天下同也。岂风壤所能拘乎哉。然进士每科，皆上命辅臣为题名记，勒诸琬琰，树之贤关，其荣幸亦至矣。兹复于其郡而题焉者，抑岂赘为哉。题之国学者，观会通以为天下瞻也；题之乡学者，具文献以为一方象也。合之皆所以励熙载，昭鉴诫

① 杨世钰主编：《大理丛书·金石篇》10，中国社会科学出版社，1993 年，第 93 页。

② 《大理府卫州县历科进士题名记》，杨世钰主编：《大理丛书·金石篇》10，中国社会科学出版社，1993 年，第 93 页。

也。”撰者认为，大理虽地处偏远，但士子参加科考和为国效力的热情高涨。又言“今新作而历考无遗，仍留左方，以俟将来。不惟永一郡甲第名氏之传，抑以昭圣代车书一统之盛，于以励诸誉髦，感发思奋，以为邦家之光者，未艾也。”① 这里表达了撰者殷切希望后学能够继续努力，超越前人，将这种良好的士风传承下去。

在金石文献中，可见白族士子到多地为官的记述。

明成化十年（1474）《成都府学训导杨君墓志铭》载：“君幼嗜学，从乡先生游，通易经，涉猎诸史子集，有文名。永乐癸卯岁，应经明行修举，授大理府学训导。未几，调四川成都府学。所至善造就士，孜孜训迪，无怠容。正统改元，诏选文学官，纂修宣庙实录。”② 碑主杨永清是云南太和人，自幼好学，通晓儒典，少有文名。永乐二十一年（1423），任大理府学训导。后又调任四川成都府学。正统后被选任为文学官，纂修宣庙实录。后又回任四川成都府学，卒于任上。

图八十三　成都府学训导杨君墓志铭。图片来源于杨世钰主编：《大理丛书·金石篇》2，中国社会科学出版社，1993 年，第 74 页。

万历二十八年（1600）《明郡樽兑江杨公同妣董孺人墓志铭》碑主杨澍为太和人，其高祖官寿，曾祖杨保为寿官，祖父杨钰任山东滋阳县莲幕，父亲杨交懋任贵州清浪督邮。杨澍生来聪颖，与众不同，“比游邑庠，治毛诗，兼通他经，涉猎子史。提督有司试，辄居首，联中丁卯、庚午乙榜，廪食。二十一年，以贡选擢廷试高等，初授滇河西学司训，僻邑科乏人，公授以文

① 杨世钰主编：《大理丛书·金石篇》10，中国社会科学出版社，1993 年，第 92 页。
② 同上，第 60 页。

诀，今及门科甲者胪列。历五载，升蜀□学正。公表范如初，无斁誉，髦视州吏素有声。历三载，复转滇临安学教授，公表范亦如初，佥号龟山夫子。”① 杨澍生一家五代人皆为朝臣，祖父辈曾到山东、贵州任职。杨澍生自幼精习毛诗和子史。通过参加司试、贡选为朝廷授职，曾任滇河西学司训、蜀□学正、安学教授。

三是，人们把儒家的道德礼仪书刻为碑文，供人瞻仰。

邓川人杨南金，成化丙午（1486）举人，弘治己未科（1499）进士，以御史致仕，一心想为家乡民风的淳化尽一己之力。他与同行商讨，向地方父母官请教，思考如何使乡里风俗淳化。最后，杨南金在疏导洗心泉时，想到乡人日日到此取水，在此树石立碑，将教化之语镌刻在石碑之上，乡人在汲水之时亦会观瞻碑文，感受教化，达到泉水洗心的目的。《洗心泉诫碑》言“昔人云，泉水为上，井水次之，河水又次之。”“非特供饮济渴而已，必也涤去旧污，滋长新善。”② 在杨南金看来，“但凡一人首倡良善，则一家皆良善，一乡一郡相效，而同为良善，礼仪之俗自此成矣”③。

万历庚辰（1580）《张思叔座右铭》中，人们将儒家道德规范融入日常生活中。碑言：“凡语必忠信，凡行必笃敬。饮食必慎节，字画必楷正。容貌必端庄，衣冠必肃整。步履必安详，居处必正静。作事必谋始，出言必顾行。常德必固持，然诺必重应。见善如己出，见恶如己病。凡此十四者，我皆未深省。书此当坐隅，朝夕视为警。”④ 这段碑文中述及人的言行举止、衣食住行等一共十四个方面，每一方面以五言句的形式总结，提醒人们依从儒家道德的规范行事。作者最后亦以此自警。

二、佛家文化的民间世俗化——以阿吒力教为例

南诏、大理国时期密教与白族本土的宗教、儒道文化融合催生了极具地方民族特色的阿吒力教，对南诏、大理国社会的诸多方面产生了广泛的影响。

① 杨世钰主编：《大理丛书·金石篇》10，中国社会科学出版社，1993 年，第 114 页。
② 同上，第 74 页。
③ 同上。
④ 同上，第 110 页。

元明清时期，阿吒力教在白族民间继续保持着深厚的群众基础，至今阿吒力教仍活跃于民间。

阿吒力教对白族宗教文化持久绵长的影响力与该教派在历史进程中逐步形成独特的教育理念及模式有着密切的关联。密教入大理后，在与本土宗教等碰撞的过程中，采取了兼容吸纳的理念，形成了密宗与本土宗教、儒家文化的融合，采用直接培养贵族子弟和在家僧制结合的教育方式，促进了阿吒力教对白族社会的影响力。

（一）阿吒力教的受容理念：兼容吸纳

密教对于南诏、大理国的本土文化而言，是全新的外来宗教。密教传入洱海地区时，以白蛮为代表的当地土著民族主要信奉巫师为主的原始宗教。原始宗教以祭祀山川、鬼神为主，崇拜天地日月等自然之物和部族君长，宗教首领大多是部族的首领、耆老之类的人物，被称为“鬼主”。密教作为外来宗教，传入洱海地区的进程并非一帆风顺，传入之初并不为当地接纳。

南诏中兴年间的《南诏国史图传》以图文并茂的形式生动地反映了初传密宗的梵僧在洱海地区四处受到围攻抵制的情况。依据《南诏国史图传》的文字记述，其中“第四化”言：“兴宗王蒙罗盛时，有一梵僧，来自南开郡西澜沧江外，兽赕穷石村中，牵一白犬，手持锡杖钵盂，经于三夜。其犬忽被村主加明王乐等偷食。明朝，梵僧寻问，翻更凌辱。僧乃高声呼犬，犬遂嗥于数十男子腹内。偷食人等，莫不惊惧相视，形神散去。谓圣僧为妖怪，以陋质为骁雄。三度害伤，度度如故。初解支体，次为三段，后烧火中，骨肉灰尽，盛竹筒中，抛于水里。破筒而出，形体如故，无能损坏。钵盂锡杖，王乐差部下外券赴奏于岍岈山上，留着内道供养顶礼。其靴变为石，今现在穷石村中。”① 这段文字叙述了梵僧初到南开郡澜沧江外兽赕穷石村，以首领为代表的当地人并不知道梵僧是谁，而因其神异行径、怪异服装等视为“妖”，并首领率众打压梵僧。故事中具体描述了当地民众拒不接纳梵僧的表现：先是梵僧的狗被石穷村村主加明王乐等“偷食”，梵僧发现后，王乐等拒不承

---

① 李霖灿：《南诏大理国新资料的综合研究》，“国立”故宫博物院印行，1982 年 12 月，第 49-50 页。

认。待梵僧高声呼犬，犬吠声从偷食者的腹内发出，这使得偷食者极为惊恐惧怕，梵僧形神散去不见，王乐等人视梵僧为“妖怪”。后来王乐等捕捉到梵僧，三度伤害，一度是“解支体”，二度“为三段”，三度“烧火中”，并将骨肉灰烬盛于竹筒中，抛于水里，表现了当地人拒不接纳密教的极端态度，说明密教初传洱海地区遭受民众的坚决抵制。

而在“观音服罗刹”为代表的神话故事中，则反映了密宗战胜巫师、佛法征服巫术，最终在洱海地区传布并受到人们崇信的情况。

在“观音服罗刹”的故事中，洱海地区原来是由吃人肉嗜人血的罗刹统治，观音化为梵僧，牵着一只狗从西天来，经历古宗、神川、义督、宁北（今剑川南部）以及蒙茨和入灵应山德源城（今洱源），再到喜洲张敬家。张敬是罗刹国的重臣，他将梵僧引荐给罗刹王，梵僧向罗刹乞地以建庵室，罗刹王一口答应，令其自裁范围。梵僧将其袈裟一展，遍盖罗刹国都，令其狗一跳东西南北，将整个罗刹国占据。罗刹此后便无居所，梵僧便将罗刹引入点苍山阳溪石室，“金楼玉殿，以螺为人睛，饮食供张百具”①，罗刹很满意，便移居此洞。梵僧在罗刹入洞之后，将石洞封起来，从此罗刹便被关在上阳溪的石室之中。故事中的“罗刹国”意味洱海本土文化势力，“梵僧”则为密宗的形象代言。张敬的引荐，罗刹王被封于石室，反映的是密宗进入洱海地区经历了先为“张敬”所代表的贵族阶层的接纳，进而为“罗刹王”代表的地方权威的认同。正如故事所展现，罗刹王最终被封于石室中，也喻指了密宗取得洱海地区合法地位是以彻底击退地方文化权威为条件的。

产生于南诏、大理国时期的剑川石窟以形象的方式反映了密宗信仰与白族本主崇拜合一的情况。剑川石窟中第 15 号窟毗沙门天王、第 16 号窟大黑天神本为密宗天神，但在白族的信仰中被奉为本主。现在洱海地区不乏将“大黑天神”供奉为本主的白族村庄，如：“大理市凤羽镇庄科村、清乐村、长发村、高仑村、永乐村……洱源县右所乡北沙坝村、幸福村、杨家营村……剑种县沙溪乡江长坪村、石龙村、甸头禾村……占头村、上和村、鳌

① 佚人：《白古通记》，王叔武辑：《云南古佚书钞》，云南人民出版社，第 1981 年，第 56 页。

头村、新华村、坡脚村、新民村”，据统计，仅大理10个镇有34个村、洱源9镇57个村、剑川县5个乡镇83个村供奉大黑天为本主①。这些白族村庄中供奉的大黑天神造像与剑川石窟第16窟的“大黑天神”造像亦大同小异。

密教传入洱海地区形成阿吒力教的过程中，积极吸纳儒家文化。对于阿吒力教来说，儒家伦理道德文化成为阿吒力教重要的教育内容。在白族古代金石文献中保留了不少阿吒力教僧侣的墓志，这些墓志中叙述了阿吒力教教育的诸多细节。

大理国时期的溪氏为阿吒力教世家，儒家文化的道德理念被视为子弟修养心性和安身立命之本。大理国道隆年间的《故溪氏谥曰襄行宜德履戒大师墓志并叙》开篇载：“夫士人居世道，有四言：一曰行事敬，二曰道德勤，三曰亲亲和，四曰友友信。”② 这里所言的“行事敬”“道德勤”“亲亲和”“友友信”是溪氏标举的道德原则，合乎儒家个人道德修养的基本精神。如撰碑者所言，由于溪氏“父子慈孝，不废人之大伦。兄友弟恭，允得天之常性外以婚姻既睦，内以□□安宁。承绩善之休，成富家之吉。如此亲亲，是为和欤?”能够做到父慈子孝，兄弟之间、朋友之间亲善相处，因此家庭和睦。溪氏因此受到皇帝的旌表和赏赐，碑载：“由是道隆皇帝降恩，赏以黄绣手披之级。让国公隆流惠备□□同□源之资□佛事之典，□□□□之干蛊不□□力潜运□□明于光阴供（下阙）。”③ 这里“道隆”是大理国皇帝段祥兴的年号，因此可知溪氏受到段祥兴的敕封。

杨氏亦是阿吒力世家。洪武十五年（1382）《元故先生杨俊墓志铭》载：“先生名俊，字文英，姓杨氏，西珥史城人。其先有若萌者，蒙朝谥之以大师，赐之金兰法衣。而后贤、公、宜、敬、真、朋、庭、太、永、用、日，是十一世者，博雅经纶，深达性相，国君士庶，咸崇尚之。有若意、弘、美、祥、定、忠、贞、廉、成、救、隆、义、胜、宜、政、真、珠、兴，是十八世者，扣三教之渊源，子子孙孙聪慧，理朝亦矜式之。有若庆者，元之兴，

---

① 杨恒灿：《白族本主》，云南科技出版社，2010年，第218-219页。

② 杨世钰主编：《大理丛书·金石篇》10，中国社会科学出版社，1993年，第11页。

③ 同上，第12页。

徙居史城。庆生昇，昇生祐，穷究儒书，善钟王字，即先生之祖父也。”① 从这里可知，碑主杨家在南诏传11世，大理国传18世。杨俊为元代杨氏的第4代传人。南诏时期，杨氏秉承“博雅经纶，深达性相”为家学，大理国时期是“扣三教之渊源”，融通儒释道三教文化，到了元代则是“穷究儒书”，可见杨氏一直将儒家文化的学习作为贯通三朝的家族理念。李京《云南志略·诸夷风俗·白人》言大理“佛教甚盛。戒律精严者名得道，俗甚重之。有家室者名师僧，教童子，多读佛书，少知六经者；段式而上，选官置吏皆出此。”② 在阿吒力教世家的教育理念中修习儒家已经较为普遍。杨巨卿一家是阿吒力世家。《故善士杨公同妻赵氏墓志铭》载：“厥先祖号宝峰者，蒙诏请为僧官，修德行道，为国弥灾捍患，号曰□赞明德赤面大阿左梨师。迨及曾祖讳兴、讳海，亦习显密通瑜伽教，段氏请为僧官，给与口粮。”南诏、大理国时期，杨宝峰、杨兴、杨海曾担任僧官，延至杨巨卿，其“通儒术，训诲童蒙，敬佛念经，昼夜不辍，积善修德”③，不但通晓儒家文化，而且以此教化蒙童，同时又修行佛教，积累善德。

图八十四　元故先生杨俊墓志铭。图片来源于杨世钰主编：《大理丛书·金石篇》1，中国社会科学出版社，1993年，第98页。

① 杨世钰主编：《大理丛书·金石篇》10，中国社会科学出版社，1993年，第28页。

② （元）郭松年、李京撰，王叔武校注：《大理行记校注》《云南志略辑校》，云南民族出版社，1986年，第87页。

③ 杨世钰主编：《大理丛书·金石篇》10，中国社会科学出版社，1993年，第57页。

如前所论，白族民间早有学习儒家文化的传统，阿吒力教对儒家文化理念的吸纳，顺应了白族的文化传统，在与白族文化交融的过程中更具亲和力。

（二）阿吒力教的教育模式：分层互渗

密教在传入南诏、大理国之后，不同的社会阶层传播教义的方式不同。

传法于南诏、大理国上层社会的密教高僧被尊为“国师”。《僰古通纪浅述》载：“第一主讳细奴逻……唐太宗贞观二十年，张乐进求率三十七部酋长，以云南国诏逊位于细奴逻，谦之再四，不得已，告于天地山川、社稷宗庙而即国王位，号大封民，以张乐进求为国老，无言和尚为国师。”① 这里所言的“无言和尚”，据《滇史》记载：“姓李氏，绍祖父粗密教法，持一铁钵盂，不语，人称无言和尚。”② 南诏第三世主盛逻皮以杨法律和尚为国师③。皮逻阁以白伽师为国师。《滇史》载：“开元中，南诏大旱，屡祷不应。时国中有白伽师者，修行精严，王敬事为国师。”④ 阁罗凤以大直巅为国老，买嗟罗贤者为国师⑤。劝龙晟即位后尊张与真、李贤者为国师⑥。《故宝瓶长老墓志铭》载：“当蒙氏孝恒（桓）王迁都喜睑，尊大容为灌顶国师，赐金襕法衣。迨至生能达赞陀屈多源流四业之阃奥，为世所重。有土主九堂神，甚有雄威，往来惊异，题诗止之。又遇释迦佛像腾空而来，默咒降于聚堂。如斯显应，代不乏人。”⑦ 这里“孝恒王”为异牟寻，“喜赊”即“大厘城”。碑中言异牟寻迁都大厘城后尊杨大容为国师，并赐予金襕法衣。劝丰佑迎西方摩迦陀国僧赞陀崛多为国师⑧。世隆以赵乐铎为国老，宗保师为国师⑨。隆舜

---

① 尤中校注：《僰古通纪浅述校注》，云南人民出版社，1988 年，第 25 页。
② 诸葛元声撰，刘亚朝校点：《滇史》，德宏民族出版社，1994 年，第 118 页。
③ 尤中校注：《僰古通纪浅述校注》，云南人民出版社，1998 年，第 32 页。
④ 诸葛元声撰，刘亚朝校点：《滇史》，德宏民族出版社，1994 年，第 134 页。
⑤ 尤中校注：《僰古通纪浅述校注》，云南人民出版社，1988 年，第 42 页。
⑥ 同上，第 58 页。
⑦ 杨世钰主编：《大理丛书 · 金石篇》10，中国社会科学出版社，1993 年，第 43 页。
⑧ 尤中校注：《僰古通纪浅述校注》，云南人民出版社，1988 年，第 62 页。
⑨ 同上，第 76 页。

以杨良佐为国老，赵波罗为国师①。

阿吒力教僧人在家中设坛，以家庭为单位，立在家僧传承密宗文化。段氏、董氏、杨氏、赵氏、李氏、陈氏等阿吒力僧世家皆有家坛。

弘治八年（1495）《大师陈公寿藏铭》对阿吒力教家庭教育的记述详细。碑载：

> 教有显密，理无东西。佛法之教始自于汉，从彼西竺之国，流于震旦中华，已经数百余载。分别显密三乘，显以济物利人。密则伏神役鬼，最奥最妙，甚幽甚玄。能返本还源，惟背尘合觉。当则大唐己丑，大摩伽陀始从中印土至于苍洱之中，传此五□秘密，名为教外别传，即蒙氏第七世异蒙习之代也。以立在家之僧，钦崇密教，瞻礼圣容，设此十四之学，立斯内外之坛，各习本尊而为教主。有止禁恶风而暴雨，有祛除鬼魅之妖邪。善神常来拥护，恶鬼不能侵临。教法愈隆，威风大振②。

这段碑文开头先叙述了佛教的分流，继而论及密教的特点，即“伏神役鬼，最奥最妙，甚幽甚玄”，说明密教有降伏神仙差役鬼怪的法术，最为幽玄。随后，碑文回溯密教传入南诏的时间，碑言“大唐己丑”“蒙氏第七世异蒙习之代”，这是对密教传入南诏的时间的两种表达。其中，“大唐己丑”为具体的年份，“蒙氏第七世异蒙习之代”则指异蒙习即异牟寻执政的期间。南诏异牟寻执政时期为公元780年至808年。因此，“大唐己丑”所指的时间应该为公元780年至808年之间的己丑年。然而，在这个阶段中，没有己丑纪年的年份，所以《大师陈公寿藏铭》所言“大唐己丑”“蒙氏第七世异蒙习之代”没有指向同一个年份，密宗传入南诏的时间并不确定。

碑言“以立在家之僧，钦崇密教，瞻礼圣容，设此十四之学，立斯内外之坛，各习本尊而为教主。”其中，“立在家之僧”指阿吒力僧实行家中教育修行之制，“瞻礼圣容”“设十四之学”为教育手段和学习的内容，“立斯内

① 尤中校注：《僰古通纪浅述校注》，云南人民出版社，1988年，第81页。

② 杨世钰主编：《大理丛书·金石篇》10，中国社会科学出版社，1993年，第69页。

外之坛，各习本尊而为教主”则表达了家坛与外坛有别，但殊途同归。

关于“立在家之僧”有一个传说。传说天竺来的观音大士到南诏传法，当时的国王皮罗阁（？—751）的儿子阁陂要出家，且愿意跟随他一起薙发为僧的公卿子弟达数千人。若是这些公卿贵族子弟都出家为僧，可能造成南诏统治阶层内部继承上的恐慌。于是皮逻阁下令“仿乾竺婆罗僧，求佛而在家者也”，设置类似印度婆罗门的“在家僧制”。后来在白族阿吒力世家中被继承下来，并多遵行父传于子的教育方式。如弘圭（位于今喜洲）的赵氏。宣德庚戌（1430）《大理弘圭赵公墓志铭》载：“按赵氏世谱，自建峰之后显于西南，择居榆城，其后有铎㟁者，仕蒙为演习，即今宰辅也。传至永，法号波罗者，酷好金仙氏之道，勤修行能，建荡山寺，阐扬本教，蒙主尊礼为师。高祖大阿左梨福惠，徙居弘圭之市户。曾祖惠升，祖昇海，率皆奉瑜伽，精秘密，能降龙伏虎，旱涝祈祷，无不辄应。”① 建峰赵氏传至赵永，其为南诏密教高僧，修建荡山寺传扬密宗，被南诏王尊为国师。之后赵惠升、赵升海皆继承了家学，为当时密教高僧。

《大师陈公寿藏铭》言“瞻礼圣容”，指的是通过观看圣象，修习意密之功，这是在家僧的必修功课。《故老人段公墓志铭》载：“公家庭之训，自幼力学……平居正襟危坐，不妄言笑，远于势力。崇修五佛寺，创家庙于后院，□饰佛像，赎奉□□等经，深究寂灭之理。”② 可知段氏在家中后院创建家庙，庙中尊奉佛像，专供在家僧念想修持之用。《故宝瓶长老墓志铭》载：“重建家坛圣像，金碧光辉。供佛饭僧，周急恤孤，务崇善行而已。”③ 杨法津家为阿吒力教世家，传至杨大容、杨仲容、杨小容时均精通秘术。传至杨泰时，重建了家坛圣像，作为在家僧教育观想之用。《李庆墓志》中记载了其家坛中塑造的圣像的情况。碑载：“又于私第起一座佛堂，中尊奉敬刊檀释迦佛，通光座高可四尺，左右阿难、迦叶、文殊、普贤、观音、势至、释梵四

① 杨世钰主编：《大理丛书·金石篇》10，中国社会科学出版社，1993年，第35页。

② 张锡禄：《大理白族佛教密宗》，云南民族出版社，1999年，第208页。

③ 杨世钰主编：《大理丛书·金石篇》10，中国社会科学出版社，1993年，第43页。

王、二执金刚、随求佛母，六字观音等像。”①

《大师陈公寿藏铭》言“设立十四之学”。密教通常说十六生成佛，托于仁王经所说的十四忍，称为十四生成佛。目前的传世文献中对“十四学”的记述较少，我们对其内容所知有限。

（三）阿吒力教受容模式的影响

在元明清之际，阿吒力教在民间流传，在阿吒力教僧侣的家庭中延续了南诏、大理国时期的受容理念和方式。

元至正二十五年（1365）《故神功梵德大阿左梨释道宗墓碑》载：“厥考隆，号智生，天资愨谨，道行严明，精通瑜伽，缁俗怀信，口不道非法之言，足不履非善之地，肃肃翼翼如也。”又言“德行高洁，传印大阿左梨”“造佛宇于家园，经像交辉，香灯显焕，院落深静，花木繁英，行道其所，孳孳然，日如一日。”② 赵宗的父亲赵隆作为阿吒力教世家的传人，精通瑜伽，在家中设立家坛，瞻礼佛像进行念想修持，日复一日，毫不倦怠。在感通寺出家的李珠生于释儒世家。他“洞明释儒之奥旨”“性相深究其源”，被封为“玄机拔萃明德大师”③。在他四十五岁的时候因“厌离世谛”，在感通建造僧房出家。另有大理的赵泰，出生于阿吒力世家，因为帮助元军取“邕管等处部落”有功，被选为大理僧官，并赐职为“玄通秘法大阿左梨”，后来他退职辞荣山居，受具戒而修头陀，释名为圆悟。他的子裔继承了阿吒力家学，深通瑜伽之术④。

南诏、大理国时期在姓名中夹杂密宗“本尊”的现象一直延续至明初。“本尊”为佛教修行者所依止的尊者。阿吒力教的本尊很多，个体所尊崇的本

① 大理市文化丛书编辑委员会编：《大理古碑存文录》，云南民族出版社，1996年，第86页。

② 杨世钰主编：《大理丛书·金石篇》10，中国社会科学出版社，1993年，第23-24页。

③ 《追为亡人大师李珠庆神道》，大理市文化丛书编辑委员会编：《大理古碑存文录》，云南民族出版社，1996年，第58-59页。

④ 《故神功梵德大阿左梨释道宗墓碑》，杨世钰主编：《大理丛书·金石篇》10，中国社会科学出版社，1993年，第23-24页。

图八十五　故神功梵德大阿左梨释道宗墓碑。图片来源于杨世钰主编：《大理丛书·金石篇》1，中国社会科学出版社，1993年，第83页。

尊各不相同，有大日如来、观音、明王、天王、大黑天神等，在人们的姓名中也将所信仰的本尊的佛号夹在姓和名中间，如鲁药师空、苏难陀智、李圆通镜、陈观音婢、张观音梅、李大日贤、董金刚田、杨法华坚、杨天王秀等。其中药师、难陀、观音、大日、金刚、天王等为佛名。

在元明清时期墓葬中出现的梵文则从一个侧面反映了人们对密教文化的继承与发展。元代大理墓碑多镌刻梵文经咒，有附刻墓志铭或纪念死者之语，亦有不刻汉字者，多刻梵文经咒荐死者。如五华楼出土的元碑中，“兼有梵文及汉字者共三十通，另八通皆梵文，无汉字（包括汉字已漫漶不清，或仅残留一、二字）”①。明代洪熙元年（1425）立《故善人杨和惠圹志》除记死者生卒年月外，刻《佛说摩诃般若波罗蜜多心经》②。《李应墓铭》刻《佛说解百生怨家陀罗尼经》③。

南诏、大理国时期密宗与白族本土文化的融合催生了阿吒力教，并在发展的过程中以兼容吸纳本土宗教和儒家文化为教育理念，逐步形成了社会分层的教育模式。阿吒力教本土化的教育理念和教育模式，促成了元明清时期白族社会阿吒力教信众群体的壮大，与白族社会文化的发展形成了密切的关联，这成为佛教密宗在地化发展的一个独

① 方龄贵、王云选录，方龄贵考释：《大理五华楼新出元碑选录并考释》，云南大学出版社，2000年，第147页。

② 杨世钰主编：《大理丛书·金石篇》10，中国社会科学出版社，1993年，第34页。

③ 同上，第61页。

特案例。

第二节　白族古代金石文献“苍洱境”家园的文化生态书写

白族是自古以来就居住在以洱海为中心的滇西高原湖泊群边的土著民族之一。苍山洱海是大理坝子最为明显的地标。明代《重修龙王庙记》碑言“维大理点苍山，伟叠环于西；洱水汪洋，周绕于东。形势胜槩，与中州抗。”① 描述了大理坝子依偎着苍山、伴倚洱海的地貌特征。在《词记山花咏苍洱境》碑中，大理坝子被称为“苍洱境”。

一、“苍洱境”山水田园的地域本色——《南诏德化碑》与《词记山花咏苍洱境》的对比分析

大理坝子依傍苍山洱海，是白族山水田园生活得天独厚的自然条件。

南诏时期的《南诏德化碑》对大理的地理和农林生态有这样的描述，碑言：

> 戹塞流潦，高原为稻黍之田；疏决陂地，下隰树园林之业。②

其中“高原”“陂地”突出大理坝子多山的高原地貌。因此，要在此生存居住，需要改造自然。碑文中的“戹”“流”“疏”“决”作动词用，说明白族将大理坝子建成“稻黍之田”“园林之业”进行围水造田等。《云南志》记载了南诏水稻种植的情况。文载：“水田每年一熟。从八月获稻，至十一月十二月之交，便于稻田种大麦，三月四月即熟。收大麦后，还种粳稻。”③ 南诏将高原改造为良田，采用唐朝先进的农耕技术，大理坝子变成了一个“鱼米之乡”。

---

① 杨世钰主编：《大理丛书·金石篇》10，中国社会科学出版社，1993年，第71页。

② 同上，第4页。

③ 樊绰著，赵吕甫校释：《云南志校释》，中国社会科学出版社，1985年，第256页。

综览白族古代金石文献，多见人们对“苍洱境”美景的文学书写。

杨黼《词记山花咏苍洱境》碑甚称代表。该碑为汉字记录白族语书写而成。现将《词记山花咏苍洱境》碑原文引录如下：

图八十六　词记山花咏苍洱境。图片来源于杨世钰主编：《大理丛书·金石篇》2，中国社会科学出版社，1993年，第26页。

苍洱境锵翫不饱，造化工迹在阿物。南北金锁把天关，镇青龙白虎。山侵河处河镜倾，河侵山处山岭绕。屏面西滣十八溪，补东洱九曲。伽蓝殿阁三千堂，兰若宫室八百谷。雪染点苍冬头白，洱河秋面皱。五华侣你冽霄充，三塔侣你穿天腹。凤珴山高凤凰栖，龙关龙王宿。夏云佉玉局山腰，春柳垂锦江道途。四季色花阿园园，风与阿触触。跳仙人出充游遨，胜姮娥入宫伽舞。薮压蜀锦出名香，哫崀无价宝。夺西天南国趣陶，占东土北阙称谱。秀雀翫景鸣[口轟][口轟]，蝉吟声嘫嘫。金乌驭散天上星，玉兔打开霄面雾。黄鸳白鹤阿双双，对飞喀啄啄。锺山川俊秀贤才，涵乾坤灵胎圣种。曾登位守道结庵，度生死病老。尽日勤功把节操，连夜观参修求好。大夫在处栽松柏，君子种梅竹。方丈丘烧三戒香，觉苑中点五更烛。云窗下拼大乘经，看公案语录。熅煊茶水梦呼嗜，直指心悰梦付嘱。菩提达摩做知音，迦叶做师主。盛国家覆世功名，食朝廷尊贵爵禄。慈悲治理众人民，才等周文武。恭承敬当母天地，孝养于子孙释儒。念礼不绝钟磬声，消灾难长福。行仁义礼上不轻，凶恶弊逆上不重。三教经书接推习，漕溪水阿喇。长寻细月白风清，不贪摘花红柳绿。用颜回道谑浮身，得尧天法度。游玩在伪佉骨石，有去在威仪模草。风化经千古万代，传万代千古。阿部遇时宜心欢，阿部逢劫僱浪秃。天堂是荣华新鲜，飘散成地狱。分数哽侔土成金，时运车舛金成土。聚散侣浮云空花，实阿苶不无。有之识景上头多，但于知心上头少。杨黼我諱空赞空，寄天涯地角。①

全诗运用白族民歌山花体“三七一五”式，通体使用白语。这里引用周祜先生翻译的汉语版本如下：

苍洱美景赏不厌，天然胜迹万万千。南北有青龙白虎，镇上下两关。山影映入海面倾，山岭随波在转旋。山屏西泻十八溪，把九曲补满。三千堂伽蓝殿阁，八百处兰若宫观。冬来点苍头顶白，洱海秋皱颜。五华楼直冲霄汉，三座塔耸入云间。凤羽山高凤凰栖，龙王宿龙关。夏云系玉局峰腰，春柳垂锦江大道。一园园四季鲜花，风雨中争妍。绰约仙子出游遨，胜过姮娥月宫舞。几杵钟声出妙香，看俺无价宝。有西天南国情趣，可媲美北阙东土。秀雀顾影叫喳喳，蝉鸣声幽幽。金乌驱散天上星，玉兔冲出了云层。一双双黄鸳白鹤，在比翼飞鸣。山川明秀钟贤俊，天地位育种圣胎。在这里建庵修道，度生老病死。整日勤苦把经诵，竟夜参拜祈福禄。大夫在处栽松柏，君子种梅竹。方丈尽烧三更香，静室燃点五更烛。云窗下拜大乘经，看公案语录。献上温馨的茶水，心中一直在祷嘱。菩提达摩做知音，迦叶做师傅。受国家盖世功名，食朝廷尊贵爵禄。慈悲治国众人民，才等周文武。虔诚敬父母天地，教子孙尊重释儒。礼念不绝钟磬声，消灾宜长福。行仁义礼节不轻，除恶弊惩罚不重。三教经书常传习，山洪般不好。早已爱月白风清，不贪摘花红柳绿。学颜回道德精神，得尧天法度。游玩在屏山绝壁，又去到茅草丛间。风化经千古万代，传万代千古。莫交好运就欣喜，莫碰钉子就嗟嘘。天堂

① 杨世钰主编：《大理丛书·金石篇》10，中国社会科学出版社，1993 年，第 48-49 页。碑文中所言“伽蓝”即“伽兰”，下同。

虽荣华新鲜，片刻成地狱。福分厚实土成金，时运差舛金成土。聚散似浮云空花，实一切皆无。有知识的以前多，但是知心却很少。杨黼我以空赞空，寄天涯地角①。

碑言："苍洱境锵翫不饱，造化工迹在阿物。……黄鸳白鹤阿双双，对飞喀啄啄。"这段是以居高临下的视角对"苍洱境"进行描绘，关注的是苍山洱海的自然景观和人文景观。从自然景观的角度来看，随着季节的变化，生活在这一环境中的植物、动物一一亮相，仿佛遥望到远方的山水，聆听鸟雀昆虫的叫声。碑言"南北金锁把天关，镇青龙白虎。山侵河处河镜倾，河侵山处山岭绕。屏面西澧十八溪，补东洱九曲"，这里言上关和下关犹如青龙白虎将大理坝子守卫，苍山十九峰如巨大的屏风倒映在洱海碧波间，十八溪水倾注洱海，苍山之阳刚与洱海之柔媚相映成趣。

在书写完苍洱自然风景的概貌后，碑文进一步描写的四季风景。碑言："雪染点苍冬头白，……对飞喀啄啄。"冬天苍山白雪皑皑，十分壮观；秋天劲风送爽，洱海水碧波荡漾。春夏时节，凤羽山葱茏，苍山玉带云婀娜多姿，西洱河翠柳簇拥蜿蜒。大理坝子一年四季鲜花盛开，宛如天然的大花园，鸟雀们、昆虫们自在欢叫鸣唱，充满了自然的生机与意趣。这一段文字描写了在季节的变换中，生命自然生长消歇，显得宁静和平。诗中唯一透露人的信息的是碑文中的这两句话："伽蓝殿阁三千堂，兰若宫室八百谷""五华侣你刡霄充，三塔侣你穿天腹""薮压蜀锦出名香，唥良无价宝"。其中"伽蓝殿阁""兰若宫室"指佛教寺院，"三千""八百"说明这些建筑的数量还不少。五华楼、崇圣寺三塔也提及，但是，碑文点到此即止，没有再去探究"伽蓝殿阁""兰若宫室""五华楼""三塔"的人迹如何。

将《南诏德化碑》和《词记山花咏苍洱境》对比，我们发现，这两通碑文中关于"苍洱境"的描述正好指向两个方面：《南诏德化碑》突出的是人力对自然的改造，《词记山花咏苍洱境》中人迹几乎无影踪，是近乎纯自然的

---

① 周祜：《大理古碑研究》，云南民族出版社，2002 年，第 85-107 页。下文对《词记山花咏苍洱境》碑的分析，主要结合周祜先生的翻译。

描述。在《南诏德化碑》中，通过改造，大理变为一个宜居的家园，而在《词记山花咏苍洱境》中，作者想表达的是人只是自然中微小的一个组成部分，应与时间、空间、动植物等和谐共处。

不仅如此，在白族古代金石文献中处处可见人们身处“苍洱境”的惬意。

《游天台观诗碑》描述了在天台观环视苍洱的景致。碑言：“暖律初交霜雪洁，春光湖色两依依。明帆几点碧波净，杨柳千条绿草肥。罗绮风轻娇丽日，秋千新转逗斜晖。”① 初春时节的大理乍暖还寒，苍山积雪白洁无瑕，洱海碧水澄净，飘荡点点白帆。水边新发的杨柳和绿草将洱海湖光点染得娇媚柔婉。阵阵春风如罗绮般轻柔，夕阳斜晖中轻轻荡起的秋千令人遐思万千。

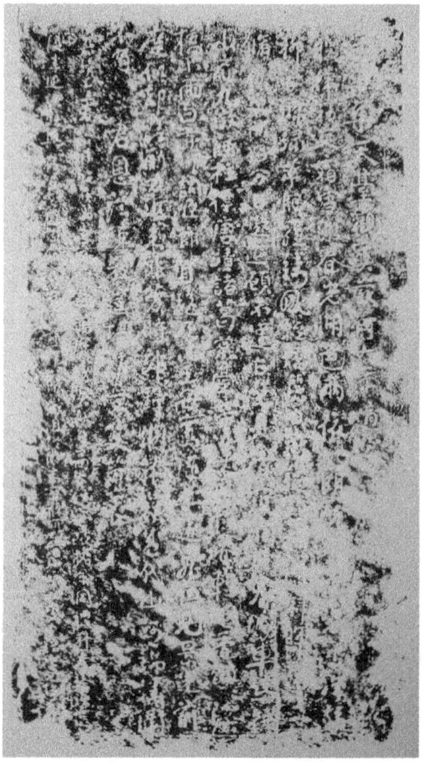

图八十七　游天台观诗碑。图片来源于杨世钰主编：《大理丛书·金石篇》3，中国社会科学出版社，1993年，第13页。

清代《游洱海浩然阁燕集临水亭记》碑对“苍洱境”的描述与《游天台观诗碑》有同工之妙。作者立足于洱海浩然亭，进行定点观览，以细腻的笔触描述所见所感。碑言“浩然阁在榆郡东郊，上出层霄，俯瞰洱海，洋洋乎大观也。而临水一亭为尤胜。”这里点明了浩然阁地处洱海东边，具有一览洱海浩渺的地理优势。又言：“凭栏四顾，其西则苍山耸翠，瀑布湍飞，白云缥缈，掩映苍松古洞间。东则冈峦屏峙，塔影矗霄，蟹舍蜗庐，微露而隐。南北则上下龙关雄峙左右，汇泽百里，商舶往来

① 杨世钰主编：《大理丛书·金石篇》10，中国社会科学出版社，1993年，第81页。

不绝，村落棋布，烟火万家”。①作者凭栏四望，只见苍山叠翠，流泉飞瀑，塔影绰约，民居掩映在青山绿水间，洱海上商船往来，人们在苍洱间自在生活，呈现一幅充满浓浓和谐情味的美景图卷。

图八十八　游洱海浩然阁燕集临水亭记。图片来源于杨世钰主编：《大理丛书·金石篇》5，中国社会科学出版社，1993 年，第 60 页。

可以看出，在白族古代金石文献中，人们对“苍洱境”的书写无论是写实的描述还是浪漫唯美的表达，都传达出白族栖居的大理坝子是一个被苍山洱海环抱、自然和谐的空间，它是远离尘世喧嚣、人生烦恼的山水田园。在这里，人们不约而同感受到的是田园生活的和谐与宁静，而这种和谐、宁静也是苍洱境不因时代、历史变迁的生机与吸引力。

二、“苍洱境”和谐家园

在《词记山花咏苍洱境》中，作者杨黼将山水田园中“天人合一”的理想引申到人与人相处的社会中。在他看来，只有个体生命实现了内在的和谐，才能最终实现人、社会与自然三者的和谐，这是杨黼“苍洱境”理想和谐社会的最美图景。

回观碑文前半段对自然风光的描写，作者夹杂了这样的诗句，“伽蓝殿阁三千堂，兰若宫室八百谷”“五华侣你刖霄充，三塔侣你穿天腹”“薮压蜀锦

① 杨世钰主编：《大理丛书·金石篇》10，中国社会科学出版社，1993 年，第 191-192 页。

出名香，唝良无价宝”。“三塔”指崇圣寺三塔，为崇圣寺标志性的建筑。“五华楼”为大理都城的地标。除去“五华楼”之外，“伽蓝殿阁”“兰若宫观”“三塔”等均是佛教建筑，突出大理“妙香城”的特点。第一句中“三千堂”“八百谷”采用了夸张的修辞手法，生动描绘对大理佛寺遍布的情况。其后“薮压蜀锦出名香，唝良无价宝”一句，点出了大理作为妙香佛国独特的气韵。这些佛教建筑错落有致地镶嵌在苍洱秀丽的自然风光当中，为碑文后半部分展开对“苍洱境”理想和谐社会的描述埋下伏笔。

在作者看来，“苍洱境”理想和谐社会与个体身心的和谐密切关联。碑言：“曾登位守道结庵，……迦叶做师主。”这段的译文为：

> 在这里建庵修道，度生老病死。整日勤苦把经诵，夤夜参拜祈福禄。大夫在处栽松柏，君子种梅竹。方丈尽烧三更香，静室燃点五更烛。云窗下拜大乘经，看公案语录。献上温馨的茶水，心中一直在祷嘱。菩提达摩做知音，迦叶做师傅①。

从这段译文可见，作者将佛教修行视为个体实现身心和谐的途径。每天诵课祈福，诵经、打坐、冥想、学习佛家的经典语录，均是调养心性的重要修行方式。作者告诫众人“不贪摘花红柳绿”，强调与修养心性相违背的“贪念”要杜绝。又言“阿部遇时宜心欢，阿部逢劫催浪秃”，要以平常心对人生穷达，以淡定为真。

与此同时，杨黼认为应以文化兼容的心态，吸纳儒家的思想，促进个体修养的完善。碑言：“恭承敬当母天地，……凶恶弊逆上不重。”即“三教经书常传习”，倡导要常阅读儒释道三教的典籍，提高个体修养；“行仁义礼节不轻”，对儒家的仁义道德思想与礼制不能轻视；“学颜回道德精神”“虔诚敬父母天地，教子孙尊重释儒”，要用儒家的道德规范自己，孝敬父母、注重德行修养。这里提到的“释儒”，指的是精通儒学释教，体现了杨黼对儒释文化兼容并举的观念。

---

① 周祜：《大理古碑研究》，云南民族出版社，2002年，第97–99页。

碑文最后言“杨黼我鎗空赞空，寄天涯地角”，总结了作者对个体修养境界的期待，认为释家的心性本觉、随缘自适的禅悦人生境界，与儒家礼教文化相结合才能孕化出平和、清净的心性。在此基础上，杨黼认为实现国家的和谐，便要“慈悲治理众人民，才等周文武”，即以佛家的慈悲之心治世，实现像周文王、武王一样的盛世。

可见在杨黼“苍洱境”理想国中，尤其强调了以佛修身、以佛治世的重要性，这与杨黼深受佛教文化的影响有着密切关系。佛教在大理的传播历史悠久，佛教文化的影响深入人心。杨黼一生喜好佛典，广泛专研佛典，曾到鸡足山、峨眉山参拜修行。因此，杨黼的“苍洱境”理想国的图景中，充满了浓厚的佛教色彩，与中国古代思想家的“理想国”大不相同。孔子的社会理想是“有国有家者，不患寡而患不均，不患贫而患不安；盖均无贫，和无寡，安无倾。”① 希望人们的生活处在“老者安之，朋友信之，少者怀之”②的状态。在《礼记·礼运》中则描绘出了大同社会的蓝图：“大道之行也，天下为公，选贤与能，讲信修睦，故人不独亲其亲，不独子其子，使老有所终，壮有所用，幼有所长，矜、寡、孤、独、废、疾者皆有所养，男有分，女有归。货恶其弃于地也，不必藏于己；力恶其不出于身也，不必为己，是故谋闭而不兴，盗窃乱贼而不作，故外户而不闭，是谓大同。”③ 这段话系统地提出了“公天下”的思想，汇集了儒家关于社会理想的大成。天下是众人的天下，人们各司其职，通过劳动创造生活；用人唯贤，人与人之间讲究诚信，和睦共处，充满博爱精神，没有利益的冲突，社会安定和谐。《礼记》对此进一步阐释为：“今大道既隐，天下为家，各亲其亲，各子其子，货力为己，大人世及以为礼。城郭沟池以为固，礼义以为纪。以正君臣，以笃父子，以睦兄弟，以和夫妇，以设制度，以立田里，以贤勇、知，以功为己。故谋用是作，而兵由此起。禹、汤、文、武、成王、周公，由此其选也。此六君子者，未有不谨于礼者也。以著其义，以考其信，著有过，刑仁讲让，示民有常。

---

① 朱熹：《四书章句集注》，中华书局，1983 年，第 170 页。

② 同上，第 82 页。

③ 孙希旦撰，沈啸寰、王星贤点校：《礼记集解》，中华书局，1989 年，第 582 页。

如有不由此者，在執者去，众以为殃。是谓小康。"① "大同"之说问世以来，"世界大同"便成为儒家理想社会的代名词。道家学派的理想国构想以老子的"小国寡民"、庄子的"至德之世"为代表。《老子》言："小国寡民，使有什佰之器而不用，使人重死而不远徙。虽有舟轝，无所乘之；虽有甲兵，无所陈之。使民复结绳而用之。甘其食，美其服，安其居，乐其俗，邻国相望，鸡狗之声相闻，民至老死，不相往来。"② 庄子在此基础上进一步将老子"小国寡民"理想国阐发"至德之世"："至德之世，不尚贤，不使能；上如标枝，民如野鹿；端正而不知以为义，相爱而不知以为仁，实而不知以为忠，当而不知以为信，蠢动而相使，不以为赐。是故行而无迹，事而无传。"③ 在庄子的理想国中，人与人之间平等，没有谋划、倾轧、贵贱高低之分，人性保持着敦厚纯真，知足而没有贪念，过着无忧无虑的生活。由此可见，老庄的理想国建构希望人们回到自然状态，生活简朴，自给自足。

通过对《词记山花咏苍洱境》的分析，可以看出杨黼的"苍洱境"理想国不是陶渊明笔下的"桃花源"，也不是"小国寡民"的自然状态，而是白族文化中孕生的独特的理想国。杨黼对"苍洱境"山水和谐家园的构想，源于平淡清远秀美的苍洱自然环境，作者提出的"以空赞空"的禅悦精神又与大理长期以来深厚的佛教文化底蕴相契合，包含了其对"苍洱境"山水家园的空灵之美的体悟和对人性修养实现空明之境的关照。在他看来，无论是儒家思想或是佛家文化，均是实现个体内心世界的空明与苍洱自然环境真正和谐统一的途径。作者怀揣一颗澄明纯净的心，倡导以佛修心、儒释兼容的个人修养为现实社会和"苍洱境"理想国之间架起了一座桥梁，使得"苍洱境"的家园之梦不再那么遥不可及。

三、"苍洱境"理想家园的生命力探寻

大理地处西南地域，杂居着多个少数民族，白族的历史就是和其他民族交融的历史。而大理位于滇西交通枢纽和南方丝绸之路的便利，又为白族提

① 孙希旦撰，沈啸寰、王星贤点校：《礼记集解》，中华书局，1989年，第583页。

② 朱谦之：《老子校释》，中华书局，1984年，第307-309页。

③ 郭庆藩撰，王孝鱼点校：《庄子集释》，中华书局，1961年，第445页。

供了与域外文化交流的机遇。白族文化在与其他文化接触碰撞的过程中不断获得发展生机。

首先，白族文化是在与异族文化交融的过程不断发展的。《南诏德化碑》载："爰有寻传，畴壤沃饶，人物殷凑。南通渤海，西近大秦。"又言："裸形不讨自来，祁鲜望风而至。"① 南诏时期，白族是其统治区域内文化发展水平最高的民族。"其境内还生活有"徙莫祇蛮""和蛮"（哈尼族）、"施蛮"（傈僳族）、"顺蛮"（傈僳族）、"磨些"（纳西族）等。虽然各民族的政治、经济、文化等发展不平衡，但由于生活在共同的地域，各族文化的发展彼此交融。元代直至明清时期，云南被纳入中央集权大一统的格局，这为白族与其他民族的交流提供了新的历史机遇。元明清时期，大理境内有蒙古族、回族、汉族、罗罗（彝族）、末些（纳西族）、斡泥（哈尼族）、卢蛮（傈僳族）、吐蕃（藏族）、西蕃（普米族）等聚居，多民族的杂居共处带来了文化的融合。如元代《故安人车氏墓铭》记述了蒙古族女子车氏与白族男子结合生活的一生。车氏是蒙古族，在家庭中与丈夫各司其职又互相扶持，受到亲族的夸赞，成为美谈。车氏一生有"子男七人"，"女八人"，又有"孙男十九人"，"孙女九人"，子嗣绵延，家族兴旺。车氏与杨敬的婚姻成为折射白族与其他民族融合的微观实例。这样的例子在明清时期亦是屡见不鲜，不胜枚举。

其次，佛、道教文化对白族文化产生了深远的影响。

早在汉代佛教文化已经开始在大理传播。南诏、大理国时期无论是上层阶级或是普通民众，都普遍受到佛教文化的影响。《滇史》载："白人之俗事佛而尚释"，又言"故大理佛教最盛，而苍洱之间仙释遗迹甚多。"② 郭松年在大理国亡后30年即至元二十一（1284）年到大理，其所撰的《大理行记》言："此邦之人，西去天竺为近，其俗多尚浮屠法，家无贫富皆有佛堂，人不以老壮，手不释数珠；一岁之间斋戒几半，绝不茹荤、饮酒，至斋毕乃已。

① 杨世钰主编：《大理丛书·金石篇》10，中国社会科学出版社，1993年，第4页。

② 诸葛元声撰，刘亚朝校点：《滇史》，德宏民族出版社，1994年，第226页。

沿山寺宇极多，不可殚纪。”[①] 明清时期，佛教在白族民间仍然有着重要的影响力。一是，从家庭生活层面来看，佛教的修行方式成为白族民众生活的重要组成部分。如《处士赵公寿藏同妻杜氏墓志铭》[②]《故处士杨公孺人段氏墓志》[③]《萱堂寿藏记》[④] 等记载了白族普通百姓生活中融合佛教文化的情况（前文已有论述，此处不赘言），佛教倡导的超脱凡俗的精神，转化为人们自我心性修养的追求。二是，在白族家庭中，佛教往往成为家庭成员的共同信仰。如《杜善人寿藏同配赵氏墓碑志铭》[⑤] 中，杜保的曾祖父为居士，他亦深受家庭文化的熏陶，在为官任满以后，回归乡里，潜心于佛教。《耆宿王公墓志》[⑥] 中，王药师隆本人笃信佛教。他的三个儿子中，长子王善奴也是一名虔诚的佛教信徒。《明故杨公墓志铭》[⑦]《明封君杨公寿域暨孺人杨母墓铭》[⑧] 记述了两对夫妇信仰佛教的经历。三是，白族民间有在姓名中加佛号的习俗。大理国时期这样的姓名方式颇为流行，到明代仍很普遍。四是，在白族乡村常举行法会斋仪。个人或家庭捐资建盖寺庙或是向寺庙捐施田亩、供僧饭等善举普遍，传达出人们行善积德，祈求好报的寄望。如嘉靖三十二年（1553）所立的《重建竹林寺记》[⑨] 记载村民们举行法会的盛况。《妙应兰若塔记》[⑩]《应国安邦神庙记》[⑪]《灵鹫寺碑记》[⑫] 等碑记载了白族民众捐资建寺的情况。

白族古代文化中也融合了道家文化。经过南北道教徒改造之后的道教，

---

① （元）郭松年，李京撰，王叔武校注：《大理行记校注》《云南志略辑校》，云南民族出版社，1986年，第22-23页。

② 杨世钰主编：《大理丛书·金石篇》10，中国社会科学出版社，1993年，第47页。

③ 同上，第62页。

④ 同上，第63页。

⑤ 同上，第49页。

⑥ 同上，第44页。

⑦ 同上，第78页。

⑧ 同上，第127页。

⑨ 同上，第90页。

⑩ 同上，第13页。

⑪ 同上，第37页。

⑫ 同上，第68页。

在南诏时期传入云南，而且颇具影响。大理国时期的《故溪氏谥曰襄行宜德履戒大师墓志并叙》载：“溪其姓，智其名，厥先出自长和之世。安国之时，撰□百药，为医疗济成业。洞究仙丹神述，名显德归。术著脉决要书，布行后代。”① 溪氏在从医的同时也探索道教炼丹修炼之术。明清时期，道家文化在士子中的影响力剧增。白族士林隐逸形成风潮。杨黼、杨士云、李元阳等堪称代表。他们或是一生逃避山林，或是辞官出世。隐者相聚，或是参加“鹿鸣燕典”；或是结伴郊游，唱和诗文；或是一起合作，撰写碑刻；或是投身白族民间的教育事业，创办书院，为民族文化的传承发挥一己之力。②

综上所论，白族古代金石文献对民族文化的书写，体现了白族开放包容的文化心态。白族古代金石文献描述的大理“苍洱境”天然淳美的山水田园，寄托了白族与自然和谐共处的家园意识，凸显了“苍洱境”地域的本色。这是白族文化在形成自身体系的过程中，不断融合域内其他少数民族文化，同时又积极借助大理处于滇西交通和南方丝绸之路枢纽的地理优势，吸纳域外文化的结果。

① 杨世钰主编：《大理丛书・金石篇》10，中国社会科学出版社，1993 年，第 11 页。

② 朱安女：《明清时期白族隐逸文学的文化阐释》，《民族文学研究》，2010 年第 1 期，第 170-176 页。

第五章

白族古代金石文献与生命观

第一节 生之情境

一、繁衍子嗣

白族古代墓葬碑刻对碑主人生历程的书写中，家族的代续情况是重要的组成部分。在家族繁衍的历史轴线上，碑主成为上溯家族渊源、下启子嗣的中心点。这里引用一些碑文作说明。

元至正九年（1349）《张照磨墓志》载：

张氏之祖名庆，乃清河郡之流派，蒙朝演习元佐之后，掌职监场，娶章氏，生三子，曰泰，曰连，曰宗。癸丑年间，皇祖御大理，泰等领众归附，赐□敕田一百余顷。宗娶杨氏，生一子，讳义，顺宁府提控按牍，娶李氏，寿七十而逝。生三子，曰恭，曰祐，曰情。恭以儒饰吏，任大理录事司判宫，娶赵氏，生二子，曰兴，曰寿。①

该碑记述碑主张义家5代人的情况。上溯至南诏时期，张义的先祖为张

① 杨世钰主编：《大理丛书·金石篇》10，中国社会科学出版社，1993年，第21页。录文中“任大理录事司判宫”疑为“任大理录事司判官”。

元佐。张氏之祖张庆婚配章氏，生育三个儿子，为张泰、张连、张宗。张泰娶杨氏，生张义，即碑主。张义娶李氏，生张恭、张祐、张情。张恭娶赵氏，生张兴、张寿。

图八十九　张照磨墓志。图片来源于杨世钰主编：《大理丛书·金石篇》1，中国社会科学出版社，1993年，第75页。

洪武十五年（1382）《元故先生杨俊墓志铭》载：

> 先生名俊，字文英，姓杨氏，西珥史城人。其先有若萌者，蒙朝谥之以大师，赐之金兰法衣。而后贤、公、宜、敬、真、朋、庭、太、永、用、日，是十一世者，博雅经论，深达性相，国君士庶，咸崇尚之。有若意、弘、美、祥、定、忠、贞、廉、成、救、隆、义、胜、宜、政、真、珠、兴，是十八世者，扣三教之渊源，子子孙孙聪慧，理朝亦矜式之。有若庆者，元之兴，徙居史城。庆生昇，昇生祐，穷究儒书，善钟王字，即先生之祖父也。母杨氏，圣善不群，以元统二年三月望日生先生。……先生与其妻抱节而卒焉，葬于鹤归山之先茔，行年四十有九，妻亦金兰杨氏之女也。生兴、恭、宝三子，信、□、感三女，皆尊其父母之训诲。①

这通墓志铭的碑主为杨俊。墓志铭中溯回南诏时期杨氏的先祖杨萌，其后列举其十一世、十八代子嗣的承继情况。元代杨庆迁居史城，其子为杨昇、

① 杨世钰主编：《大理丛书·金石篇》10，中国社会科学出版社，1993年，第28页。

孙为杨祐，而杨祐为杨俊的祖父。杨俊生三子，为杨兴、杨恭、杨宝，生三女为杨信、杨□、杨感。

洪武二十二年（1389）《仁德墓志》载：

公李姓，兴名，世家海东。按汤州《天尊柱记》八姓，有李氏。太和蒙赞普钟碑有李克铎，公祖也。历郑、赵、杨、段，代不乏人。父曰胜。母氏以元得天下之后十年生公于海东彝乡。……妻王氏生二男，曰珠、曰宝，二女曰圆、曰善。洪武十五年后二月，天兵入境，竭丹心而纳款焉。其后供三营寨，子珠设以计策，主办粮草有功，钦奉圣旨，充海东等处土官千夫长。遣侄子松入觐，蒙赏衣晏而得荣归。长女圆嫁故资善大夫云南省右丞高祥。次女善适故广威将军大理卫都指挥周能。孙男二，曰高哲同，知北胜州事；曰同保，尚幼。①

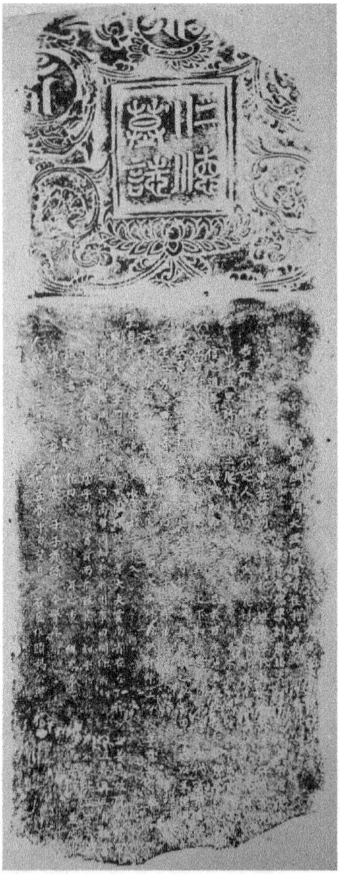

图九十　仁德墓志。图片来源于杨世钰主编：《大理丛书·金石篇》1，中国社会科学出版社，1993年，第101页。

这通墓志的碑主为李兴，碑中记载了李兴家四代人的情况。按碑文所载，李兴的先祖为南诏阁罗凤时期的李克铎，是阁罗凤在《南诏德化碑》中敕封的功臣。其后，李氏一族经历大长和国、大天兴国、大义宁国、大理国的变迁直至元代。公元1273年，李兴在海东彝乡出生。李兴成家后生有两个儿子、两个女儿，均结婚。李兴的一个孙子入朝任职，一个年纪尚幼。

① 杨世钰主编：《大理丛书·金石篇》10，中国社会科学出版社，1993年，第28-29页。

永乐丙申（1416）《张公圹志》载：

公讳琺，字天玺，世居大理。张氏之先，肇自观音建国十二请兵，由西天来助，就居此邦，分为各姓，张氏妃生焉。稽诸郡志，昔乃设官分职，与中国齿。而始祖张般若山任喜州同知，相与辅弼，克底于诏。有功□于□。蒙氏之世，是皆积功累仁之所至，神灵和气之所钟，有以启之于前，而必裕之于后也。祖父讳实，为喜洲掾。父讳继，前元父老以其行状举奉中书省为付礼，授六凉州判官，后辞职为缁流。娶照磨杨满之女为妻，生四子：东、琺、名、蔓。二女：锦、修。公次也。厥性朴实，少尝读书，有志于当世，为大理府掾，历俸者久之。配知事杨庚之女，名材，生一子曰衷清。情端悫，敏而好学，娶杨氏女曰奇为配，荣华族桀，未可量也。女二：炎嫔贡士杨森，□嫁盖荥左梨杨俊。①

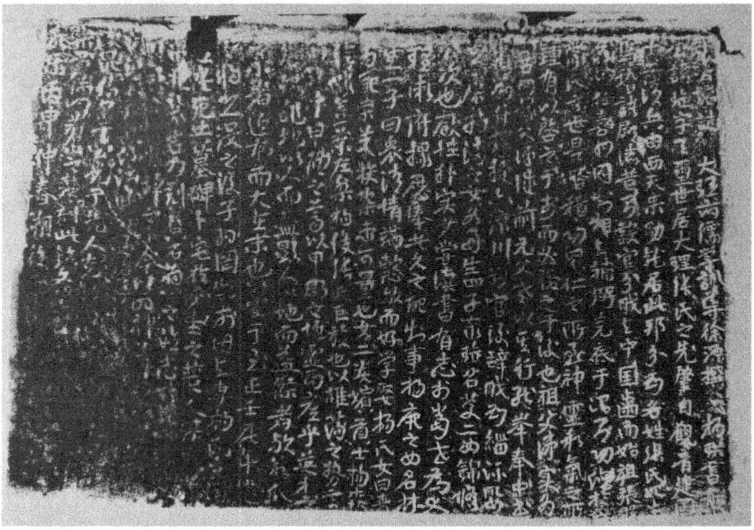

图九十一　张公圹志。图片来源于杨世钰主编：《大理丛书・金石篇》1，中国社会科学出版社，1993 年，第 108 页。

碑中记载了张琺的家世传承情况。张氏先祖可追溯至观音建国时期，张

① 杨世钰主编：《大理丛书・金石篇》10，中国社会科学出版社，1993 年，第 31 页。

氏为十二请兵之后。南诏时张氏始祖张般若山曾任喜州同知。张瑶的祖父为张实，父亲为张继。张瑶在家中排行第二，还有一兄二弟，为张东、张名、张蔓以及两个姊妹张锦、张修。张瑶婚配杨材，生有一子名为张衷清。张衷清娶杨奇，生有两个女儿，一女为张炎，嫁贡生杨森，一女张□，嫁杨俊。

成化十六年（1480）《杨公善士墓志铭》载：

> 公讳信，字以诚，乃太和喜脸寺下名族处士杨公嵩之长子。母本□□□□□信，生宣德丙午十一月二十七日亥时，…… 其配杨氏，□□□□□公辉之女，勤执妇道，事舅姑如事父母，朝暮无替，寒暑不迁。生男四：曰奄、曰政、曰敦、曰攸。奄、政俱训诸史，百家传记，靡所不通。长男则娶文中之女善姐。次政则偶贵贤之女四姐。敦、攸各未冠，□务习社学经书，后充其器而成其材□□量矣。生女二：曰才、曰满。而才适本乡市上里尹义之子尹庆为妻，而满年幼未室。孙男二：曰翱、曰翔。①

图九十二　杨公善士墓志铭。图片来源于杨世钰主编：《大理丛书·金石篇》2，中国社会科学出版社，1993年，第81页。

碑主为杨信是太和喜脸人。其父杨嵩乃当地名士。杨信婚配杨氏，生四

① 杨世钰主编：《大理丛书·金石篇》10，中国社会科学出版社，1993年，第62页。

男二女。四男分别是杨奄、杨政、杨敦、杨攸。其中杨奄娶善姐、杨政娶四姐，杨敦、杨攸还未成年。二女为杨才、杨满。杨才嫁尹庆，生孙男尹翱、尹翔。

成化十九年（1483）《故善人杨公墓志铭》载：

公讳永，字有年，姓杨氏，九隆族之裔，代不乏贤，世处弘圭之市户。曾祖讳胜，祖讳兴，好善而恶恶，持戒斋僧。考讳保，隐德弗仕。妣曰鲁，乃本村赵海之女，有柔懿之行。生三子：孟曰永，仲曰奴，季曰山。公即其永也，生于永乐癸未，卒于成化十四年七月十五日酉时。……配何氏曰兰，赵白子坚庄何赐之女，能勤内助，窈窕贞洁。子男三人：长曰纲，娶市上杨禾之女员；次曰聪，娶城外庄赵受之女桂；季曰经，知书诗六艺，家道愈隆，娶三舍邑杨保之女贵。女四人：曰圆，适院傍杨全；曰冬，适新生登赵受；曰在，适城北赵钟；曰五，适城北尹全。孙男三人：曰寿，曰联，曰清。孙女六人：妙秋、妙春、妙姐、四姐、寿元、妙静。①

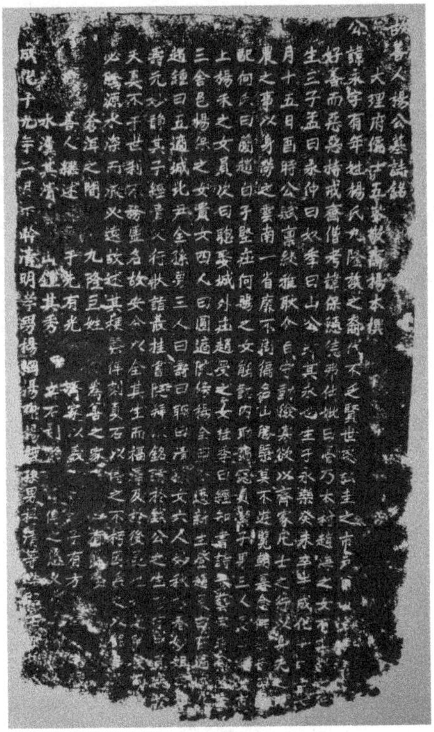

图九十三　故善人杨公墓志铭。图片来源于杨世钰主编：《大理丛书·金石篇》2，中国社会科学出版社，1993年，第86页。

该碑碑主为杨永。从这段碑文可知杨永的曾祖为杨胜，祖父为杨兴，父亲为杨保，母亲为鲁氏。杨永为家中长子，有弟弟杨奴和杨山。杨永婚配何

① 杨世钰主编：《大理丛书·金石篇》10，中国社会科学出版社，1993年，第63页。

兰，生有三个儿子四个女儿。儿子为杨纲、杨聪、杨经，女儿为杨圆、杨冬、杨在、杨五，这三男四女均已婚配。杨永有孙男三人，孙女六人。

此外，嘉靖元年（1522）《明故董母赵氏墓志铭》①、嘉靖甲子年（1564）《明处士杨公合配墓志铭》②、隆庆戊辰年（1568）《敕封孺人杨母阳氏墓志铭》③、隆庆六年（1572）《明溯洲杨翁偕配寿藏表》④、万历元年（1573）《明处士董碧潭公墓志铭》⑤、万历四年（1576）《总旗府君董公墓表》⑥、天启四年（1624）《李顺嵩墓志铭》⑦、天启丙寅年（1626）《明封君杨公寿域暨孺人杨母墓铭》⑧、弘光元年（1645）《隐君子还初杨公暨配孺人董氏合圹志铭》⑨、永历戊戌年（1658）《明孝廉遂初杨公墓志铭》⑩ 等多通墓葬类碑刻中也以大量篇幅记述碑主家世传承情况，此处不一一列举。

清代墓葬类碑刻，如康熙三年（1664）《明待赠逸士蕃接杨公孺人李氏墓志铭》⑪、康熙四十年（1701）《谨敏赵公贤配慈淑段氏寿域志铭》⑫、乾隆戊寅年（1758）《高第先生墓表》⑬、道光二十五年（1845）《诰封大参丞偕李恭人墓志铭》⑭ 等碑中均可见碑主家族传承世系的记述。

二、立德不朽

在白族古代金石文献中，尤其注重突出家族发展史中成员的德行事迹，这些功德的记述体现了白族对立德不朽生命价值理念的普遍认同。

---

① 杨世钰主编：《大理丛书·金石篇》10，中国社会科学出版社，1993 年，第 77 页。
② 同上，第 99 页。
③ 同上，第 102-103 页。
④ 同上，第 103-104 页。
⑤ 同上，第 105 页。
⑥ 同上，第 107 页。
⑦ 同上，第 125 页。
⑧ 同上，第 127-128 页。
⑨ 同上，第 137 页。
⑩ 同上，第 139-140 页。
⑪ 同上，第 140 页。
⑫ 同上，第 156 页。
⑬ 同上，第 167 页。
⑭ 同上，第 190-191 页。

白族古代金石文献中关于立德的界定，因性别而异，对男性立德与女性立德的看法各有不同。

对于男性而言，居家要孝顺父母长辈，居乡里要以德操感化百姓，入朝为官则要效忠朝廷君王，构成立德的三个层面。

嘉靖丙戌年（1526）《杨公汝舟墓志铭》载碑主杨汝舟被立为乡里孝顺父母的表率。依据碑文所载，杨汝舟是喜洲人，少时极为孝顺，好读书且记忆力超群，做到了“十岁即能孝养，□知好学，凡记诵为文，非群童所及。”其父杨明是一位隐居乡里的教书先生，为人纯朴、孝谨，平时雅好读书，影响了乡人，碑言“无虑数十家”。一日，杨明生病，杨汝舟“即为之不乐，延医求治者倦倦，疾□颇亟，而医不能已”，杨汝舟担忧父亲的病情，四处求医毫不懈怠，但医治效果不佳。杨汝舟慨叹：“吾闻世有割股，能已其亲之病者。人子一身，亲之所遗，皆亲有也。苟有益于亲，虽杀身以为之，况一割股而能已其亲之病乎？”在杨汝舟看来，身体发肤受之父母，世间既有割股救亲之法，为何不试？于是他“欣然刓其左股□而敬进于太父”。无奈天命有数，杨明不幸去世。杨汝舟“悲号抱恨，居丧三年，未尝越礼”。人们都以为杨汝舟年幼，“必南成立”，然而杨汝舟奋发读书，“经子史百家无不涉猎，为文典雅”。弘治十年（1497）考入宾川庠弟子。后“历凭乡试，越正德二年□补增广。八年补食廪膳。至嘉靖四年，例选入乡试，方拟高擢为滇省解，为天下魁”①，通过逐级的科举考试，实现了仕途的晋升。

永乐癸巳年（1414）《大理府太和县弘圭乡下阳溪弘农氏杨公墓志铭》叙述了碑主杨义一生的德行。洪武十五年（1382），明朝在大理设立府州县治。杨义作为元朝官员，接受明朝招徕，率领民夫，担任修筑洱海城池之职，后被朝廷授予百长之职。但杨义不安于小成，遂辞职告退，隐居乡里。碑言：“尚古人之风，劝人行孝弟忠信。邻里乡党咸被其化，庶几乎胜残去杀矣。”②杨义隐居乡里崇尚古人之风，行孝悌之义，劝人向善，乡里百姓为之感化。

杨护担任河东郡巡防千户，尽职尽责，造福乡里。由于杨护任职期间勤

---

① 杨世钰主编：《大理丛书·金石篇》10，中国社会科学出版社，1993年，第78页。

② 同上，第30页。

恳能干，边寇绝迹，百姓生活安稳。他在罗荃山的东边修建了精舍，捐出田产供养僧侣。《弘农氏故千户护碑》载：“尝于罗荃山之东建一精舍，割田供僧，以崇福地。又筑盛第，开轩接士，礼无虚日，诚所谓一乡之善士也。”① 同时又修筑专门接待文士的轩舍，宣扬礼仪文化，被誉为本乡善士。

成化庚子年（1480）《故处士杨公孺人段氏墓志》载碑主杨宗“存心尚古，乐善好施，乡闾孤乏，常周恤之。舍赀重饰三灵庙宇，券造河矣桥梁，塑灵会天王土主，施田亩为香火常住，供佛饭僧，拳拳弗替，人所称慕。”② 这里言杨宗乐善好施，时常周济乡里的孤寡。又捐出钱财重新修饰了三灵庙宇、修造了桥梁，重塑了天王土主的神像，捐田亩为寺院常住田，供奉香火和佛弟子，受乡人称道。

弘治己酉年（1489）《故处士杨公墓志铭》载碑主杨荣“天性仁厚，志尚儒术。训育本乡子弟，令德昭扬，为时礼重。”③ 杨荣在喜郡以儒家文化教育本乡子弟，带动了乡里崇礼之风。

成化二十三年（1487）《书吏张公墓志铭》碑主张杰的为官业绩令人印象深刻。碑载：“幼习儒书，长优吏学，有司辟为本府掾，转臬司书吏”，张杰又“两考报政，及进须知，累赴铨台以觐皇上。援例而返本籍，拨以黑盐井。并历云南、临安、后卫等处令史，廉以律己，惠以及人，若清冰美玉而无瑕也。”④ 他自幼学习儒书，长大后精于吏学，先为有司辟为本府掾，后又转而入职臬司书吏。后来又担任云南、临安、后卫等处的令史之职。张杰为官清廉、律己，惠及他人，具有如清冰美玉一样的人格魅力。

太和县人杨禧在多地为官 55 年，以清廉、忠义著称。成化丁亥年（1467）《杨禧墓碑》载：“由府学生中永乐辛卯科乡试名乙榜，两拜四川县庠教谕。迨迁四川道监察御史，荐升广西庆远府知府，再擢广西布政使司左瑸政，重沐皇恩，赐食正三品禄。历官五十五年，并无公私过犯。执事十有

① 杨世钰主编：《大理丛书·金石篇》10，中国社会科学出版社，1993 年，第 23 页。
② 同上，第 62 页。
③ 同上，第 66 页。
④ 同上，第 66 页。

五载，复蒙诏进中奉大夫正治卿布政使职事。”① 从这段记录中可知，杨禧乡试后，被拜为四川县庠教谕，后又迁为四川道监察御史，升为广西庆远府知府、广西布政使司左璋政。在为官五十五年期间，秉公执政，深得皇帝赏识。

图九十四　鲍杰诰命碑。图片来源于杨世钰主编：《大理丛书·金石篇》2，中国社会科学出版社，1993年，第79页。

像杨禧一样，因为效忠君王被敕封的官员为数不少。成化十四年（1478）《鲍杰诰命碑》敕封对象是大理府指挥使鲍杰。碑言：“德以诏爵，功以诏禄。此古昔官人之方，而我国家旌忠之典。咨尔大理卫指挥使鲍杰，家庭饱韬略之学，钤辖著忠勇之声。忠肃自循，克缵前人之业；恩威丕振，深怀下士之心。况兹大理，据南云之上游，置此卫军，壮四裔之重镇。特专守备，用笃辅毗。采诸剡章，畀以所寄。尚益笃忠贞，慎固封疆之守；载敷法理，申严边圉之防。”② 这里言鲍杰“忠肃自循，克缵前人之业；恩威丕振，深怀下士之心”，充分肯定了他作为将领忠心耿耿、身先士卒的作风。鲍杰保卫边疆立下功绩，受到宪宗的赞许。

隆庆元年（1567）《敕褒南京户部四川清吏司郎中杨应东碑》中，穆宗盛赞杨应东为“奉职之臣”。碑言：“尔南京户部四川清吏司郎中杨应东，起自儒科，试宰剧邑，政声章彻。擢任留曹，俾宗理国储剂量邦计，尔能审均节之度，慎出纳之司。擢署郎闱，允谐士望，兹以覃恩，尔得实授奉政大夫，

① 同上，第58-59页。

② 杨世钰主编：《大理丛书·金石篇》10，中国社会科学出版社，1993年，第61页。

锡之诰命。朕躬率天下以俭约，赐今年田租之半。欲以息财用，佐百姓之急。乃民不加赋而国愈告不足，朕方与司计之，臣共其忧。尔尚益展采竭忠，务生财之大道，以分朕猷念，尔亦永有誉哉。”① 这里言杨应东以儒科起家，长于政事，政绩斐然，担任留曹。后专职“国储剂量”，因“审均节之度，慎出纳之司”，再次得到了穆宗的擢升。其后，杨应东为穆宗出谋划策，成功辅助穆宗解决了“民不加赋”与国库不足的矛盾，并提出了“务生财之大道”。杨应东作为臣子表现出与君“共忧”和为君“竭忠”，深受皇帝赏识。

在白族古代金石文献中可见，合乎儒家道德标准的女性成为被赞美的对象。

《大理国故高姬墓铭并序》言的高姬为大理国高金仙贵，她为高妙音护的女儿，其母为建德皇帝的女儿段易长顺，可谓出生名门。碑言高姬“质孕蓝田”“动应承宜”“妇节妇功，门不入于□利。女工女史，闺无旷于庶宫”②，可知其内质如蓝田美玉，谨遵儒家道德礼仪规范，妇节、妇功、女工、女史样样出色。

作邑何氏在未适王笛之前谨尊仪礼规范，出嫁后则“保夫良则，上下和睦，长幼有序，建家立基，制田辟土，三从四德，靡不能备矣”③，做好丈夫的贤内助，和睦亲族，在家庭中谨守三从四德。由于王笛的弟弟早逝，其妻改嫁，遗子芙英无人看护。何氏将芙英视为己出，抚养成人，并为其婚聘赵妙林。弟弟王渊的妻子早逝，何氏抚养其子王业成人。

成化二十年（1484）《故贞洁尹氏墓志铭》言尹氏出生望族，碑载：“氏讳婢，乃坡头村之茂族，姓尹讳德芳之女，主簿讳海之孙。”尹婢是坡头村茂族尹德芳的女儿，主簿尹海的孙女。尹婢自幼性格娴静温和，碑言“氏性姿禀贞静，姆授佛典，婉娩听从。未及笄而具四德，父母奇其耿介，为之择偶而适市户善人尹仁。”④ 在嫁给尹仁之后，尹婢堪称贤内助。碑言：“及氏归，

① 杨世钰主编：《大理丛书·金石篇》10，中国社会科学出版社，1993 年，第 101 页。

② 同上，第 11 页。

③ 《明太和沐恩邑田翁主讳笛字宗元室人何氏墓铭》，杨世钰主编：《大理丛书·金石篇》10，中国社会科学出版社，1993 年，第 64 页。

④ 杨世钰主编：《大理丛书·金石篇》10，中国社会科学出版社，1993 年，第 64 页。

事姑舅，睦宗族，勤于内助，家道益盛，夫德益修。凡事循理，氏必勗之；违于义，氏沮之。是乃天之潜德自著，人皆知氏默有相之也。”① 尹氏在侍奉公婆、和睦宗族等方面表现出色。尹家家道兴盛，与尹氏的付出是分不开的。

嘉靖十五年（1536）《杨乐斋妻杨氏墓志铭》描述杨氏：“母杨氏太和市户耆英福之长女也。幼而贞淑，既笄，于归乐斋翁，柔顺婉娩，相敬如宾，有家室和平之化。人咸称之曰：是妻道之贤，足见杨门之幸也。”② 杨氏乃太和人，自幼贤淑柔顺。嫁给乐斋翁之后，夫妻之间相敬如宾，家室和睦，人们称赞杨氏贤惠。

从上述墓志碑刻可见，白族家庭重视后代繁衍和子嗣传承。从一个族群发展的角度来说，个体家庭人口数量的增加意味着族群人口数量的增加，是族群发展必要的基础。不仅如此，白族还将立德不朽作为家庭文化精神的共同追求，体现了白族对于儒家传统道德的认同和对生命繁衍意义的文化升华。

三、隐逸者的生命观

在明清时期，白族文人中出现了一类特殊的人群，他们追求的人生价值与普通大众不同，他们被称为新儒隐士。

明代洪武二年（1369）太祖诏令天下立学，规定：“国家明经取士，说书者以宋儒传注为宗，行文以典实经正为尚。”③ 以宋学为宗、理学正心诚意为主旨的新道统和新文统思想在“车书一统”的格局中席卷云南边地。接受了明代儒学思想熏陶的白族新儒文人涌现。一方面他们自觉研究儒学经典，不少人著专书探讨儒学。如杨禹锡著《说易》《诗义》；杨黼注《孝经》；杨士云精研《诗经》，后钻研“阳明理学”；李元阳著《心性图说》等。另一方面，随着中央王朝推行明经取士政策，大理的新儒学文人踊跃参加科考。据《大理府卫州县历科进士提名记》载：“西南多士，彬彬奋庸……大理进士，

① 杨世钰主编：《大理丛书·金石篇》10，中国社会科学出版社，1993 年，第 64 页。

② 同上，第 82 页。

③ 俞汝楫编：《礼部志稿》，（景印）《文渊阁四库全书》史部三五五职官类，第五九七册，台湾商务印书馆，1986 年，第 597-447 页。

自永乐壬辰，迄今嘉靖庚戌，杨荣而下，凡三十有三人。”① 大理高中进士者最多，堪称“滇之冠也”。不少文士步入仕途，“为院副、为部属、为科道、为寺司、为藩臬、为守令者，咸有焉，官之备也”。也正是这些新儒文人中，弥散着极为浓厚的隐逸风气，产生了为数众多的隐士。杨黼、杨士云、李元阳、樊相、高桂枝、李庚龙、何蔚文兄弟、孙桐、张相度、杨晖吉、谷际岐、李于阳等堪称代表。

自古隐与仕就是士大夫生活的两极，隐逸作为中国古代的文化现象可以追溯久远。传说中帝尧时代的高士许由，商周之际的伯夷、叔齐，春秋时代的长沮、桀溺和楚狂接舆，秦末避世商山的“四皓”，向来就是人们心目中隐逸的偶像人物。后来的“庄周偃蹇于漆园，老莱婆娑于林窟，严平澄漠于尘肆。梅真隐沦乎市卒，梁生吟啸而矫迹。焦先混沌而槁杌。阮公昏酣而卖傲，翟叟遁形于倏忽”②，也统统被纳入隐逸高人的行列。之后历代隐士层出不穷。孔子所言“隐居以求其志，行义以达其道”③，或如庄子所说的“无为有国者所羁”④，成为古今隐逸文人的心灵共识，这也使隐逸文化超越了时空和民族的界限。

对于文人隐逸的原因，孔子曾言“危邦不人，乱邦不居。天下有道则现，无道则隐”⑤。这里，孔子指出外在的社会政治环境，如“危邦”“乱邦”也即“无道”的政治是导致文人隐居的主要原因。《后汉书·逸民列传》则言“观其甘心畎亩之中，憔悴江海之上，岂必亲鱼鸟乐林草哉？亦云性分所至而已”⑥，将古人隐逸归结为人内在的天性所致。这两种说法从外与内两个角度对文人隐逸的原因作出了解释。对照白族文人的隐逸似乎多与政治有关：明代杨士云，不满意仕途恶习，称病不出，近二十年不入城市；李元阳因独立不阿的品性，惹恼了嘉靖皇帝，后去职隐居；高桂枝目睹明末世事日非而隐

① 杨世钰主编：《大理丛书·金石篇》10，中国社会科学出版社，1993年，第92页。
② 房玄龄等：《晋书》，中华书局，1977年，第1906页。
③ 朱熹：《四书章句集注》，中华书局，1983年，第173页。
④ 司马迁：《史记》，中华书局，1959年，第2145页。
⑤ 杨伯峻：《论语译注》，中华书局，1958年，第81页。
⑥ 范晔：《后汉书》，中华书局，1965年，第2756页。

逸；赵炳龙在明亡后归隐石宝山；何蔚文于明清易代之后与兄何星文隐居宁湖；孙桐入清后，隐居鸡足山；张相度是明天启间优贡生，明亡后不愿出仕。清代赵廷玉则在乾隆间北上应试，中道不顺而绝意进取；李于阳到35岁才中一副贡，后来加之家道中落，遂绝入仕之意。从此看来，白族文人隐逸，不外起因于朝代的更替、仕途坎坷、对仕宦之路产生厌倦心理，而最终选择以隐遁的方式疏离政治，以归居山野田园取代追逐功名利禄。

明清时期白族文人的隐逸方式主要有三种类型：一是如郭象所言的“夫圣人虽在庙堂之上，然其心无异于山林之中”① 的吏隐者。“富贵浑如一羽轻，万山深处乐平生”② 可谓这一类隐者心态的生动写照。明永乐癸卯科（1423）举人杨九思，洪武间“以经明行修”被荐为大理县学训苏辑，十五岁即中正统丁卯科（1447）举人陈时雨，清代康熙辛酉科（1681）举人段绎祖等等，均身在官家却心生隐逸。

二是一生如《周易》所言“不事王侯，高尚其事”，以隐逸为事业者。明代杨黼一生不应科举，李赓龙则三十年不入城市，可视为这类隐者的典型。

三是先为官后出世者，这是明清两期白族文人隐逸为数最多者。明代有杨士云、李元阳、高桂枝、赵炳龙、何蔚文及兄何星文、孙桐、张相度；清代有龚锡瑞、谷际岐、赵廷玉、李于阳等。这些隐逸文人又非孤立的个体。他们时常相聚，参加“鹿鸣燕典”，结伴郊游酬唱诗文，探讨学术，彼此之间形成大大小小的交际圈。如明代杨士云与杨宗尧、樊相、杨南金、李元阳交好；何蔚文与汪蛟、许鸿、普荷（担当）、陈佐才等常相约出游；高桂枝与李赓龙为知交。清代李于阳与王毓麟、杨国翰、严廷中、杨载彤等人常聚会往来。隐逸文人交际圈的形成，有效地促进了思想交流，沟通了感情，增进了友谊，切磋了创作技艺，有力地推动了隐逸风尚的流行。

自古以来，典籍中记载的有隐逸情调的作品都与隐者联系在一起。源头之作可从帝尧时代的《击壤歌》为起，其后伯夷、叔齐的《采薇歌》，商山

① 郭庆藩：《庄子集释》，中华书局，1961年，第28页。

② 张文勋：《白族文学史》（修订版），云南人民出版社，1983年，第353页。（后所引白族隐逸文学作品见《白族文学史》第三编第六章）

四皓的《紫芝歌》，到《诗经》中歌咏“贤者隐处涧谷之间”的《卫风·考槃》、书写“隐居自乐”的《陈风·衡门》①，莫不如此。东汉初年，出现崔篆《慰志赋》、冯衍《显志赋》、张衡《归田赋》等士大夫歌咏隐逸之乐的作品。魏晋时期除了陶渊明的隐逸山水田园之作以外，阮籍、嵇康、张华、张协、潘岳、左思、陆机等人亦一致宣扬隐逸的志趣，描写隐遁出世的种种逸乐。唐宋时期隐逸之作亦不绝于书。

白族文人的隐逸生活除了“就薮泽，处闲旷，钓鱼闲处”②，隐居山林，放情江渚之外，游心翰墨成为一大特色，隐逸文学创作蔚然成风。如陈时雨作《咏玉梅花》、杨晖吉《咏不谢梅二首》、谷际岐《不谢梅》。杨士云创作了大量充满恬淡情味的田园诗，如《栽罢》《久晴喜雨》《汎舟行》。李元阳作《洱海歌》，谷际岐作《山行与农人话》。

讓公菴在三塔崇聖寺爲諸院之一其曰讓公不知何所指或曰南詔[illegible]高僧
[illegible]以其有讓德故名或曰高僧名讓者所居其來久遠不可詳矣予里居自
嘉靖壬寅見三塔剎落一寺之內爲菴院者三十餘所惟頹垣荒址荊棘茂[illegible]
而已即有一二破椽敗梁又爲風雨所蝕觸手朽敗不堪[illegible]予既重憫大剎
吾友竹渠楊舉人作[illegible]心出俗願結善緣遂普讓公之廬不靳家貲之費既
而出司庠序不負初心積寄俸錢百緡并捌家田數畝有僧真紹志在恢弘
使魚鑰重懸階墀再聚睟容金像[illegible]其心思輝其衣盂者宿嘉[illegible]
華推崇爲按通紀云茲院在昔有僧歸指菴者爲經而神龍潤星禮拜而[illegible]
劉庭勝事至今有傳靈蹟宜其後振感今懷[illegible]故作斯文
萬曆五年歲在丁丑秋八月朔
[illegible]進士知荊州府前翰林庶吉士北京監察御史郡人八十一叟中谿居士李元陽[illegible]

图九十五　让公庵记。图片来源于杨世钰主编：《大理丛书·金石篇》3，中国社会科学出版社，1993 年，第 94 页。

白族隐逸文人大量的诗文创作，不但打破了此前隐逸文学作品零星的局面，而且使得明清时期成为白族书面文学的高产期，有力地推动了白族文学的繁荣。

与此同时，这些隐逸文人还投入不少的时间和精力于碑文的创作。杨黼、杨士云、李元阳等人掀起了碑刻创作的热潮。杨黼创作《鸡足山石钟寺常住田记》《词记山花咏苍洱境》；李元阳的碑刻创作更为丰富，《游天台观诗碑》《赵州甘雨祠记》《崇圣寺重器可宝者记》《徙建宗庙记》《石宝山记》《寂光寺碑》《地藏

① 朱熹：《诗集传》，上海古籍出版社，1980 年，第 35、82 页。

② 杨柳桥：《庄子译注》，上海古籍出版社，2006 年，第 238 页。

院记》《北极寺记》《让公庵记》等多通碑刻。另外，李元阳与杨慎一起合作了《大观堂修造记》、与杨士云合作《鹤庆军民府城碑》，杨士云与杨南金合作《检庵隐寿翁碑》等碑刻。

由上可见，白族隐逸文人由于深受明代“以宋儒为宗”的文化理念的影响，隐逸文学平淡清远的意蕴追求与宋代文学平淡清冷、朴实自然、幽远高雅的风格大有共通之处。而宋代文学兼容并蓄的思想倾向，除了在白族隐逸文学中体现以外，在白族隐逸文人丰富的文化研究中可以进一步找到佐证。隐逸文人多有文论研究：孙桐著有《说石山房集》《碧磊集》《驴背集》等；赵廷玉归隐后著有《求斋文集》；李于阳著有《苍华诗文集》及“诗余”“诗话”“外集”“偶编”等，今传《即园诗钞》十四卷。同时，隐逸文人还进行“跨学科”研究。杨黼好佛典，“于佛老真诠密典，靡不研究”，并且“尝入鸡足结夏而放光石现，登峨眉参祖而无际心传”；同时亦喜书法，其“属于书翰，埋笔成冢”。李元阳常往城外，优游林下，往来佛寺，研讨佛学；谷际岐选有《大儒诗钞》若干卷，又有《五华讲义》若干卷。杨士云涉猎经、史、子、集，今传《杨弘山先生存稿》十二卷；李元阳曾与杨士云同修《大理府志》，纂万历《云南通志》《中溪传稿》。隐逸文人对多门学问广泛的涉猎研究，具有宏通广博的知识和在文化上集大成的自觉意识，一方面促成了隐逸文学创作的丰富多彩，另一方面，对白族史学、民俗学、宗教的众多领域学术文化的发展也产生了重要的促进作用。

宋明理学对白族隐逸文人的价值观也有深刻影响。儒家传统思想影响下中国士大夫人生的“三不朽”，被宋代理学阐发为“为天地立心，为生民立命，为往圣继绝学，为万世开太平”时代追求。宋代理学注重理想道德人格的培养，视外在的社会规范为个体内在要求的思想也深深影响了白族隐逸文人。明人徐石麒曾言“隐士有三大功业，曰教育英才，曰表正风俗，曰著书立说。是故德重则不嫌于名高，道通则不嫌于言满。君子居一乡而乡人化之，交一仕客而法言道貌足以为人景仰，虽不仕于朝而未尝不有益于天下。斯其为圣贤之隐也矣。”①

---

① 徐石麒：《坦安枕函待问编》卷三，光绪间吴丙湘刊传砚斋丛书本。

对照白族隐逸文人与徐石麒所言相符者不少。第一，“教育英才”。如杨士云素以严肃认真的治学态度影响后人，被不少读书人视为楷模；张相度设馆授徒，教育乡里；谷际岐归隐后主讲梅花书院，后在昆明主讲五华书院，为提升乡民学识修养不遗余力。

第二，“表正风俗”。白族隐逸文人往往以德服人，言传身教影响世俗民风。杨黼训诲乡里子弟不倦。担当赞誉杨黼的高尚情操，其言：“凭吊悲歌歇，山川自渺茫。高人不可见，万古一斜阳。”（《吊杨黼先生》）杨履宽言杨黼“高风攀不及，古貌是耶真？趺坐一拳石，著书千载身。我知为孝子，谁道是仙人”（《桂楼先生遗像》），可见其道德品性受到世人广泛的推崇。杨义退隐居乡里，推崇古贤之风，劝人行孝忠信。张相度在兵灾之后，屡次赈济饥民，颇孚众望。白族隐逸文人道德人格的自我塑造对民风的淳化起到良好的引导作用。

第三，白族隐逸文人的著述颇丰，前面已有列举，此处不再赘述。明清时期白族隐逸文人在文学、学术素养和道德人格的追求，淡化了传统隐逸消极遁世的意味。他们赢得世人尊重的原因，不是光凭借隐逸不仕，而是因其文学上的积极探索、学术素养上的不懈努力以及道德人格的高尚追求，进而对白族文化精神的进步产生了重要的贡献而被后人铭记。

综上所论，明清时期云南政治文化转型，白族文人虽隐逸山林，但修身以儒，治心以释的调和理念深刻影响着白族文人。他们以“虽不仕与朝而未尝不有益于天下”作为人生的出发点，在追求平淡清远的文学意趣和造福乡里的道德人格中实现了对隐逸人生的诗意超越。

白族隐逸文学成为白族文化与汉文化融通的桥梁。隐逸是白族文人顺应明清时期大一统社会发展的另类方式。白族隐逸文学蕴含的深刻文化意义在于，它证明了汉文化大传统在明清时期进一步得到了少数民族受容与实践，昭示出汉文化强大的凝聚力。

第二节　仪式与死亡

树立碑刻是白族丧葬仪式中的重要组成部分，体现了人们对生命死亡的庄重感和对逝者的祭奠之情。白族墓葬类碑刻的撰文者对死亡的认识闪现在墓葬碑刻中，可以看出人们对待死亡的理性思考。

一、葬仪：死亡的庄重感

从白族金石文献中可以看到，人们谨遵一定的程式安葬逝者，十分注重丧葬礼仪。

首先，为逝者撰写墓碑文。撰写墓碑文的人员身份各异，有的是子嗣为祖、父辈撰写碑文。

如永乐癸巳（1413）《大理府太和县弘圭乡下阳溪弘农氏杨公墓志铭》记述杨温为父亲杨义撰写墓志铭①。嘉靖己丑（1529）《明赵仪夫妇行述》是赵仪之子赵汝廉所撰②。

有的子嗣持逝者行状，请地方知名文士、学馆先生为逝者撰写墓志铭。

杨信去世，其子杨奄、杨政、杨敦、杨攸等为父请文。成化十六年（1480）《杨公善士墓志铭》载："其子奄等持状诣余社学馆中请文，跪哭而哀告曰：父之生我，德厚如天，欲报恩爱而父不我待也，丐先生一言，以雪我万罪，而为杨家后世之计。"③ 杨政等恳请吏部听选监生张进受撰文。

杨安先作为外孙，在外公外婆六十余岁时为其营造墓穴。永乐十八年（1420）《故居士杨公墓志铭》："今翁媪皆年六十之余，无嗣。于是外孙杨安先先营其墓，内作二茧室，择地于弘圭之阳。东观碧洱，西接苍峰，北倚凤仪，南望鹤拓，四景昭著。念于百载之后，以藏其体魄焉。此愈之墓所以作也。孙安先执其行状谒余馆下，愿先生一言以表之于石，庶其远久而不泯也。"杨安先为二老选择了弘圭山南边之地，东可以观洱海，西边接点苍山，

---

① 杨世钰主编：《大理丛书・金石篇》10，中国社会科学出版社，1993年，第30页。

② 同上，第95-96页。

③ 同上，第62页。

北边倚靠凤仪，南望鹤拓，风景极佳。撰文者国子监生乡贡进士杨禄慨叹："惟达者能先营其域，非太早计，乃先备之道也。愈之能先备其坟墓，世所罕见焉。于今世人坟墓不及铭志，累累于深山长谷之中，至六再传，岁时祭祀不至，而子孙有不能辨者矣。今安先为二祖考妣卜其宅兆于土壤肤润风气密聚之处，百载之后归此，神其永妥，其有以福其后昆者乎。于是石刻斯文之存，其墓亦同之。百载不而泯，则愈之以求其祀为可知矣。是则安先能为成祖之志，可不谓之孝矣乎。"① 撰者认为杨安先此举乃有备而来，有先见之明。他为二老择地而营穴，不但二老百年之后归葬于此，而且可以泽被后世，乃孝顺之举。

成化十年（1474）《成都府学训导杨君墓志铭》载云南太和人杨永清任四川成都府学训导，于景泰癸酉秋八月六日以疾卒于官。第二年三月，其讣告传至京师，其子杨纬举中进士旬日，"即解冠带，易缞服，归守制"②，并为父亲乞铭。赐进士及第嘉议大夫兵部左侍郎翰林院学士兼左春坊大学士知制诰经筵官惇安商辂撰文。

康熙五十五年（1716）《明节烈孝廉崇祀乡贤南星高公传》碑的撰者为"进士考品知县眷社晚弟张相度、汪如甫"③。康熙五十八年（1719）《玉波和尚功行记碑》的撰者为叶榆崇圣瑞鹤观嗣法门人正怀④，道光二十九年（1849）《真如沙门之碑》的撰者为"赐进士出身朝议大夫前翰林院编修姚邑方外友人榘堂刘荣黼"⑤。

其次，为逝者刻碑立石，这是葬仪中必不可少的一个部分。

如《爨龙颜碑》载："嗣孙硕子等及乎哀感，仰寻彝训，永慕高踪。控勒在三，仲秋七月，登山采石，树立玄碑。"⑥ 从这里可知，爨龙颜去世后，其子嗣先致哀，其后择时登山采石，为其竖立墓碑。康熙三年（1664）《明待赠

① 杨世钰主编：《大理丛书·金石篇》10，中国社会科学出版社，1993 年，第 31 页。
② 同上，第 60 页。
③ 同上，第 158-159 页。
④ 同上，第 160 页。
⑤ 同上，第 193 页。
⑥ 同上，第 1 页。

逸士蕃接杨公孺人李氏墓志铭》载："子于京、生员恂，孙昌裘、寿禧、□定、应春、曾孙温立石并沐手敬书。"① 这里为李氏立碑的人为其子杨于京，孙杨昌裘、杨寿禧、杨□定、杨应春以及曾孙杨温等人，沐手之后才刻墓志铭以示郑重。

人们为逝者撰文、立碑，表达的是行孝道、尽人伦的观念。

杨宗去世，其子杨康为其请文。成化庚子年（1480）《故处士杨公孺人段氏墓志》载"康非贵□□从政当时，赖父母教养所至，念亲生有善行，死不勒石表彰，是没父行而为子过也，丐一言以垂悠久。"② 杨康念及父亲生前善行，认为若死后不加彰表则是埋没父行，是为己之过。

有的则是通过为先祖、父母立墓碑来彰显家风。至正九年（1349）《张照磨墓志》载："虽已归山，顾视墓阡，尚未立碑，知先主为□人□后也，愿乞一铭，以镌于石，使后之子孙知其有祖，不忘其先，于斯为幸。"③ 张义去世后，其子张恭向承事郎甘肃儒学提举孔有道乞铭，为的是使子孙后代铭记张义。

永乐癸巳（1413）《大理府太和县弘圭乡下阳溪弘农氏杨公墓志铭》言，杨温为父亲杨义撰写墓志铭意在"彰明父母修身之德"④。

永乐十五年（1417）《故元云南大理路赵州同知杨公墓志铭》载："先人殁且葬，至今无铭文以刻诸石，幸为之言，以昭先德于弗经禋，庶儿子孙□终有赖。"⑤ 杨福为父亲杨文庆立石刻墓志铭，希望昭示先德让子孙能铭记。

宣德十年（1435）《故善人杨公同妻李氏墓志铭》载："善人没，子智痛蚤失过庭之训，且恐考之行实久将无闻于世也，泣而请铭。"⑥ 张海去世，其妻及儿、孙为其立墓志，为的是令后人知晓其行实。

成化九年（1473）《张海墓志》载："南瞻部洲大明国云南大理府太和县

---

① 杨世钰主编：《大理丛书·金石篇》10，中国社会科学出版社，1993 年，第 140 页。
② 同上，第 62 页。
③ 同上，第 21-22 页。
④ 同上，第 30 页。
⑤ 同上，第 31 页。
⑥ 同上，第 38-39 页。

行化乡舍廊里良甸村，佛孝妻杨氏观音香，孝男张山、张赐、张甲、张□、杨中，孙天奴，洎一家孝眷人等立。”① 这里，张海的妻子杨香，张山、张赐等七人为其立墓志。

杨资与妻杨氏生有三子，为杨文、杨武、杨保，而二子杨武病卒。天顺二年（1458）《故儒生杨武圹志铭》载：“儒生即中子武也。生于正统丁巳，姿禀敏慧，甫及七岁，同兄从师于五峰书馆，习诗六艺之文，入孝出悌，进退揖让。未及婚聘。景泰丙子正月二十四日未时病卒于家，世寿二旬，卜葬弘圭祖茔。于戏！余尝观棠棣之诗，言至亲莫若兄弟，弟丧之戚，人所畏也，惟兄弟为相恤。原隰裒尸，人所恶也，乃兄弟为相报。兄弟或有小忿，犹必共御外侮，不废懿亲，所以著明兄弟之义，□□□矣。今忆儒生之早世，恃怙先失，伉俪未配。有兄存同气之谊，生则训教，死则葬祭，复立石以垂不朽，可谓后人之龟鉴也。”② 杨文为病卒的弟弟杨武立石书刻圹志铭，表达手足之情。

二、佛教与死亡仪式

我们看到在白族古代金石文献中，葬仪与密宗的关系尤为密切。

一是，自南诏至明代，白族墓碑镌刻梵文十分普遍。

二是，元明时期的白族墓碑中多镌刻陀罗尼经、佛说摩诃般若波罗蜜多心经、地藏菩萨经等经文。《新纂云南通志》卷九五“安宁梵字碑”条载：“按：元代云南盛行阿阇黎教，墓碑多镌梵文经咒，有附刻墓志铭或纪念死者之语，亦有不刻汉字者。今在大理附近数县所谓达子坟者，累累多刻梵文经咒荐死者，若尽收之，当数千件。”③ 这一点与《新纂云南通志》卷九三金石考附收录的李华德《云南梵文石刻初论》一文的考论观点相似。李华德根据所见的《人匠提举杜昌海墓志铭》和其他元代墓碑的拓片多种，考定碑上的

① 杨世钰主编：《大理丛书·金石篇》10，中国社会科学出版社，1993年，第60页。

② 同上，第52-53页。

③ 李春龙审订，王钰等点校：《新纂云南通志》卷五，云南人民出版社，2007年，第311页。

《梵刻为佛顶尊胜陀罗尼神咒》，这种神咒在密宗中为普遍的咒语①。在元代碑刻中也有将佛经直接刻于碑上者，如《故溪氏谥曰襄行宜德履戒大师墓志并叙》碑阴刻《佛说般若波罗蜜多心经》②，《故智周术妙圆鉴大师墓铭》碑阴刻梵文经咒。③

《李升墓幢梵汉文刻石》载，李升携室人天水氏踰城秀、五个儿子一起同发善心，建尊塔，将刻有梵汉双语的《佛顶尊胜陀罗尼神咒》的墓幢先立于坟边，作为镇墓之物。文载："升之为人也，以直而立身，少贪名利，不巧言令色，好持斋念佛，偏行善事，年至七十有余，闻此陀罗尼之妙力，怀于临命之日，见儿幼弱，不能修建，因以竖此宝刹，先镇坟边，用此功德，以为来世之凭据也。"④

图九十六　李升墓幢梵汉文刻石。图片来源于杨世钰主编：《大理丛书·金石篇》1，中国社会科学出版社，1993 年，第 64 页。

《故善人杨和惠圹志》⑤ 杨惠于洪武六年（1373）生，永乐二十三年

① 李春龙审订，王钰等点校：《新纂云南通志》卷五，云南人民出版社，2007 年，第 256-257 页。

② 杨世钰主编：《大理丛书·金石篇》1，中国社会科学出版社，1993 年，第 41 页。

③ 同上，第 86 页。

④ 杨世钰主编：《大理丛书·金石篇》10，中国社会科学出版社，1993 年，第 19 页。

⑤ 同上，第 34 页。

图九十七　大理国彦贲赵兴明为亡母造墓幢。图片来源于杨世钰主编：《大理丛书·金石篇》1，中国社会科学出版社，1993年，第34页。

（1425）病卒。其妻李氏观音修、长男杨通、次男杨奴、三男杨义、四男杨智为其立圹志。在圹志的正文部分镌刻了《佛说摩诃般若波罗蜜多心经》。《杨药师寿墓碑》上镌刻了《地藏菩萨经》①。李应的妻子早逝，女婿段开、许□□为李应立墓铭，《李应墓铭》镌刻《佛说解百生怨家陀罗尼经》②。

三是，在墓旁树立雕刻尊胜佛母墓幢。

《大理国彦贲赵兴明为亡母造墓幢》载："大理国□□榆郡彦贲赵兴明追为慈妣妇人女娘敬造尊胜一幢。妇人女娘年得五十一岁，时郡事务三十年，则元亨十一年，岁遇乙卯。三月六日辛卯迁化，四月十日乙丑设五七斋镇幢功毕，谨记。"③ 该墓幢的书写者为"□梵咒师金襕僧杨长生书"。

依据《赵生忠墓碑》载，赵生忠为赵坚生的长子，于大德九年（1305）卒，其父赵坚生、母王氏为其立墓碑。碑载："想其仪，思其德，志其言，返报立幢刻尊胜佛母像，以祈超生□□。"④

白族墓碑中镌刻梵文、经文或是雕刻佛像与阿吒力教信仰有着直接的关系。

一是，通过考察白族火葬细节，可见阿吒力教对火葬制度影响深刻。《僰古通纪浅述》云："保和年中，赞陀崛多独坐，有乌鸦向国师鸣三。师自知母

① 杨世钰主编：《大理丛书·金石篇》10，中国社会科学出版社，1993年，第60-61页。

② 同上，第61页。

③ 同上，第9页。

④ 同上，第16页。

归于西天，哭泣，令妻亦哭。……葬于弘圭山，依九节荼毗之法，请六师开六道，往生诸佛光明天；取阿皮罗下火，用金箔贴骨为紫金骨。自此僰人效之，但遇亲丧，悉化葬之，谓此也。”① 这里叙述了高僧赞陀崛多火葬其母的故事，这个故事被视为僰人即白族实行火葬的渊源。《云南图经志书》卷一“云南府风俗”则记载了白族民间火葬的情况：“土人死则浴尸，束缚置一方棺中，或坐或侧卧。以布方幅，令有室僧阿吒力者，书咒八字其上，曰‘地水风火，常乐我净’，饰以五彩，覆之于棺，不问僧俗，皆送之野焚之。或五日或七日，收骨贮瓷瓶中，择日而葬之。”② 这段文字较为详细地记载了当时民众进行火葬的程序，包括从“浴尸”放置，经阿吒力僧作宗教超度仪式，至最后焚化安葬的整个过程。可知，白族火葬中阿吒力僧人为逝者书符念咒、禳灾祈福是必不可少的步骤，阿吒力教的超生荐死之术已经融合到白族火葬习俗中，白族的火葬风俗也因之充满强烈的宗教色彩和仪式感。

二是，考察阿吒力教在大理的流传与白族火葬流行的时间与范围，阿吒力教自南诏时期开始在洱海区域传播，至大理国极盛，元代仍十分流行，其宗教影响力持续的时间正好与白族火葬流行的时间相当。阿吒力教的传播以洱海区域为中心向周边地区辐射。根据白族火葬墓分布的考古发掘，大理洱海区域是白族火葬墓最为集中的范围，这说明白族的火葬“在空间分布上与阿叱力教在云南及其相邻地区分布的形势、范围基本吻合”③。

---

① 尤中校注：《僰古通纪浅述校注》，云南人民出版社，1988 年，第 72 页。

② 陈文等纂修：（景泰）《云南图经志书》，《大理丛书·方志篇》卷一，云南民族出版社，2007 年，第 11 页。

③ 李东红：《白族佛教密宗阿叱力教派研究》，云南民族出版社，2000 年，第 151 页。

第六章
白族古代金石文献的文学价值

在白族发展的历史进程中，人们和金石文献之间建构起了一种极为密切的关系。历史在时间中逝去，而白族却在金石文献中寻找到了纪录历史的最佳方式。或者说，千余年来，白族便存在于金石文献所造就的“情境”中，实现了中央与地方、城市与乡村、家族与个人多层面的书写与记述，但人们并不满足于仅仅将金石文献作为历史文化发展的记录。翻开白族古代金石文献，中国古代的诸多文体形式跃入眼帘。从文学的角度来考察可以看到，社会情境的巨大变迁，使得金石文献的书写体式发生改变，或是某种文类兴盛，或是某种文类衰落，或产生了新的体式。

本章从体式的角度对白族古代金石文献所包含的文体样式进行梳理，在此基础上，从理论、语言和审美三个方面分析白族金石文献的特点。具体为：运用理论对这些文体进行分析，发现其所受的文学理论的影响；研究白族金石文献对汉语及其他语言的使用情况；从审美的角度探析白族的审美观念。

第一节　白族古代金石文献的体式

从体式的角度来看白族古代金石文献近两千年的发展史，可谓丰富多样，碑、诗、词、赋、诔、铭、箴、哀、祭、传、志、记、诏诰、颂等文体纷纷登台亮相，其中不乏佳作。诗如《冯补衮咏唐梅诗碑》《洱海行诗碑》等；

词如《天华山八景摩崖》之《又八景词三》[①] 等；诔如《高第先生西逝诔词》等；铭有《崇圣寺雨铜观音像铭文》《杨和丰铜像铭文》《石宝山海云居铜钟铭文》等；箴有《敬一箴碑》《儒学箴言碑》等；哀祭有《祭杨弘山文》《祭安边将军文》等；传志有《师荔扉先生传》《用周禅师道行碑记》等；杂记有《湖塘碑记》《新建昭应寺碑记》《同游太极洞》《石宝山记》《游洱海浩然阁》《虎山碑记》等；赠序有《王崧墓碑序》等。

一、墓碑文

在白族古代金石文献中，墓碑文出现最早，延续时间最长，从东汉至清代都有遗存，是数量较多的一类，也是最具生命力的文体。墓碑文在发展过程中形成了相对固定的书写格式，同时又因时代的不同出现新的变化。

从历史的眼光来看墓碑文，产生于东汉的《孟孝琚碑》，是迄今最早的一通墓碑文，已经颇具格式。

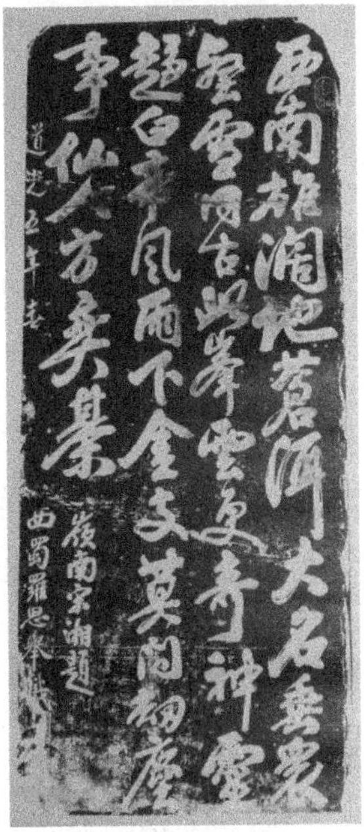

图九十八　宋湘题苍洱风光。图片来源于杨世钰主编：《大理丛书·金石篇》5，中国社会科学出版社，1993年，第37页。

《孟孝琚碑》[②] 由四个部分组成，分别为碑题、碑主人生行状、铭文和立碑人名录，其中碑主人生行状、铭文是墓碑的主体部分。单独看碑主的人生行状，采用的是散文笔法，叙述了孟孝琚从幼年到病逝的生命历程，对其求学、改名、婚配的情况述之又详，形成了一篇简练的人物传记。铭文以押韵的四字句形式概述碑主的人生，渲染对逝者的哀悼之情。《孟孝琚碑》的书写体式在之后的墓碑文书写中沿用，一直延续到清代。

东晋时期墓碑文的代表作为《爨宝子碑》《爨龙颜碑》。

---

① 关于诗碑的论述可见朱安女：《文化视野下的白族古代碑刻研究》，巴蜀书社，2012年，第287-302页。

② 杨世钰主编：《大理丛书·金石篇》10，中国社会科学出版社，1993年，第1页。

《爨宝子碑》① 由碑题、碑主人生行状、铭文和立碑人名录四个部分组成。其中，碑主爨宝子的人生行状叙述较为简略，而铭文所用的笔墨较多，抒发了撰者对爨宝子去世的感慨。《爨龙颜碑》② 对碑主的人生行状的叙述篇幅较长，以爨龙颜官职的变迁为叙述人生历程的线索，对爨龙颜恪尽职守、守边卫国的英雄事迹进行了重点描述。该碑的铭文部分，撰者赞颂了爨龙颜的不朽功绩，抒发了对逝者的叹惋之情。

大理国时期的墓碑文主要有《大理国渊公塔之碑铭并序》《□□□□忠义臣谥曰忠节囸明圀行义帝墓志并序》《大理国故高姬墓铭并序》《故溪氏谥曰襄行宜德履戒大师墓志并叙》。这些碑刻除了保持汉代以来的基本格式外，出现了一些新的变化。

一是，墓碑的标题皆增加了"并序（叙）"，即在墓碑文前增加了序言。序言出现的位置在碑文开头，置于碑主人生行状之前。

如《大理国渊公塔之碑铭并序》开篇言："净徹昭融，精真冲邃。虚明灵体，旷阒玄微。岂可以阔狭知其边际，称量议其深浅。且修熏亡照之所觉，劳而照性已迷。睹彼太虚之形，翳本圆明之体。四大都起，万象交罗。梦中重梦，迷里又迷。故头无得失之非，见有忽狂之客。自此已往，相去远矣。因差路殊，非法身大士，奚能破尘出经，安往法界者。"③ 这段文字为撰者对佛教因缘的看法，为下文叙述碑主皎渊与佛结缘进行铺垫。

《□□□□忠义臣谥曰忠节囸明圀行义帝墓志并序》开篇言："夫易道以否泰翻复，天道以日月明晦。大□之道，孰不以天地日月，否泰一命哉。故自命以观□之物之盛衰，人之穷达，皆造阴阳之常数。推之□御而不夺者，在于忠义而已。"④ 撰者先从天道、易学的角度阐发人生穷达之理，进而提出面对人生否泰应守以忠义的价值观。随后，引出对碑主高生福忠义德操赞美。

《大理国故高姬墓铭并序》开头引用《文言》对碑主高姬的美德进行赞

---

① 杨世钰主编：《大理丛书・金石篇》10，中国社会科学出版社，1993年，第1页。
② 同上，第2页。
③ 同上，第10页。
④ 同上，第11页。

誉。碑言："文言曰：坤至柔，而动也刚，至静而德方，后得主而有常，含万物而化光者，其高姬之谓乎。"① 其后再叙述高姬的家世及人生履历。

《故溪氏谥曰襄行宜德履戒大师墓志并叙》言："夫士人居世道，有四言：一曰行事敬，二曰道德勤，三曰亲亲和，四曰友友信。昔闻其论矣，今见其人焉。其人若何？溪氏当矣。"② 这里列举了士大夫道德的四个准则，既蕴含了撰者的价值观念，又为下文阐述碑主溪智的人生行状埋下伏笔。

由上可见，这些墓碑文中的序言一方面体现了作者对人生意义的理性思考；另一方面，在墓碑文的体式上起到开篇首引的作用，与下文对碑主人生的叙述形成了理论与事实的有效呼应。同时，从阅读的角度来看，序言也发挥了引导读者的作用。由于序言中已寄寓了撰者对墓主的赞誉之情，与此前汉晋时期墓碑文中铭文发挥的功能相似，在这些墓碑文中均未现铭文部分。

图九十九　京兆郡夫人墓志铭。图片来源于杨世钰主编：《大理丛书·金石篇》1，中国社会科学出版社，1993 年，第 79 页。

二是，在碑题之下标明了撰文者或是叙述者。《孟孝琚碑》《爨宝子碑》《爨龙颜碑》在碑名之后紧接着就是碑主的人生行状，对撰者未做交代。但大理国时期的墓碑则不同，如《大理国渊公塔之碑铭并序》碑题"大理国渊公塔之碑铭并序"之下书有"楚州赵佑撰"③、《□□□□忠义臣谥曰忠节圀明圀行义帝墓志并序》碑题之

① 杨世钰主编：《大理丛书·金石篇》10，中国社会科学出版社，1993 年，第 11 页。
② 同上。
③ 同上，第 10 页。

下书写“金□□□□光国大师（下阙）”①，《大理国故高姬墓铭并序》为“谏议大夫敕赐紫大师杨俊升撰”②、《故溪氏谥曰襄行宜德履戒大师墓志并叙》为“逸士司直叙”③。这些记述显示了撰文者姓名和身份，不但使得碑刻的文体结构更加完整，而且为我们认识碑主与撰者之间的关系及了解当时的社会文化提供了重要的线索。

元明清时期的墓碑文沿袭了汉晋以来的撰文传统，不同之处则是在墓碑名之下增加了书法者、镌刻者、篆额者、立石者等信息。

《陈氏墓碑铭并序》载“赵子高□□书丹”④。《大元洪镜雄辩法师大寂塔铭》载“翰林修撰蒲城杨载仲弘父撰文”“奉议大夫佥云南诸路肃政廉访司魏郡张元书丹”“荣禄大夫云南诸路中书省平章政事襄武汪维勤题盖”⑤。《张照磨墓志》载“承事郎甘肃儒学提举孔有道撰”“云南诸路儒学提举陈连富篆额”“从仕郎永平县尹杨福天禄书丹”⑥。《敕授鹤庆路照磨杨伯□墓志》碑题之下载“苍山勤斋后人清逸先生杨泰子享撰”“赐进士承务郎云南诸路儒学提举李敬仁书”“亚中大夫大理路军民总管府总官段信苴功篆额”⑦。《故理阳寨长官司案牍段琏墓铭并序》墓名之下载“王福升撰”，在墓铭的最后落款“石匠杨兴日兴智刊”，碑阴则刻有“追为亡人段政连法识”⑧。《段氏长老墓碑铭并序》墓名之下载“大理路儒学训导王子廉撰并书丹”，碑文的最后落款为“石匠布燮杨庆”，碑阴题写“当颂佛救万劫之罪薮，顶脱千生之盖缠。尊胜灭七返之身，神咒超清凉之岸”⑨。

有的墓碑则在碑文最后交代书刻者的情况。如《赵生忠墓碑》中“无垢

① 杨世钰主编：《大理丛书·金石篇》10，中国社会科学出版社，1993年，第11页。
② 同上。
③ 同上。
④ 同上，第12页。
⑤ 同上，第14页。
⑥ 同上，第21页。
⑦ 同上，第22页。
⑧ 同上，第22页。
⑨ 同上，第25页。

居士皇甫珪书丹”是碑文最后落款①。《大盘龙庵大觉禅师宝云塔铭》在题目之下载“滇城玉案山遍觉禅寺开经律论沙门庆源撰”，塔铭的最后载“住持长老绝相祖源并门徒立石”“滇海贫斋隐士何秋崖书并篆额”“匠黄君泰刊”②。这些信息使我们看到，一通墓碑文由撰者、书者、刻者的细致分工并合作完成。

二、白族古代金石文献与汉文学经典之共鸣——《南诏德化碑》的个案分析

白族金石文献中不乏成功借鉴汉文学经典体式的例子。这里以白族金石文献的典范之作《南诏德化碑》为例论述。《南诏德化碑》的体式与《左传》相似，而内容安排、理论的架构与《文心雕龙》形成了共鸣。

（一）《南诏德化碑》与《左传》

《左传》是先秦时期优秀的历史散文典范，思想内容和艺术形式等方面都极具特色。《南诏德化碑》是南诏时期最具代表性的碑刻经典，这里对比两个文本，探寻异曲同工之妙。

从叙事角度看，《南诏德化碑》的叙事风格深受《左传》影响。《左传》作者在驾驭庞大丰富史料时往往以观点为统帅，进行着墨取舍，并寄寓自己的情感好恶。《南诏德化碑》作者在处理史料时亦在叙述历史中寄托了自己的政治理想，表现了自己的爱憎态度。

《左传》全书共 18 万余字，按照鲁国从隐公至哀公 12 个国君的次序，忠实而详细地记述了春秋时期前后 250 余年间周王室及各诸侯国的政治、军事、外交和文化方面的历史。《南诏德化碑》碑文记述由公元 766 年倒叙上限到公元 738 年即唐玄宗开元二十六年的历史，历时 28 年。碑文完整地记述了唐玄宗对南诏发动天宝战争这一重大的历史事件，真实地反映了天宝战争和安史之乱给南诏和唐朝带来的重大变化，暴露了唐朝统治阶级的阴暗，同时也歌颂了阁罗凤的功德，展现了南诏与周边国家的外交关系。

《左传》尤为出色之处是长于描写战争，体现了高超的叙事艺术。《左

---

① 杨世钰主编：《大理丛书·金石篇》10，中国社会科学出版社，1993 年，第 16 页。
② 同上，第 26 页。

传》对战争的描写“结构完整，情节精彩，运笔灵活，并不局限于正面的战斗场面描写，而能着眼于战争的前后左右；重在描述战争的来龙去脉和胜败的内外因素，以历史家的卓越识见，揭示其前因后果、经验教训，因而波澜起伏、跌宕多姿。”① 《南诏德化碑》叙述南诏与唐天宝战争的起因和经过，说明南诏不得已而叛唐是碑文着墨最多。碑文从唐将张虔陀蓄意陷害开始，详细描述了南诏再三剖白的经过。结果唐朝不理，反而兴师问罪。南诏再派人到军前陈述情况，鲜于仲通仍然进兵南诏。于是南诏不得已叛唐，并联合吐蕃对抗唐朝，最后大败唐兵。南诏向吐蕃献捷，改元为赞普宗元年，与吐蕃成为兄弟之国。赞普钟三年（754），唐朝派李宓再次攻打南诏，南诏与吐蕃联兵打败唐兵，公元755年天宝战争结束。南诏为了体现与唐朝旧日的恩义，收集唐朝阵亡将士的尸首，建造了万人冢。《南诏德化碑》对天宝战争的叙述过程故事性强，文字委婉曲折。

《左传》长于塑造生动鲜明的历史人物形象，《南诏德化碑》中当属对南诏王阁罗凤的刻画尤为成功。一方面写出了阁罗凤蒙受唐王朝的厚恩，竭尽自己的忠诚；另一方面也把南诏与唐朝关系恶化，唐王听信谣言，阁罗凤有肺腑之言而不受怜察的无奈，同时又一再拖延出兵时日，一心希望昭雪冤情，最后不得以才战的矛盾心理神态刻画得淋漓尽致，阁罗凤报恩重义的形象跃然纸上。作为反面对比，《南诏德化碑》则塑造了唐朝将领章仇兼琼、鲜于仲通、李宓、张虔陀贪图边功、利令智昏、背信弃义的形象。

（二）《南诏德化碑》与《文心雕龙》

将《南诏德化碑》与《文心雕龙》相对照，可见《南诏德化碑》的思想旨归和体式运用与《文心雕龙》多有相通之处。

首先，《南诏德化碑》的碑旨与《文心雕龙》的“原道”“征圣”“宗经”的思想相通。

第一，《南诏德化碑》开篇标举“德化”，与《文心雕龙》开篇言“原道”的精神理念相通。

① 郭预衡主编：《中国古代文学史》一，上海古籍出版社，1998年，第74页。

《文心雕龙》“原道第一”言：“文之为德也大矣，与天地并生者何哉?”[①]“观天文以极变，察人文以成化”[②]。这里把自然之道和圣人之道结合在一起。又言“人文之元，肇自太极，幽赞神明，易象惟先。……若乃河图孕乎八卦，洛书韫乎九畴，玉版金镂之实，丹文绿牒之华，谁其尸之，亦神理而已。”[③] 说明人类的文明，起始于混沌之气，天上有日月光曜，地面有山川焕绮，铺成地理之形。对深邃的神明之道进行阐发，要数《易经》最为早，《易经》说乾“元”者，乾为“首”，于是始作八卦，以通神明之德，以类万物之情。

《南诏德化碑》的碑名为“德化”，即以德化成，表明南诏国王阁罗凤以此作为南诏发展的精神纲领和立国根本。《南诏德化碑》开头言：“恭闻清浊初分，运阴阳而生万物。山川既列，树元首而定八方。”在这段开篇的话语中，天地初开，清浊初分，万物运作成为南诏叙述立国历史和标举“德化”立国的宏大背景。这与《文心雕龙》中对于自然之道与圣人之道的阐释不谋而合。

第二，《南诏德化碑》多处化用圣人经典，与《文心雕龙》“宗经”的思想相通。《南诏德化碑》言：“崇高辨位，莫大于君臣。”这里化用了《周易·系辞上传》“悬象著明，莫大乎日月”，“崇高莫大乎富贵。”[④]《南诏德化碑》对阁罗凤德行和功绩的叙述时言：“王姓蒙，字阁罗凤，大唐特进云南王越国公开府仪同三司之长子也。应灵杰秀，含章挺生。日角标奇，龙文表贵。始乎王之在储府，道隆三善，位即重离。不读非圣之书，尝学字人之术。”其中，“含章挺生”出自《周易·上经》“含章，可贞，或从王事”[⑤]。“含章：含有文章，指有文采。可贞：占问认为可以，即吉。”[⑥]《周易·上

---

① 刘勰著，范文澜注：《文心雕龙注》，人民文学出版社，1958 年，第 1 页。
② 同上，第 3 页。
③ 同上，第 2 页。
④ 周振甫：《周易译注》，中华书局，1991 年，第 248 页。
⑤ 同上，第 14 页。
⑥ 同上，第 16 页。

经》言："《象》曰：'含章可贞'，以时发也。'或从王事'知光大也。"① 其中，"位即重离"出自《周易·上经》离（卦三十）"《象》曰：离，丽也。日月丽乎天，百谷草木丽乎土。重明以丽乎正，乃化成天下。"② 《说卦传》言"帝出乎震，齐乎巽，相见乎离。"③ 《南诏德化碑》中引用这些话语，意在突出阁罗凤的出类拔萃。阁罗凤成为国君之后，《南诏德化碑》言："我王气受中和，德含覆育。才出人右，辩称世雄。高视则卓尔万寻，运筹则决胜千里。观衅而动，因利兴功。事协神衷，有如天启。"④ 《周易·彖上传》语"保合太和"。"太和"，阴阳会合中和之气也。《周易·系辞上传》言："一阴一阳之谓道"⑤ 阴阳迭运者，气也。其理则指道。《周易·系辞下传》言："《复》，德之本也"，"《复》以自知者。"⑥《礼记》言："天地欣合，阴阳相得，煦妪覆育。""才出人右"在《周易·系辞上传》言："祐者，助也。天之所助者，顺也；人之所助者，信也。"⑦ 《南诏德化碑》引儒家之经，据六艺之典的手法，充分显示阁罗凤以德王天下的形象。

第三，《南诏德化碑》的体式符合《文心雕龙》中碑体的理论。

《文心雕龙》"诔碑第十二"言："碑者，埤也。上古帝皇，纪号封禅，树石埤岳，故曰碑也。周穆纪迹于弇山之石，亦古碑之意也。"⑧ "埤"，本意为增加。上古帝王记其功绩告于天地，进行祭天地的封禅仪式，竖立石刻于山岳之上，所以叫作"埤"（碑）。周穆王在山之石上记下他的行迹，也是古代碑的意思了。又言："夫属碑之体，资乎史才。其序则传，其文则铭，标序盛德，必见清风之华；昭纪鸿懿，必见峻伟之烈，此碑之制也。"⑨ 因此，可以这样说，碑文体写作，撰者要具有史家和文学家的才能，因为碑文的前面

---

① 周振甫：《周易译注》，中华书局，1991 年，第 14 页。
② 同上，第 106 页。
③ 同上，第 282 页。
④ 杨世钰主编：《大理丛书·金石篇》10，中国社会科学出版社，1993 年，第 1 页。
⑤ 周振甫：《周易译注》，中华书局，1991 年，第 235 页。
⑥ 同上，第 268 页。
⑦ 同上，第 250 页。
⑧ 刘勰著，范文澜注：《文心雕龙注》，人民文学出版社，1958 年，第 214 页。
⑨ 同上。

叙述史传，后面是韵文铭文；碑文要突出碑主盛大的德行，显示其清明风范的精华，宣扬碑主的美德和宏伟的功业，这是碑文基本的写作要求。

《南诏德化碑》以标儒家德治文化为提纲，先简要叙述南诏在唐皇朝支持下皮逻阁、阁罗凤父子统一六诏建立南诏的历史。之后，主要叙述阁罗凤袭位后，天宝战争的起因和南诏战败唐朝赢得胜利的全过程。其后，叙述了阁罗凤拓开云南，定京邑建立蒙国大诏。这些叙述，弥补了唐书记叙的不足，充分展示了撰者纪史的才能。《南诏德化碑》的创作如撰碑作者“自跋”所语：“纪功述绩，实曰鸿徽，自顾下才，敢题风烈。”其铭文为一百余字的长韵，句式为四言句。《明诗第六》云：“若夫四言正体，则雅润为本”①。风格为诗经颂体。如《颂赞第九》所云：“四始之至，颂居其极。颂者，容也，所以美盛德而述形容也。”② “夫化偃一国谓之风，风正四方谓之雅，容告神明谓之颂。风雅序人，事兼变正；颂主告神，义必纯美。”③《颂赞第九》指出：“至于秦政刻文，爰颂其德，汉之惠景，亦有述容，沿世并作，相继于时矣。”④《南诏德化碑》正是继承了汉以来颂赞文体的精神，成为赞美君主之德的典范文本。

第二节　白族古代金石文献的语言

白族古代金石文献的语言有汉语、白语、梵语、蒙古语、藏语等。这些不同语言书写的金石文献，产生的时间不同，用途不一，反映了白族与汉族、蒙古族、藏族等多民族之间的交流。

一、白族古代金石文献语言的演变轨迹

在白族古代金石文献中，出现最早的是汉代的“滇王之印”，这枚官印不但是汉朝在云南推行郡县制的标志，同时也标志了汉语作为官方用语首次出

① 刘勰著，范文澜注：《文心雕龙注》，人民文学出版社，1958年，第67页。
② 同上，第156页。
③ 同上，第157页。
④ 同上。

现于白族金石文献中。此后，汉语作为白族金石文献使用的主要语言，一直持续到清代。

南诏、大理国时期积极与中原交流，注重学习唐宋文化，汉字是南诏、大理国时期的官方文字。

南诏时期的《南诏德化碑》《张傍龙造像记》《建极年号铁柱题款》《元玫造像记》等均使用汉字书写①。

大理国时期的碑刻也以汉字书写为主。如《段氏与三十七部会盟碑》《大理国佛弟子议事布燮袁豆光敬造佛顶尊胜宝幢记》《米达拉摩崖造像题记》等②。叶昌炽赞《段氏与三十七部会盟碑》书法“精彩飞动”。《护法明公德运碑赞》则笔力敦厚遒劲，近于颜真卿、苏东坡③。《兴宝寺德化铭并序》笔法峻整瘦劲，富有欧阳询、虞世南笔意而略饶北齐风貌，被视为“大理国碑的精品”④。

南诏、大理国时期佛教盛行，在金石文献也出现了梵文。如南诏建极铜钟高丈余，分为上下两层，每层六面。上层铸六波蜜，下层铸六天王像。每像各标一名，上层为金刚波罗蜜、智宝波罗蜜、大轮波罗蜜、妙法波罗蜜、胜业波罗蜜、慧响波罗蜜。下层为增长天王、大梵天王、广目天王、多闻天王、天主帝释、持国天王。每像上方均以梵文、汉文标明各像的名称⑤。

大理国时期金石文献中梵文多与汉语同时使用。如大理国元亨十一年（1195）立的《大理国彦赍赵兴明为亡母造墓幢》，“石幢为扁方柱体。顶部作莲花宝珠形，环刻梵咒二周。座刻莲花瓣。通高 101 厘米，宽 30 厘米，厚 16 厘米。幢身阳面上半部刻造幢记。直行楷书，右行。文 7 行，行 9–16 字。阳面左侧直刻‘南无尊胜大佛母’、右侧直刻‘追为陨逝慈妣女娘塚石’。下半段浮雕四臂大佛母一躯，有梵文五字咒。阴面及两侧刻梵文陀罗尼经。”⑥

① 杨世钰主编：《大理丛书·金石篇》10，中国社会科学出版社，1993 年，第 3–6 页。
② 同上，第 6 页。
③ 顾峰：《云南碑刻与书法》，云南人民出版社，1984 年，第 90 页。
④ 同上，第 96 页。
⑤ 杨世钰主编：《大理丛书·金石篇》1，中国社会科学出版社，1993 年，第 11–14 页。
⑥ 同上，第 34 页。

《大理国释氏戒净建绘高兴兰若篆烛碑》碑额正中方框内刻“高兴兰若”及梵文四字①。

《大理国佛弟子议事布燮袁豆光敬造佛顶尊胜宝幢记》中也是梵、汉文并用。幢上用汉语书刻的《造幢记》《佛说般若波罗蜜多心经》《大日尊发愿》《发四宏誓愿》，用梵文书刻《佛顶尊胜陀罗尼神咒》。②

元明清时期，白族金石文献以汉字书写为主且文献数量众多，这里不一一列举。与此同时，梵文也频频使用。但梵文出现在碑刻中的位置各不相同。有的碑为阴刻梵文，有的为碑额刻写，有的则双面刻写。

至元二十九年（1292）《陈氏墓碑铭并序》的碑阳文17行，行10-13字。碑阴刻梵文，并有汉字1行③。皇庆元年（1312）《张长老墓碑》碑阳刻张长老墓碑，碑阴刻梵文④。延祐二年（1315）《赵连庆碑》碑额残损，残留佛像、梵文及莲纹。两面刻字，碑阳刻汉字，碑阴刻梵文⑤。《李升墓幢梵汉文刻石》立于元泰定元年（1324）。墓幢塔顶及座已佚，仅存中段。高66厘米，四周宽133厘米。四面有佛龛造像。汉文31行，直行楷书，行9-16字。刻佛顶尊胜宝塔记。梵文16行⑥。《至正七年残碑》《张照磨墓志》均两面刻文，碑阳刻汉文，碑阴刻梵文⑦。《弘农氏故千户护碑》碑额正中方框阴刻“弘农故千户护碑”七字，周刻莲花纹及梵文3字⑧。《故神功梵德大阿左梨释道宗墓碑》立于至正二十五年（1365）为“大理石质。高126厘米，宽18厘米。碑额题‘左梨释道宗墓碑铭’八字。旁饰花纹及梵文。”⑨《故智周术妙圆鉴大师墓铭》立于至正二十七年（1367）。“大理石质。额半圆形，中间

① 杨世钰主编：《大理丛书·金石篇》1，中国社会科学出版社，1993年，第35页。
② 同上，第21页。
③ 同上，第43页。
④ 同上，第54页。
⑤ 同上，第57页。
⑥ 同上，第64页。
⑦ 同上，第73、75页。
⑧ 同上，第81页。
⑨ 同上，第83页。

刻浮雕佛像。碑阴刻梵文经咒。高 92 厘米，宽 42 厘米，厚 12 厘米。直行楷书。”①

明代洪武十五年（1382）《元故先生杨俊墓志铭》碑额四周刻梵文②。洪武二十二年（1389）《仁德墓志》碑额周围刻梵文③。永乐十九年（1421）《佛说地藏菩萨经》额四周有梵文五字④。永乐二十一年（1423）《杨仲英同妻杜氏寿圹铭》碑阴刻梵文⑤。宣德元年（1426）《故居士张公墓志铭》在碑额正中篆刻“故居士张公墓”周围有梵文 4 字⑥。宣德九年（1434）《张宗墓志铭记》在碑额正中方框内篆刻“张宗墓志铭记”六字，周围刻梵文及莲花纹⑦。

在白族古代金石文献使用的文字中，白文备受争议。尤中言：“除了直接使用汉文之外，白文在大理国时期也有发展。它仍然是在借用汉字的基础上增加一些表现白族语言的字（这种字形仍同汉字）。今存《石城会盟碑》和《张胜温画卷》上面的文字，即属于白文。”⑧《石城会盟碑》即大理国明政三年（971）的《段氏与三十七部会盟碑》，“文中有异体字，如打、誓均作木旁，又有‘娱伽诺’等词汇，有的学者认为此碑为汉字记白语。”⑨ 安定四年（1198）所立的《大理国释氏戒净建绘高兴兰若篆烛碑》中出现了一些白文，“文中亩积沿用南诏双、角（脚）等名称，为用汉字记白语。”⑩

元代的白文碑主要有公元 1370 年的《段信苴宝摩崖碑》。⑪

明清时期白族碑刻中不乏白文碑。《大理丛书·金石篇》中收录的白文碑

① 杨世钰主编：《大理丛书·金石篇》1，中国社会科学出版社，1993 年，第 86 页。
② 同上，第 98 页。
③ 同上，第 101 页。
④ 同上，第 113 页。
⑤ 同上，第 116 页。
⑥ 同上，第 120 页。
⑦ 同上，第 132 页。
⑧ 尤中：《云南民族史》，云南大学出版社，1994 年，第 247 页。
⑨ 杨世钰主编：《大理丛书·金石篇》1，中国社会科学出版社，1993 年，第 20 页。
⑩ 同上，第 35 页。
⑪ 同上，第 93 页。

为明宣德年间《应国安邦神庙记》、明正统十二年（1447）《追为亡人王波正之灵碑》、景泰元年（1450）《词记山花咏苍洱境》、景泰四年（1453）《故善士杨宗墓志》、景泰六年（1455）《故善士赵公墓志铭》；清代康熙四年（1665）《史城苍山道人建庵尹敬夫妇预为冢记》。如《史城苍山道人健庵尹敬夫妇预为冢记》的篇末附尹敬所咏的白曲一词："天地吂当姥，寄生我有功。要而恩情报，做龙不得珠。空度日吂月，读书心不亏。喜得镜照心明时，惊醒五更钟。看透豆身假，天外会祖公。幻化㖣日了，良峨乾心伤。做人而放旷，神仙只饮杯。快活而要忍，吂凶喏莫凶。twisted毛气绝申，世间世不知。魂灵游处哓吐少，黄泉路里藏身躯。嗯头靠西北，嘴眼斜看东。嗒苍山吐寂，配河水朝宗。日光朗处照天理，浮云净处扫文章。后噔子孙祭，豆又耳�聋。清风□□□，时时吹嗯仅。玉月豆轮白长长，照嗯漠嗶吐。要梦见，鹊鸣听鹊声，花开看花光。木男石女间，见曲自然通。传与乡党后辈人，看嘿咋锵吂不锵。"①

有的金石文献使用了蒙古文和藏文。蒙古文主要出现在元代的金石文献中。蒙古文是元官方使用的语言之一，在朝廷颁布的圣旨中屡屡使用。如《昆明筇竹寺圣旨碑》、大理崇圣寺至大四年《元大崇圣寺圣旨碑》。② 清末的《观音堂韦陀殿石匾》中还有藏文数字。这些蒙古文和藏文碑的出现，反映了白族碑刻中多种语言共存的情形，体现了碑刻语言的丰富多样和白族对异族文化的融合。

二、白族古代金石文献对汉语的精熟使用

综合白族古代金石文献可以看出，汉语为主流的语言，汉字为主要的书写文字，白族对汉语的使用达到精熟的程度。

汉语典故的使用是白族古代金石文献的一大特色。从单通碑刻来看，《南诏德化碑》可谓使用汉语典故的典范。

这里对《南诏德化碑》典故的使用情况进行举例。"政乖必风雅变"：古

① 杨世钰主编：《大理丛书·金石篇》10，中国社会科学出版社，1993年，第155-156页。

② 同上，第18、19-20页。

人以为诗可以观政。政治混乱，从诗歌里也可以反映出来，源于《诗经》“变风”“变雅”。“永固维城”：《诗经》载“宗子维城”，国家之藩篱。碑文用指吐蕃与南诏盟约，永为兄弟之国的意思。“信宿未逾”：不到两天时间。《诗·幽风》曰“于女信宿”，《传》曰“再宿曰信。”“鞅掌”：《诗·小雅·北山》载“或王事鞅掌”。“威加有截”：《诗》说“海外有截”。碑文指威望加于海外的意思。“吉甫”：即尹吉甫，周房陵人，宣王时，猃狁进迫京邑，吉甫奉命北伐，逐之太原而归。《诗经》有记载此事的诗歌。“奚斯”：春秋时大夫。《诗经·鲁颂·宫》载：“新庙奕奕，奚斯所作。”这里的奚斯，与上句里的吉甫都是作者志效的榜样。“诡随”：《诗·大雅》载：“无纵诡随，以谨无良。”“扬干之光”：《诗·公刘》：“弓矢斯张，干戈戚扬。”“干”是盾，“扬”是钺。碑文借来颂扬赞普的武功。“道隆三善，位即重离”：“三善”，谓事父、事君、事长也。《礼·文王世子》：“行一物而三善皆得者，唯世子而已。”“重离”，边防重镇。“离”通“篱”藩篱也。“覆育”：《礼·乐记》曰“天地欣合，阴阳相得，煦妪覆育万物。”《疏》曰：“以气煦之，地以形妪之，是天煦覆而地妪育，故言煦妪覆育万物也。”“德含覆育”指阁罗凤之德受到天的荫庇、地的养育。“信及豚鱼”：《易·中孚》载“信及豚鱼也。”碑文用以比喻阁罗凤之诚信无所不及。“途豕自殪”：“途”，一作“涂”。《易经·睽封》：“见豕负涂，载鬼一车。”睽为反目，目反则所见不同，一目见为豕，一见为鬼。喻唐将张虔陀等利令智昏，自取灭亡。“蠢动”：《庄子》：“蠢动而相使，不以为赐。”“势不可守株”：根据形势，不可老是等待。用《韩非子》“守株待兔”的典故。“倘若蚌鹬交守，恐为渔父所擒”：《国策》有“鹬蚌相持”的典故。“悬象著明，莫大于日月”：悬象，悬于太空的星象。《荀子·天论》：“在天者莫明于日月。”“弃亲阻兵，安忍吐发”：《左传·隐公四年》载“夫州吁，阻兵而安忍。”“安忍，无亲”，背弃亲人，阻以刀兵，安于为残忍之事。碑文把鲜于仲通比拟为州吁。“一月馆谷”：《左传·僖公二十八年》：“晋师三日馆、谷”。“馆谷”，住在敌人军营里，吃敌人的军粮。这里的“一月馆谷”喻指南诏占领了唐朝的军营，吃唐朝的军粮。以晋师战胜楚军比喻南诏正义，战胜了唐军。“宾四门”：《左传·文公十八年》载："故《虞书》数舜之功，曰：慎徽五典，五典克从，无违教也。曰：纳于百揆，百揆时序，无废事也。曰：宾于四门，四门穆穆，无凶人也。"碑文把阁罗凤比作舜。宾于四门，意即接见来自四面八方的外宾。

在其他金石文献中，使用典故的情况较为普遍。

一是，直接引用经典原文，与行文自然衔接，浑然融合。如：

> 于穆不已，肃雍颙相。永惟平素，感恸忾慷①。
>
> 容貌玮于时伦，贞操超于门友。温良冲挹，在家必闻②。
>
> 《文言》曰：坤至柔，而动也刚，至静而德方，后得主而有常，含万物而化光者，其高姬之谓乎③。
>
> 《书》云：为善者天报之以福。公讳山，字允中，世居大理喜睑九隆族之裔，代不乏贤④。
>
> 列子学孔子者也，其说孔子之言曰：丘闻西方有大圣人，不治而不乱，不言而自信，不教而自化，则春秋时已知有佛矣⑤。

从以上略举的五个例子，可见白族古代碑刻对语典的采用涵盖广泛，经史子集几乎无所不包，对《诗经》《礼记》《周易》《论语》等儒家经典的名言更是如数家珍。第一例"于穆不已"语出《诗经》："维天之命，于穆不已!"⑥ 第二例"在家必闻"语出《论语》："子张问：'士何如斯可谓之达

① 《爨宝子碑》，杨世钰主编：《大理丛书·金石篇》10，中国社会科学出版社，1993年，第1页。

② 《爨龙颜碑》，杨世钰主编：《大理丛书·金石篇》10，中国社会科学出版社，1993年，第1页。

③ 《大理国故高姬墓铭并序》，杨世钰主编：《大理丛书·金石篇》10，中国社会科学出版社，1993年，第11页。

④ 《故善士尹公墓志铭》，杨世钰主编：《大理丛书·金石篇》10，中国社会科学出版社，1993年，第65页。

⑤ 《石宝山记》，杨世钰主编：《大理丛书·金石篇》10，中国社会科学出版社，1993年，第102页。

⑥ 陈子展撰述，范祥雍、杜月村校阅：《诗经直解》，复旦大学出版社，1983年，第1066页。

矣?’子曰:‘何哉,尔所谓达者?’子张对曰:‘在邦必闻,在家必闻。’”① 第三例“文言曰:坤至柔,而动也刚,至静而德方,后得主而有常,含万物而化光者”语出《周易》:“《文言》曰:坤至柔而动也刚,至静而德方,后得主而有常,含万物而化光。”② 第四例“为善者天报之以福”语出《史记》:“故为善者天报之以福,为恶者天与之以殃,其自然者也。”③ 第五例“丘闻西方有大圣人,不治而不乱,不言而自信,不教而自化”语出《列子》卷四:“西方之人有圣者焉,不治而不乱,不言而自信,不化而自行,荡荡乎民无能名焉。”④ 白族古代碑刻对经典话语直接引用,不但增加了碑刻的文采,而且体现了对汉语运用的高超水平。

二是,白族古代碑刻中还有不少化用语典的情况,或是简化原典,或是改字而用等,手法灵活。举例如下:

> 缟翮凌霄,将宾乎王。鸣骞紫闼,濯缨沧浪⑤。
>
> 园何以翼名,盖本六书之义例也。翼,羽也,鸟之羽翼也。庄子言鱼化为鹏,其翼若垂天之云是也⑥。
>
> 人稀地僻,鸟静山空,即樵夫牧竖,日经其地,久已习而忘之,又安知其钟灵毓秀⑦?
>
> 盖自洪荒以来,数千万年于兹矣,高人韵士登探者罕到其境,筇杖芒鞋游览者未涉其地⑧。

---

① 朱熹:《四书章句集注》,中华书局,1983年,第138页。

② 郭彧译注:《周易》,中华书局,2006年,第351页。

③ 司马迁:《史记》,中华书局,1959年,第1235页。

④ 杨伯峻撰:《列子集释》卷四,中华书局,1979年,第121页。

⑤ 《爨宝子碑》,杨世钰主编:《大理丛书·金石篇》10,中国社会科学出版社,1993年,第1页。

⑥ 《翼园碑》,杨世钰主编:《大理丛书·金石篇》10,中国社会科学出版社,1993年,第202页。

⑦ 《新建南山观音寺碑记》,杨世钰主编:《大理丛书·金石篇》10,中国社会科学出版社,1993年,第211页。

⑧ 《新建南山观音寺碑记》,杨世钰主编:《大理丛书·金石篇》10,中国社会科学出版社,1993年,第211页。

尝闻仁善，享寿宜遐。奈何不续，黄鸟嗟嗟①。

浩渺烟云，（下阙）昔时也□□，游览之娱，宴酬之乐。鸣天籁于骚人，吾亦将与谁归②？

昔范文正公有言：士当先天下之忧而忧，后天下之乐而乐③。

浩然阁在榆郡东郊，上出层霄，俯瞰洱海，洋洋乎大观也④。

前四个语典的化用，都是以简化的方式，将原典之意浓缩提炼，用语简练，表达意蕴深厚富赡。第一例中“濯缨沧浪”化用《孟子·离娄》：“有孺子歌曰：‘沧浪之水清兮，可以濯我缨；沧浪之水浊兮，可以濯我足。’”⑤将原文中的四句话浓缩在四个字中，使得句意表达简洁明了。第二例化用《庄子·逍遥游》：“北冥有鱼，其名为鲲：鲲之大，不知其几千里也；化而为鸟，其名为鹏；鹏之背，不知其几千里也；怒而飞，其翼若垂天之云。是鸟也，海运，则将徙于南冥。南冥者，天池也。”⑥第三例“鸟静山空”将王维《鸟鸣涧》“人闲桂花落，夜静春山空。月出惊山鸟，时鸣春涧中”整首诗的意境熔铸在四个字中，句意表达凝练而生动。之后五例，则是以改字的方式化用语典。第四例“筇杖芒鞋”化用苏轼《定风波》“竹杖芒鞋轻胜马，谁怕？一蓑烟雨任平生”⑦。将原典中“竹杖”改为“筇杖”，二者意思相近，而意味相似。第五例“黄鸟嗟嗟”化用《诗经·葛覃》：“黄鸟于飞，集于灌

① 《大周故河东州刺史之碑》，杨世钰主编：《大理丛书·金石篇》10，中国社会科学出版社，1993年，第2–3页。

② 《鼎修龙王庙水月楼记》，杨世钰主编：《大理丛书·金石篇》10，中国社会科学出版社，1993年，第133页。

③ 《双马槽碑记》，杨世钰主编：《大理丛书·金石篇》10，中国社会科学出版社，1993年，第168页。

④ 《游洱海浩然阁宴集临水亭记》，杨世钰主编：《大理丛书·金石篇》10，中国社会科学出版社，1993年，第191页。

⑤ 朱熹：《四书章句集注》，中华书局，1983年，第280页。

⑥ 郭庆藩撰，王孝鱼点校：《庄子集释》，《新编诸子集成》（第一辑），中华书局，1961年，第2页。

⑦ 曹慕樊、徐永年主编：《东坡选集》，四川人民出版社，1987年，第363页。

木，其鸣喈喈。”① 将原典中“喈喈”改为“嗟嗟”，使用了形容鸟叫声的近义词。第六例“将与谁归”化用《礼记·檀弓下》：“文子曰：‘死者如可作也，吾谁与归？’”② 第七例引用了范仲淹的名言。范仲淹《岳阳楼记》言：“然则何时而乐耶？其必曰：先天下之忧而忧，后天下之乐而乐乎！”在不改变原典含义的基础上，为了强调作者对原典的理解，文中加了“士当”二字。第八例“洋洋乎大观也”化用了《庄子》“夫子曰：夫道，覆载万物者也，洋洋乎大哉！君子不可以不刳心焉”③。从以上例子可见，虽然在使用语典时，用字有增有减，但原典之意几乎没有改变，同时方便行文，增加了语句的内涵和文采。

三是，为了使行文更为典雅富丽，不乏多个典故连用的情况。举例如下：

> 动应承宜，同荇菜之生沼，朝暮不爽，类鸤鸠之在桑④。
>
> 由乎大翼负风，凌天池以绝奋；巨鳞激水，期孟诸而一宿⑤。
>
> 公乃急流勇退，尤谗畏讥，恳辞不就，视世之汲汲于名，汲汲于利者，不啻天渊隔也⑥。
>
> 子贡谓：立之斯立，道之斯行，绥之斯来，动之斯和。子思谓：譬如天地之无不持载，无不覆帱⑦。

---

① 陈子展撰述，范祥雍、杜月村校阅：《诗经直解》，复旦大学出版社，1983年，第5页。

② 孙希旦撰，沈啸寰、王星贤点校：《礼记集解》，中华书局，1989年，第303页。

③ 郭庆藩撰，王孝鱼点校：《庄子集释》，《新编诸子集成》（第一辑），中华书局，1961年，第406页。

④ 《大理国故高姬墓铭并序》，杨世钰主编：《大理丛书·金石篇》10，中国社会科学出版社，1993年，第11页。

⑤ 《大周故河东州刺史之碑》，杨世钰主编：《大理丛书·金石篇》10，中国社会科学出版社，1993年，第2页。

⑥ 《荐池何公墓志铭》，杨世钰主编：《大理丛书·金石篇》10，中国社会科学出版社，1993年，第120页。

⑦ 《新建尊经阁记》，杨世钰主编：《大理丛书·金石篇》10，中国社会科学出版社，1993年，第65页。

第一例中，一句话里连用了《诗经》中的两个语典，分别为《关雎》："参差荇菜，左右流之。"①《鸠》："鸤鸠在桑，其子七兮。淑人君子！其仪一兮。其仪一兮？心如结。"② 在第二例中，一句话中连用了《庄子》《东京赋》《尔雅》中的典故。"大翼负风"引自《逍遥游》："风之积也不厚，则其负大翼也无力。故九万里，则风斯在下矣，而后乃今培风；背负青天而莫之夭阏者，而后乃今将图南。"③ "凌天池以绝奋"引自《东京赋》："煌火驰而星流，逐赤疫于四裔。然后凌天池，绝飞梁，捎魑魅，斫獝狂，斩委蛇，脑方良。"④ "孟诸"出自《尔雅》："鲁有大野。晋有大陆。秦有杨陓。宋有孟诸。楚有云梦。"⑤ 在第三例中，引用了苏轼、范仲淹、陶渊明作品中的名句。"急流勇退"一语出处自苏轼《赠善相程杰》，诗言"火色上腾虽有数，急流勇退岂无人"⑥。"尤谗畏讥"引自范仲淹《岳阳楼记》："登斯楼也，则有去国怀乡，忧谗畏讥，满目萧然，感极而悲者矣。""视世之汲汲于名，汲汲于利者"与陶渊明《饮酒》二十所言"羲农去我久，举世少复真。汲汲鲁中叟，弥缝使其淳"⑦ 和《五柳先生传并赞》中"不戚戚于贫贱，不汲汲于富贵"⑧，如出一辙。第四例中直接连引《论语》《礼记》。第一句引用《论语・子张第十九》："夫子之得邦家者，所谓立之斯立，道之斯行，绥之斯来，动之斯和。"⑨ 第二句引《礼记・中庸》："仲尼祖述尧、舜，宪章文、武，上律天时，下袭水土。辟如天地之无不持载、无不覆帱，辟如四时之错行，如日月之代明。"⑩ 同时使用多个典故，使得句意内涵丰富，文采飞扬。

---

① 陈子展撰述，范祥雍、杜月村校阅《诗经直解》，复旦大学出版社，1983 年，第 2-3 页。

② 同上，第 463 页。

③ 郭庆藩撰，王孝鱼点校：《庄子集释》，《新编诸子集成》（第一辑），中华书局，1961 年，第 7 页。

④ 萧统编，李善注：《昭明文选》，中州古籍出版社，1990 年，第 44 页。

⑤ 徐朝华注：《尔雅今注》，南开大学出版社，1994 年，第 218 页。

⑥ 苏轼：《苏东坡全集》下，卷十八，中国书店 1986 年，第 251 页。

⑦ 陶渊明撰，吴泽顺编注：《陶渊明集》，岳麓书社，1996 年，第 23 页。

⑧ 同上，第 101 页。

⑨ 朱熹：《四书章句集注》，中华书局，1983 年，第 193 页。

⑩ 孙希旦撰，沈啸寰、王星贤点校：《礼记集解》，中华书局，1989 年，第 710 页。

四是不少碑刻中使用了事典。如《敕授鹤庆路照磨杨伯□墓志》《明孝廉遂初杨公墓志铭》均使用孟母（三迁）的典故。《敕授鹤庆路照磨杨伯□墓志》言："生既不幸，始晬有五月□□赖母氏之贞，孀居二十五载，遵孟母三迁而就经传，洎弱冠成器，有司辟为书记，继以母氏病亡，服阕"。[①]《明孝廉遂初杨公墓志铭》载："嘉靖辛酉生公，公髫龀，颖脱异常，六岁通经史。考为内府，妣赵氏，懿德孟母，不容逾阈。"[②]《故布政司承差杨公绣墓志铭》言碑主杨绣被任命为承士，将赴京城任职，却不幸早卒。其父向大理府儒士杨本乞撰墓铭。杨本在墓铭中言："呜呼！久闻曾子养曾皙，岂知颜路哭颜渊。今公同道，不可叹哉，不可叹哉！"[③] 这里以曾子、曾皙父子，颜路、颜渊父子比拟自己与儿子的关系。《鹤庆军民府创建尊经阁记》列举了历史中的人物进行类比。碑言："昔人谓学校者，政事之本，道德之归，不可一日废者。在汉，何武刺扬州，必先即学宫，见诸生。唐倪若水刺汴州，增修孔庙，劝生徒。史笔书之，以为盛举。后世称之，以为美谈。"[④] 这里引用了何武、唐倪重视地方教育的故事。《检庵隐寿翁碑》言："居考忧，不复出。曰：岂能为五斗折腰，□□且至，菽水可娱也。"[⑤] 这里化用了陶渊明不为五斗米折腰的典故。《□□□□忠义臣谥曰忠节圀明圐行义帝墓志并序》"亡镜之悲，岂独于唐帝；祸国之哭，困翅于□□，愁结云昏，流潨沾□。"[⑥] 其中"亡镜之悲"引用的是唐太宗以魏征为镜的典故，"人以铜为镜，可以正衣冠，以古为镜，可以见兴替，以人为镜，可以知得失，魏征没，朕亡一镜矣"[⑦]。

综上所述，从白族古代金石文献语言呈现的阶段性变化来看，汉代是白族接受汉文化的第一个重要时期。此后，在白族金石文献的发展中，汉语一直是白族使用的重要语言。明清时期，随着云南被纳入中央政权大一统的政

① 杨世钰主编：《大理丛书·金石篇》10，中国社会科学出版社，1993 年，第 22 页。
② 同上，第 139 页。
③ 同上，第 63 页。
④ 同上，第 71 页。
⑤ 同上，第 81 页。
⑥ 同上，第 11 页。
⑦ 司马光编著，胡三省音注：《资治通鉴》，中华书局，1956 年，第 6184 页。

治体系中，汉语对白族的影响更为深入。从留存的少量非汉语金石文献来看，白语及其他语言文字如蒙文、藏文、梵文等的使用，体现了白族与其他民族文化的交融，形成了白族金石文献语言的多样化形态。

第三节 白族古代金石文献的审美

一、“有美必扬”：白族古代金石文献的美学使命

如前所述，金石文献贯穿了白族发展的过程。以碑刻为例，目前存世的碑刻数量超过千件，在白族古代金石文献的类型中是数量最多的。这些碑刻长、宽、高不等，有着一定的尺寸和形状，镌刻书法铭文精致美观，有的还刻有纹饰或雕有造像，形成了不同的风格，反映出白族关于美的认识。

“有美必扬”一语源于《南诏德化碑》，这是白族古代金石文献中首次出现有关美的话语。碑的原文为：“时清平官段忠国、段寻佺等咸曰：有国而致理，君主之美也。有美而无扬，臣子之过也。夫德以立功，功以建业。业成不纪，后嗣何观。可以刊石勒碑，志功颂德，用传不朽，俾达将来。”① 这里表述了段忠国等大臣劝阁罗凤立《南诏德化碑》的缘由：一是因为阁罗凤建立了南诏，成就了君王之美；二是段忠国等人身为大臣，有着扬君王之美的责任；三是认为只有通过刊石立碑才能将君王的德行和功绩传扬下去，蕴含了碑刻可以彰显美的认识。

二、视觉美：白族古代金石文献的表现形式

《南诏德化碑》中的“有美必扬”的理念，在后来的白族金石文献中为人们传承发挥。

除了在金石上镌刻人物行状、歌颂功德的文字之外，对于白族而言，金石文献不是冰冷的存在，人们发现了它可以承载外在美，因此有了对金石文献视觉美的追求。在石碑上增加纹饰则是最为普遍的增加美感的方式。这种方式从汉代一直延续到清代。如《孟孝琚碑》“下截左侧有龙纹，右侧有虎

① 杨世钰主编：《大理丛书·金石篇》10，中国社会科学出版社，1993年，第4页。

纹，下部有玄武纹。”① 《爨龙颜碑》“额高 83 厘米，上端浮雕青龙、白虎、朱雀。正中刻‘宋故龙骧将军护军镇蛮校尉宁州刺史邛都县侯爨使君之碑’二十五字。碑身高 338 厘米，上端广 135 厘米，下端广 164 厘米，厚 25 厘米。下端浮雕日月，日中有三足乌，月中有蟾蜍。两面刻文。皆直行楷书。”“是书法艺术的瑰宝。”②《大周故河东州刺史之碑》“红砂质石。额雕双龙及佛像一龛。高 320 厘米，宽 116 厘米。直行楷书。”“此碑为唐代书法精品”③。《大理孔庙圣旨碑》为至元三十一年（1294）立。“通高 302 厘米，宽 92 厘米。座方形，长 150 厘米，宽 84 厘米，厚 36 厘米。额正中方框内刻‘崇奉圣旨’四字，框周围浮雕双龙戏珠图。碑身四周刻缠枝莲纹，直行楷书，文 14 行，行 33 字。”④《加封孔子圣诏碑》立于元大德十一年（1307）。“大理石质。通高 250 厘米，厚 20 厘米。额半圆形，高 85 厘米，宽 114 厘米。雕二龙戏珠，并饰以云霄纹。中间方框内刻‘加封圣诏’四字。碑身高 165 厘米，宽 100 厘米，四周饰以云霄纹。”⑤ 立于元大德十年（1306）至皇庆元年（1312）之间的《世祖平云南碑》，“通高 311 厘米，宽 175 厘米，厚 45 厘米。碑额为大理石，高 132 厘米，浮雕云龙纹饰，中刻‘世祖皇帝平云南碑’八字。碑身为黑青石，分上下两截。直行楷书。上截文 30 行，行 20 字；下截文 28 行，行 2-25 字。”⑥ 明代洪武二十七年（1394）《明赐国师董贤圣旨碑》“大理石质。

图一〇〇 爨龙颜碑碑额。图片来源于杨世钰主编：《大理丛书·金石篇》1，中国社会科学出版社，1993 年，第 4 页。

① 杨世钰主编：《大理丛书·金石篇》1，中国社会科学出版社，1993 年，第 1 页。
② 同上，第 4 页。
③ 同上，第 6 页。
④ 同上，第 44 页。
⑤ 同上，第 49 页。
⑥ 同上，第 53 页。

高76厘米，宽38厘米。碑首正中刻‘圣旨’二字及二龙戏珠线刻图案。碑身两侧各雕一龙，碑脚刻云纹。直行楷书。”①

从这些碑刻的纹饰可见，龙、植物、云等多种图案被当作碑刻的装饰。一方面，这些墓葬碑刻的形制和图案的使用具有传统中国碑刻的特征，“传统的中国碑是平整的石质厚板，有着规则的尺寸和形状，有时碑首缀有交龙之类的象征纹饰。碑的内容主要通过铭文来传达，而铭文通常是文学和书法的杰作。”② 另一方面，这些纹饰的使用也形成了一定的模式。如龙纹的使用一般较为郑重、庄严，多为国家、帝王、官员使用。如上述碑刻中的墓碑有《孟孝琚碑》《爨龙颜碑》《大周故河东州刺史之碑》，碑主的身份为官员之后或是地方郡侯，因而使用了龙纹。其他纹饰的使用也有一定的讲究。纹饰的采用不但使得碑刻变得生动，同时也与文字的表述内容产生了关联，图文之间形成一个有机的整体。

在碑刻之外的其他金石文献中，同样体现了白族古代金石文献对视觉美的追求。如在金属铭文的使用上，人们非常注重文字出现的位置。

如建极铜钟题款。“钟高丈余，分为上下两层，每层六面。上层每面高83厘米，宽70厘米，下层每面高40厘米，宽56厘米。上层铸六波罗蜜，下层铸六天王像。每像各标一名，上层为金刚波罗蜜、智宝波罗蜜、大轮波罗蜜、妙法波罗蜜、胜业波罗蜜、慧响波罗蜜。下层为增长天王、大梵天王、广目天王、多闻天王、天主帝释、持国天王。每像上方均以梵文、汉文标明名称。下层持国天王像左题款一行，文为‘维建极十二年岁次辛卯三月丁未朔廿四日庚午建铸’”③。这里出现了的文字一方面是对铜钟造像的说明；另一方面，由于采用了梵文和汉文两种文字，在位置的安排上采用对称的方式排列，形成了对称的美感。

---

① 杨世钰主编：《大理丛书·金石篇》1，中国社会科学出版社，1993年，第103页。

② 王静芬著，毛秋瑾译，王静芬、张善庆校：《中国石碑——一种象征形式在佛教传入之前与之后的运用》，商务印书馆，2011年，第12页。

③ 杨世钰主编：《大理丛书·金石篇》1，中国社会科学出版社，1993年，第11页。

图一〇一　建极年号铜钟款识。图片来源于杨世钰主编：《大理丛书·金石篇》1，中国社会科学出版社，1993 年，第 14 页。

又如《杨和丰铜像铭文》铜像高约 50 厘米。正面宽袍大袖，为一官宦形象。背面铸铭文 3 行。文为：“追为坦绰杨和丰（1 行）称宣德（2 行）大王（3 行）。”① 《段政兴铸铜观音像铭文》出现于铜像背部。“背部铸阳文，直行楷书，文 4 行，行 10-11 字。大理国王天德皇帝嘌信段政兴为太子段易长生、段易长兴等造。”② 在这两尊造像中，因为造像是主体，文字是辅助的说明，因此其出现的位置较为隐蔽，而不影响造像的美感。

如墓幢上也有纹饰。《大理国彦贲赵兴明为亡母造墓幢》“石幢为扁方柱体。顶部作莲花宝珠形，环刻梵咒二周。座刻莲花瓣。通高 101 厘米，宽 30 厘米，厚 16 厘米。幢身阳面上半部刻造幢记。直行楷书，右行。文 7 行，行 9-16 字。阳面左侧直刻‘南无尊胜大佛母’、右侧直刻‘追为陨逝慈妣女娘冢石’。下半段浮雕四臂大佛母一躯，有梵文五字咒。阴面及两侧刻梵文陀罗尼经。”③ 由于墓幢为方柱体，不同于平面，所以墓幢中出现的文字、图案及

---

① 杨世钰主编：《大理丛书·金石篇》1，中国社会科学出版社，1993 年，第 18 页。铜像为崇圣寺千寻塔出土。杨和丰史无记载。“此铜像应为杨和丰之后人当权后，追封先人为‘宣德大王’，并铸像供于塔内，以祈祷冥福。”“铸像年代应为公元 929-937 年。”

② 杨世钰主编：《大理丛书·金石篇》1，中国社会科学出版社，1993 年，第 24 页。

③ 同上，第 34 页。

造形进行了分区安排，在分区中同样注重对称之美。

又如摩崖上刻写的游人题记。它们出现得最多的位置也常常是游客经常光顾的地方。如产生于南诏、大理国时期的剑川石窟就是题记出现得较为集中的地方。如下表示例：

序号	年号	皇帝	年份	录文	题址	形式
1.	泰定	〔元〕泰定帝	1324	泰定元年九月二十七日（下面的字迹已模糊不清）[①]	第3号窟地藏王菩萨	墨书
2.	元统	〔元〕惠宗（顺帝）	1334	元统二年□□□八日凤羽住人李生杨际一行人烧香到此[②]	第8号窟阿姎白龛旁	墨书
3.	至元	〔元〕惠宗（顺帝）	1338	至元四年岁次（下面字迹已模糊不清）[③]	第8号窟阿姎白龛旁	墨书
4.	至元	〔元〕惠宗（顺帝）	1340	至元六年四月十一日大理人李福顺到此[④]	第3号窟地藏王菩萨龛壁	墨书
5.	至元	〔元〕惠宗（顺帝）	1340	至元六年四月十一日马文彬到此[⑤]	第6号窟明王堂龛旁	墨书
6.	至元	〔元〕惠宗（顺帝）	1340	至元六年庚辰四月十一日（下面字迹已模糊不清）[⑥]	第8号窟阿姎白龛旁	墨书
7.	至正	〔元〕惠宗（顺帝）	1341	至正元年五月[⑦]	第5号窟《维摩诘经变》中的“问疾吕”造像龛柱侧	书刻
8.	至正	〔元〕惠宗（顺帝）	1346	至正六年十一月初九日（下面字迹已模糊不清）鹤庆路（仝前）赵俊才到此[⑧]	第8号窟阿姎白龛旁	墨书

① 杨延福：《剑川石宝山考释》，云南民族出版社，1999年，第159页。

② 同上。

③ 同上。

④ 同上，第158页。

⑤ 同上，第159页。

⑥ 同上。

⑦ 同上，第61页。按：该题记依杨延福先生考释，其言“细审这4行书刻应是不同时代的题刻，笔记也不相同，尤其是后三行题名，最后的‘于嘉靖’应是明嘉靖时，因已无空地，故不再书刻而已”。

⑧ 同上，第159页。

续表

序号	年号	皇帝	年份	录文	题址	形式
9.	至正	〔元〕惠宗（顺帝）	1350	至正十年五月（下面字迹已模糊不清）①	第8号窟阿姎白龛旁	墨书
10.	宣光	〔北元〕昭宗	1373	宣光三年三月十五日（下面已漫漶）分省蒙镇抚□知事□实到此②	第3号窟龛地藏王菩萨龛旁	墨书
11.	永乐	〔明〕成祖	1409	鹤川知府母师高保永乐七年到此四月二日③	第2号窟南诏第五代国王阁罗凤出巡图龛旁	书刻
12.	成化	〔明〕宪宗	1467	成化三年季春吉剑川州知州张述吏目刘铨学正陈直等题④	第7号窟甘露观音壁	书刻
13.	嘉靖	〔明〕世宗	1522-1566	陈芳施保山于嘉靖⑤	第5号窟《维摩诘经变》中的“问疾品”造像龛柱侧	书刻
14.	嘉靖	〔明〕世宗	1562	嘉靖壬戌翰林庶吉士中溪李元阳同游五人过狮子关⑥	狮子关石壁	书刻
15.	万历	〔明〕神宗	1597	永昌下村善士冯翔凤同邓川交友戴元宝赵书杨文辅杨际才等俱于万历丁酉年春王月初三进香⑦	宝相寺后台岩上	墨书
16.	万历	〔明〕神宗	1591	万历辛卯岁正月初七日宾川州文人陈灿杨士禄杨启董纯芳进香记⑧	宝相寺殿后台岩上	墨书
17.	永历	〔南明〕桂王	1652	浪诏马泰于永历壬辰岁游书⑨	第6号窟明王堂龛柱上	墨书

① 杨延福：《剑川石宝山考释》，云南民族出版社，1999年，第159页。
② 同上，第158页。
③ 同上，第62页。
④ 同上。
⑤ 同上，第61页。
⑥ 同上，第63页。
⑦ 同上，第159页。
⑧ 同上。
⑨ 同上。

续表

序号	年号	皇帝	年份	录文	题址	形式
18.	无	阙失	无	杨纯施恩成王甫杨录①	第 5 号窟《维摩诘经变》中的“问疾品”造像龛柱侧	书刻
19.	无	阙失	无	张受海杨镇董大明杨大许②	第 5 号窟《维摩诘经变》中的“问疾品”造像龛柱侧	书刻
20.	隆德	阙失	无	隆德七年宾川人李承德游此③	第 1 号窟龛殿	书刻

从上表可见，这些题记主要为元、明时期游人所题写。从以上游人题记的年份来看，元代有 10 则，明代 7 则，无年号的 2 则，年号有疑问的 1 则。从题记的具体日期可知，一年四季皆有游人游历石宝山。如最早的月份为宝相寺后台岩上的墨书为“春王月初三”，其次为“正月初七”，依次为“三月十五日”“四月二日”“四月十一日”“五月”“九月二十七日”“十一月初九”。从游人的籍贯来看，有大理、赵州、凤羽、鹤庆、鹤川、永昌、宾川州、浪诏及剑川州④本地人士。从游人的身份来看，有官员、文人、善士及普通民众。从游人们出游的形式来看，有的是独自前往石窟观览，如第 3 号窟龛壁上题写“至元六年四月十一日大理人李福顺到此”，第 6 号窟龛旁题写“至元六年四月十一日马文彬到此”等。有的则是结伴而来，如第 8 号窟龛旁所题的为“元统二年□□□八日凤羽住人李生杨际一行人烧香到此”等。他们或是游玩，如狮子关石壁上题写“嘉靖壬戌翰林庶吉士中溪李元阳同游五人过狮子关”“隆德七年宾川人李承德游此”。或是烧香拜佛，如宝相寺后岩台上写“永昌下村善士冯翔凤同邓川交友戴元宝赵书杨文辅杨际才等俱于万历丁酉年春王月初三进香”“万历辛卯岁正月初七日宾川州文人陈灿杨士禄杨启董纯芳进香记”。从游记题记的数量统计，第 8 号窟“阿姎白”的题记最多，为 5 则；第 5 号窟的题记为 4 则，第 3 号窟“地藏王菩萨”为 3 则。从

① 杨延福：《剑川石宝山考释》，云南民族出版社，1999 年，第 61 页。

② 同上，第 61 页。按：杨延福先生考证，“杨纯施恩成王甫杨录”与“张受海杨镇董大明杨大许”笔记不相同，应是不同时代的题记，故将其分开罗列。

③ 同上，第 67 页。

④ 明代，剑川划归鹤庆府管辖，仍称剑川州。

游历者的姓氏来看，有李氏、马氏、赵氏、高氏、张氏、陈氏、施氏、戴氏、杨氏、董氏多个姓氏。

从总体来看，文字较为简短，主要是记述了游人的名字、籍贯、时间和活动。这些题记书写的方式主要是墨书和书刻两类。对于游人而言，这些题记和石窟造像已经成为一个整体，观览佛像可以引发人们的遐想，而再看到这些游人题记时，却能让人们产生关于这些曾经的游人的身份、到来的原因、当时的情景等的联想。“游客把一部文本嵌入自然环境之中，是为了永远成为自然的一部分”，与此同时，“文本也在改变自然环境，因为它塑造了后来游客的视角”①。

三、审美中的文化交融——以唐代《大周故河东州刺史之碑》为例

在白族古代金石文献中，《大周故河东州刺史之碑》为传统中国碑造型与佛教文化融合之首例，其形制极有特点，既保持了中国传统碑刻的风格又极具佛教色彩，具有独特的审美价值。

《大周故河东州刺史之碑》立于唐武周圣历元年（698）。碑址在昆明市安宁县城南 20 里山上。半圆额雕双龙及佛像一龛。中题“大周故河东州刺史之碑”10 字。碑高 3.2 米，宽 1.16 米，碑文一千六百余字。② 该碑为墓碑，碑主为“仁求”，依孙太初考定：“仁求为西爨白蛮大姓酋长。”③ 即仁求之名为王仁求。碑文为成都闾丘均撰，书册为王仁求之子王宝善。碑文书法为楷书。

首先，从碑像来看，《大周故河东州刺史之碑》碑额半圆，“浮雕三条龙身，两月角侧各雕三个龙头，计两角共有六个龙头，是有首有身无尾的六条龙像拱桥形的跨在碑额顶。”④

---

① Richard E. Strassberg，*Inscribed Landscapes*，第 5 页。转引自田晓菲：《尘几录——陶渊明与手抄本文化研究》，中华书局，2007 年，第 188 页。

② 杨世钰主编：《大理丛书·金石篇》1，中国社会科学出版社，1993 年，第 6 页。

③ 孙太初：《云南古代石刻丛考》，文物出版社，1983 年，第 28 页。

④ 杨延福：《南诏大理白族史论集》，云南民族出版社，2004 年，第 229 页。

中国古代文献中有不少关于四灵（四象）青（苍）龙、白虎、朱雀（鸟）、玄武的记载。它们是中国古代象征宇宙、表示方位的四种神灵。《后汉书》卷二十八下《冯衍传》载：“览天地之幽奥兮，统万物之维纲；究阴阳之变化兮，昭五德之精光。跃青龙于沧海兮，豢白虎于金山；凿岩石而为室兮，托高阳以养仙。神雀翔于鸿崖兮，玄武潜于婴冥；伏朱楼而四望兮，采三秀之华英。”① 四灵作为天象形态最早见于仰韶文化时期的濮阳西水坡遗址。在其45号墓用蚌壳摆放的龙和虎，虽然尚不完备，仅有东西二宫，但已与天象结合，成为四灵与墓葬结合的实例。在秦都咸阳第1号宫殿建筑遗址出土了苍龙纹和朱雀纹的空心砖。汉代人则在画像石、壁画墓、帛画、铜镜、瓦当、印章上饰四灵的图案。联系汉代白族墓葬碑的特点，可见白族深受汉代文化的影响。“‘四神’即‘四灵’，就是青龙（苍龙）、白虎、朱雀、玄武。汉晋人用这‘四神’代表天空中的‘四象’或‘四宫’即东、西、南、北宫，也就是代表宇宙天空。把‘四神’刻画在墓里，墓主人躺在棺内就像生活在另一个世界的天空之下。著名的《孟孝琚碑》《爨龙颜碑》和汉晋云南石棺上均刻‘四神’（有时缺一、二件，汉画像中有的仅刻一神）。”②

在规整的石碑上雕饰交龙是中国传统石碑的风格，这种风格也影响了白族古代碑刻。东汉永寿三年（157）的《孟孝琚碑》，碑上额左刻青龙，右刻白虎，下刻玄即龟蛇。南北朝时期刘宋大明二年（458）的《爨龙颜碑》碑石为长方形，额为半圆形，碑额上部浮雕青龙、白虎和朱雀。下部有穿刻，其左右刻日、月，日中有三足金乌，月中有蟾蜍。《大周故河东洲刺史之碑》中的龙纹反映了对传统的继承。

而《大周故河东州刺史之碑》碑像的特殊之处还在于将中国传统石碑的龙与佛像进行融合，而佛教文化元素在此前白族的墓葬碑刻中未见先例。碑额正面当中雕一佛龛。龛缘为莲花瓣式，内为拱龛洞。佛龛高0.5米，宽0.4米，深0.4米。龛内雕二躯佛像，结跏趺坐于须弥座的莲台上，左释迦，右

---

① 范晔：《后汉书》，中华书局，2000年，第999页。

② 李昆声：《云南艺术史》，云南教育出版社，第157页，1995年。

多宝佛，须弥座间雕一座七宝塔。①

《大周故河东州刺史之碑》将释迦、多宝佛双尊造像并刻于龛内符合佛教造像的仪轨。《妙法莲花经·见宝塔品》："尔时多宝佛于宝塔中，分半座与释迦牟尼佛，而作是言：'释迦牟尼佛，可就此座。'即时释迦牟尼佛入其塔中，坐其半座，结跏趺坐。尔时大众见二如来，在七宝塔中师子座上结跏趺座。"② 这种释迦与多宝佛并坐的双尊造像形式，"北齐至隋代的双尊造像，借鉴了释迦多宝佛并坐的形式，有双释迦、双弥勒和双立佛、双观音和双菩萨等，虽然在佛典中不易找到文字依据，但应是从释迦多宝佛并坐像发展而来。"③ 回溯中国佛教被称为"像教"的渊源可见，东汉明帝时派人往大月氏求佛经，天竺沙门同回，驮负佛经的白马也驮来了"白毡"包裹的释迦牟尼像，白马寺因此而建。中国佛教称为"像教"的起源由此而起。佛教从印度传入后，"魏晋隋唐时期，在浓郁的佛教文化氛围中，百姓的佛事活动也全方位地在全国各地展开。"④《大周故河东州刺史之碑》的佛龛造像可谓像教文化在白族地区传播的一个见证。

佛教文化典型的植物形象莲花也出现在《大周故河东州刺史之碑》中。一是龛缘为莲花瓣式，二是二躯佛像结跏趺坐于须弥座的莲台。《妙法莲华经》把大乘妙法比喻为莲花，"佛教谓世间众生无不在四生六道中轮回，而从花化生则能获得清净不染之身性。"⑤ 莲花即代表接引众生的法门。

其次，《大周故河东州刺史之碑》图文并茂，形制与碑文内容巧妙地结合在一起。

《大周故河东州刺史之碑》的外形雕饰，与碑主非同寻常的身份相关，体现了儒家的葬仪传统。而《大周故河东州刺史之碑》中佛造像的出现，体现了佛教文化对白族葬仪的影响。这意味着佛成为为死者的灵魂带来安宁的神

---

① 杨延福：《南诏大理白族史论集》，云南民族出版社，2004年，第229页。

② 《妙法莲华经》卷四《见宝塔品》，《大正藏》第九册，第33页。转引自俞晓红：《佛教与唐五代白族小说研究》，人民出版社，2006年，第129页。

③ 俞晓红：《佛教与唐五代白话小说研究》，人民出版社，2006年，第129页。

④ 同上，第65页。

⑤ 同上，第439页。

祇。具体来看,《大周故河东州刺史之碑》雕造通高50厘米，宽和深均为40厘米的佛龛，这是从中原石窟造像演化而来的单龛像碑，可视为唐朝7世纪末的佛龛造像艺术形式在白族墓葬中的体现。碑文中描述的王仁求一生谨守儒家道德规范，而其墓碑形制在采用传统汉墓龙纹装饰的同时又雕造了佛像，形成了奇妙的结合，这在此前墓葬碑制中没有先例。代表两种截然不同文化的造像被有意识地放在一起，构成审美视觉上的变化，打破了东汉以来《孟孝琚碑》《爨龙颜碑》“四神”造像的单一形制，揭开白族墓葬制度融入佛教文化的新历程。既为人们理解白族在唐代创造剑川石窟佛教造像提供了重要的线索，又作为一种象征形式预示了南诏、大理国石窟时代的到来。

综上所言，白族古代金石文献在人们的生活中充当了多种角色，或是记录历史，或是劝诫世人，或是标榜不朽，或是寻求永恒的美感等等。无论其角色有何不同，在人们立碑刻石的时候，将这些原本在自然中无名的石头、金属转化成为文化图谱中可以清晰辨认的符号。虽然，书刻于金石之上的文字在时光的流逝中会逐渐剥蚀磨灭，甚至有时候也会被人为地削去，但其存在本身在一定意义上已经实现了肉体不能达到的永恒。随着时代的进步，人们找到新的载体来记录历史、劝诫世人、标榜不朽，或是寻求永恒的美感，金石文献最终难免退出历史舞台的命运，但在金石文献与人们相伴的岁月中，人们关于历史、世界、美的思考却因金石实现了沉淀、凝结，金石文献也成为人类历史上无法复制的一种文化存在。

后　记

2002年我到西南大学（时为西南师范大学）读硕士。在我的硕士导师刘明华教授的指导下撰写了题为《〈南诏德化碑〉与唐代天宝战争诗》的毕业论文，并于2005年6月通过了答辩。2008年，我入学四川大学攻读文学博士学位。在我的博士导师刘文刚教授的指导下完成了题为《白族古代碑刻研究》的博士论文，在2011年6月通过了答辩。同年7月，我回到大理学院继续任教，在对博士毕业论文《白族古代碑刻研究》进行修改的基础上出版了名为《文化视野下的白族古代碑刻研究》的专著，这是我人生中的第一本学术论著。同年，我以《白族古代金石文献的文化阐释》为题，申报教育部人文社会科学青年基金项目并获得立项，2016年底项目结项。本书是在教育部项目结项书稿的基础上修改而成。

我以白族古代金石文献作为研究对象最早是由我的父亲朱家凤建议的，我对他怀有最深切的感激之情，我要感谢我的父亲在多年时间里对我的文学启蒙和作为良师益友给我的启发、交流与指导。对金石文献进行系统的文化阐释则得益于我的硕士导师刘明华教授，他是一位善于启发学生灵感的老师。在川大读博期间，刘文刚教授提倡的综合研究的方法论思维对我影响很大，周裕锴教授开设的《阐释学》课程也让我获益良多，与张勇（子开）教授关于文献学研究的交流也给我留下了深刻的印象。感谢诸位良师对我的学术训练和研究兴趣的激发与培养。

白族古代金石文献研究与众不同的乐趣在于进行文本细读的同时还要进行田野调查，去寻访古碑石刻遗存。虽然前人对白族古代金石文献已有整理汇编，但能目睹实物进行考察研究更能够激发对历史的亲近感和探索研究的热情。我的研究的顺利开展也得益于大理州、市博物馆和相关公共机构提供的帮助。在此书出版的过程中，先后给予我指教的有上海师范大学的侯冲教授，宁夏大学的王峰教授，甘肃天水师范学院敏贤麟教授，内蒙古博物馆的邵满先生，大理州博物馆的杨伟林研究员，大理州考古研究所的孙健研究员，白族文化研究院的李公研究员、田怀清研究员、张云霞研究员，大理大学的赵敏教授、周锦国教授、李学龙教授、黄正良教授和何俊伟教授。贵州民族大学的扶平凡教授、哈尔滨师范大学的黄威教授与我在白族金石文献资料方面的问题进行了讨论，给了我一些很好的建议。

我曾经教授过的两位学生祝坚、宝寿荣，他们为我提供了《爨龙颜碑》和《孟孝琚碑》的实景图片，非常感谢他们的支持。

从 2002 年以来，我一直在研究白族古代金石文献，本书可以说是这些年来研究心血的积累。本书在撰写的过程中耗时颇长，一则刚刚完成了《文化视野下的白族古代碑刻研究》的正式出版，深感才思枯竭；二则，在撰文的过程中总觉得已经写出来的文字不如意，处处都有言不尽意之感，所以一边写出文字，一边也不断地进行删改，甚至有时候觉得想写的东西写不出来。在完成本书的过程中，我经历了从否定自我到肯定自我的历程，我把它当作是对思维和耐力的又一次历练。

2016 年 4 月我的母亲因突发心梗去世，未能看到书稿出版，这是我人生的遗憾。值此书稿即将出版之际，我想以书纪念我的母亲，感谢母亲对女儿的养育之恩。特别感谢我的丈夫王军对我生活的悉心照顾和对我研究工作的大力支持。

特别感谢巴蜀书社的责任编辑童际鹏先生，对书稿的编辑出版付出了辛勤的劳动。我的第一本专著《文化视野下的白族古代碑刻研究》也是由童先生担任责任编辑的，这是我与童先生的第二次愉快合作。

虽然书稿付梓，但仍然存在不足，有待在未来的日子里不断加深认识，提高完善。

本书出版承蒙教育部哲学社会科学青年项目基金（2012）的资助，特志。

朱安女

2017 年 12 月 21 日于大理古城和苑

参考书目

B

杨恒灿编著:《白族本主》，云南科技出版社，2010 年。

李东红:《白族佛教密宗阿吒力教派研究》，云南民族出版社，2000 年。

杨郁生:《白族美术史》，云南民族出版社，2005 年。

张文勋主编:《白族文学史》（修订版），云南人民出版社，1983 年。

侯冲:《白族心史——〈白古通记〉研究》，云南民族出版社，2002 年。

毛远明:《碑刻文献学通论》，中华书局，2009 年。

尤中校注:《僰古通纪浅述校注》，云南人民出版社，1988 年。

C

范建华等:《爨文化史》，云南大学出版社，2001 年。

D

张旭:《大理白族史探索》，云南人民出版社，1990 年。

张锡禄:《大理白族佛教密宗》，云南民族出版社，1999 年。

周祜:《大理古碑研究》，云南民族出版社，2002 年。

段玉明:《大理国史》，云南民族出版社，2003 年。

赵怀仁主编:《大理民族文化研究论丛》（第一辑），云南民族出版社，2004 年。

杨世钰主编:《大理丛书·金石篇》，中国社会科学出版社，1993 年。

大理白族自治州博物馆编:《大理考古与白族研究——田怀清文集》，云南人民出版社，2013 年。

刘光曙：《大理文物考古》，云南民族出版社，2006 年。

（元）郭松年、李京撰，王叔武校注：《大理行记校注》《云南志略辑校》，云南民族出版社，1986 年。

方龄贵、王云选录，方龄贵考释：《大理五华楼新出元碑选录并考释》，云南大学出版社，2000 年。

（明）诸葛元声撰，刘亚朝校点：《滇史》，德宏民族出版社，1994 年。

（清）师范纂辑：《滇系》，云南通志局出版，光绪十三年。

石钟：《滇西考古报告》，云南省立龙渊中学中国边疆问题研究会油印本。

（明）倪蜕辑，李埏校点：《滇云历年传》，云南大学出版社，1992 年。

（明）刘文征撰，古永继点校，王云、尤中审订：《滇志》，云南教育出版社，1991 年。

曹慕樊、徐永年主编：《东坡选集》，四川人民出版社，1987 年。

张海超：《对明清白族本主庙碑文的历史人类学解读》，《云南社会科学》，2008 年第 1 期。

F

杜继文主编：《佛教史》，江苏人民出版社，2008 年。

俞晓红：《佛教与唐五代白话小说研究》，人民出版社，2006 年。

G

葛兆光：《古代中国的历史、思想与宗教》，北京师范大学出版社，2006 年。

〔法〕伯希和著，冯承钧译：《交广印度两道考》，中华书局，2003 年。

H

（汉）班固：《汉书》，中华书局，1962 年。

黄金明：《汉魏晋南北朝诔碑文研究》，人民文学出版社，2005 年。

（唐）李德裕：《会昌一品集》，（景印）《文渊阁四库全书》，台湾商务印书馆，1986 年。

（宋）范晔撰，李贤等注：《后汉书》，中华书局，1965 年。

王明珂：《华夏边缘：历史记忆与族群认同》，社会科学文献出版社，2006年。

（晋）常璩撰，刘琳校注：《华阳国志校注》，巴蜀书社，1984年。

J

（元）张道宗：《纪古滇说集》，1941年辑玄览堂丛书影印明嘉靖刻本。

杨延福：《剑川石宝山考释》，云南民族出版社，1999年，

叶桐：《剑川石窟"波斯国人"雕像辨析》，《云南民族学院学报（哲学社会科学版）》，1998年第1期。

（宋）李心传：《建炎以来系年要录》，中华书局，1977年。

（唐）房玄龄等：《晋书》，中华书局，1977年。

（后晋）刘昫等撰：《旧唐书》，中华书局，1975年。

L

朱谦之：《老子校释》，中华书局，1984年。

（清）孙希旦撰，沈啸寰、王星贤点校：《礼记集解》，中华书局，1989年。

（明）俞汝楫编：《礼部志稿》，（景印）《文渊阁四库全书》，台湾商务印书馆，1986年。

（宋）周去非：《岭外代答》，（景印）《文渊阁四库全书》，台湾商务印书馆，1986年。

王富：《鲁川志稿》，大理白族自治州南诏史研究会编，2003年。

赵橹：《论白族神话与密教》，中国民间文艺出版社（云南），1983年。

杨伯峻：《论语译注》，中华书局，1958年。

M

（元）姚燧：《牧庵集》，《四部丛刊初编》1431，上海书店，1989年。

N

杨延福：《南诏大理白族史论集》，云南民族出版社，2004年。

孙太初：《南诏大理的碑刻》，云南省文物管理委员会编：《南诏大理文物》，文物出版社，1992年。

李晓岑：《南诏大理国科学技术史》，科学出版社，2010年。

李霖灿：《南诏大理国新资料的综合研究》，台湾“国立”故宫博物院出版，1986年。

云南省文物管理委员会编：《南诏大理文物》，文物出版社，1992年。

〔美〕查尔斯·巴克斯著，林超民译：《南诏与唐代的西南边疆》，云南人民出版社，1988年。

云南省剑川县文化体育局编：《南天瑰宝——剑川石钟山石窟》，云南美术出版社，1998年。

（明）杨慎编辑，（清）胡蔚订正：《南诏野史》（罗振常藏本二卷），杨世钰、赵寅松主编：《大理丛书·史籍篇》，云南民族出版社，2012年。

（明）倪辂撰，杨慎校：《南诏野史》（清佚名校补传钞本一卷），杨世钰、赵寅松主编：《大理丛书·史籍篇》卷二，云南民族出版社，2012年。

木芹：《南诏野史会证》，云南人民出版社，1990年。

郭沫若：《奴隶制时代》，人民出版社，1973年。

S

（汉）司马迁：《史记》，中华书局，1959年。

陈子展撰述，范祥雍、杜月村校阅：《诗经直解》，复旦大学出版社，1983年。

（宋）朱熹：《四书章句集注》，中华书局，1983年。

（梁）沈约：《宋书》，中华书局，1974年。

（元）脱脱等撰：《宋史》，中华书局，1977年。

韩国磐：《隋唐五代史纲》，北京人民出版社，1979年。

T

傅璇琮：《唐代科举与文学》，陕西人民出版社，2003年。

（晋）陶渊明撰，吴泽顺编注：《陶渊明集》，岳麓书社，1996年。

W

（宋）马端临：《文献通考》，中华书局，1986年。

（梁）刘勰著，范文澜注：《文心雕龙注》，人民文学出版社，1958年。

X

（宋）欧阳修、宋祁：《新唐书》，中华书局，1975 年。

尤中：《先秦时期以白族为主体建立的滇国》，云南大理学院民族文化研究所编：《大理民族文化研究论丛》第二辑，民族出版社，2006 年。

李春龙审订，王钰等点校：《新纂云南通志》卷五，云南出版集团、云南人民出版社，2007 年。

Y

连瑞枝：《隐藏的祖先——妙香国的传说与社会》，生活·读书·新知三联书店，2007 年。

（明）田汝成：《炎徼纪闻》，（景印）《文渊阁四库全书》，台湾商务印书馆，1986 年。

王明珂：《英雄祖先与弟兄民族：根基历史的文本与情境》，中华书局，2009 年。

（唐）段成式：《酉阳杂俎》，中华书局，1981 年。

（明）宋濂等撰：《元史》，中华书局，1976 年。

刘迎胜：《元史》，中华书局，2006 年。

（元）吴莱撰，（明）宋濂编：《渊颖集》，（景印）《文渊阁四库全书》，台湾商务印书馆，1986 年。

顾峰：《云南碑刻与书法》，云南人民出版社，1984 年。

王叔武辑：《云南古佚书钞》，云南人民出版社，1996 年。

尤中：《云南民族史》，云南大学出版社，1994 年。

孙太初：《云南古代石刻丛考》，文物出版社，1983 年。

方国瑜主编：《云南史料丛刊》，云南大学出版社，1998 年。

李昆声：《云南艺术史》，云南教育出版社，1995 年。

（唐）樊绰著，赵吕甫校释：《云南志校释》，中国社会科学出版社，1985 年。

Z

萧统编，李善注：《昭明文选》，中州古籍出版社，1990 年。

王静芬著，毛秋瑾译，王静芬、张善庆校：《中国石碑——一种象征形式在佛教传入之前与之后的运用》，商务印书馆，2011 年。

翦伯赞主编：《中国史纲要》（上册），人民出版社，1995 年。

方国瑜：《中国西南历史地理考释》（上），台湾商务印书馆，1990（1974）年。

刘长久：《中国西南石窟艺术》，四川人民出版社，1998 年。

屈小玲：《中国西南与境外古道：南方丝绸之路及其研究述略》，《西北民族研究》，2011 年第 1 期。

〔美〕劳费尔：《中国伊朗编》，商务印书馆，1964 年。

穆根来等译：《中国印度见闻录》，中华书局，1983 年。

李晓岑：《中国纸和造纸法传入印巴次大陆的路线》，《历史研究》，1992 年第 2 期。

张星烺：《中西交通史料汇编》（第二册），中华书局，2003 年，

（宋）朱熹著，苏勇校注：《周易本义》，北京大学出版社，1992 年。

郭彧译注：《周易》，中华书局，2006 年。

周振甫：《周易译注》，中华书局，1991 年。

（清）郭庆藩撰，王孝鱼点校：《庄子集释》，中华书局，1961 年。

（宋）司马光编著，胡三省音注：《资治通鉴》，中华书局，1976 年。

（清）徐乾学撰：《资治通鉴后编》，（景印）《文渊阁四库全书》，台湾商务印书馆，1986 年。